中國學術思想 研究輯刊

十 編

林 慶 彰 主編

第 22 冊

陶望齡與晚明思想

楊 正 顯 著

花木蘭文化出版社

國家圖書館出版品預行編目資料

陶望齡與晚明思想／楊正顯 著 — 初版 — 台北縣永和市：花
木蘭文化出版社，2010〔民 99〕
目 2+200 面；19×26 公分
（中國學術思想研究輯刊 十編；第 22 冊）
ISBN：978-986-254-351-1（精裝）
1.（明）陶望齡 2.學術思想 3.明代哲學
126   99016461

ISBN - 978-986-2543-51-1

9 789862 543511

中國學術思想研究輯刊
十 編 第二二冊 ISBN：978-986-254-351-1

陶望齡與晚明思想

作　者	楊正顯
主　編	林慶彰
總 編 輯	杜潔祥
出　版	花木蘭文化出版社
發 行 所	花木蘭文化出版社
發 行 人	高小娟
聯絡地址	台北縣永和市中正路五九五號七樓之三
	電話：02-2923-1455／傳眞：02-2923-1452
網　址	http://www.huamulan.tw 信箱 sut81518@ms59.hinet.net
印　刷	普羅文化出版廣告事業
封面設計	劉開工作室
初　版	2010 年 9 月
定　價	十編 40 冊（精裝）新台幣 62,000 元

陶望齡與晚明思想

楊正顯　著

作者簡介

楊正顯，祖籍安徽省宿縣，一九七三年出生於臺灣臺南市，東海大學歷史所碩士，清華大學歷史學博士，現為中央研究院歷史語言所博士後。著有《一心運時務：正德時期（1506-21）的王陽明》、〈道德社會的重建──王陽明提倡 " 心學 " 考〉、〈王陽明詩文輯佚與考釋〉、〈王陽明佚詩文輯釋與補正〉等。

提　　要

　　明代自萬曆朝後，學術的風向已經起了很大的變化，其中陽明後學的發展尤為顯著。從對王陽明「良知」的詮釋不同，導致了王學內部的分裂，而王艮、王畿、羅汝芳三人的峙起，又帶起了一「新王學」的風潮。而此風潮的主要特色，即是「佛教」思想的滲入，引領其門下弟子入佛教的殿堂。即便是羅汝芳晚年回歸儒家，但此「援佛入儒」的風潮卻不可抑止。筆者從對王畿此脈下的周汝登、陶望齡、陶奭齡的研究上，發現此「援佛入儒」風潮在萬曆初年稱之為「學佛知儒」，其意為透過對佛典的研究，進而能理解儒家的聖賢之道。「未知佛，必不能知儒」，是這種心態的明亮口號。但也幾乎在同時，陶望齡因中進士，而與當時瀰漫著佛學風氣的北京有了接觸，也因友朋的引領，他也有「學佛知儒」的心態，但是此「學佛知儒」的風潮至此又更進一步地成為「以禪論儒」。其意為用佛教的思想，來重新詮釋過去對孔孟之道的說法，並且尋找儒佛兩家共同的宗旨，而此宗旨儒家為「朝聞道夕死可」之說、在佛教則為「了生死」，也就是說「超脫生死」為其合一之旨。所以在那時興起了一股「良知了生死」的風潮，故當時的士大夫參研佛學的情況，非常普遍，但是此目的不一定能達成，卻已造成了一些流弊，其中最為人所詬病的，就是「狂禪」之風的盛行。這種只求悟入，不重修行的態度，盛行於當世，而這些人又以「理事無礙」或「事事無礙」的理論為盾詞，即使陶周等人試圖透過「念佛持戒」、「遷善改過」的方法，意圖矯正此風，但是也使不上力。此風一直延續到明末，狂禪之盛也導致很多人不信儒也不信佛，視儒家「遷善改過」為無用，視佛家「無因果」，而陶奭齡在當時就極力舉揚「因果」之學，來反駁此論。

目次

第一章　緒　論 …………………………………………… 1
　第一節　研究動機 …………………………………… 1
　第二節　研究回顧 …………………………………… 4
　第三節　研究目的 …………………………………… 7
　第四節　章節安排 …………………………………… 8
第二章　從「二王」到「二溪」 ………………………… 11
　第一節　陽明學的分化 …………………………… 11
　第二節　「二王」的學說及岐異處 …………………… 15
　　一、王　艮 ………………………………………… 15
　　二、王　畿 ………………………………………… 16
　　三、「二王」岐異處 ………………………………… 20
　第三節　「二溪」學說的歧異處 …………………… 21
　　一、羅汝芳 ………………………………………… 21
　　二、「二溪」岐異處 ………………………………… 23
　第四節　小　結 …………………………………… 24
第三章　周汝登：學佛知儒 ……………………………… 25
　第一節　生平及與「二溪」思想的交涉 ………………… 25
　　一、生　平 ………………………………………… 25
　　二、與「二溪」思想的交涉：「學佛知儒」
　　　　心態的建立 …………………………………… 26
　　第二節　九諦九解之辨 …………………………… 33

一、背　景 ································· 33
二、過程及其內容的疏解 ··········· 38
三、影　響 ································· 44
第三節　思想的變化與完成 ··············· 49
一、變　化 ································· 49
二、完　成 ································· 52
三、《聖學宗傳》：以禪詮儒 ········· 58
第四節　小　結 ····························· 60
第四章　陶望齡：良知了生死 ··············· 63
第一節　生平及家學淵源 ··················· 63
一、生　平 ································· 63
二、家學淵源 ····························· 65
第二節　以禪詮儒：學佛知儒心態的延伸 ··· 67
一、環境的薰染及學佛的經歷 ········· 67
二、「以禪銓儒」心態的建立 ·········· 72
三、對佛典的參研 ····················· 78
第三節　良知了生死 ······················· 83
一、對「良知說」的看法 ·············· 83
二、看話禪與華嚴禪 ··················· 86
三、念佛持戒 ····························· 93
第四節　文學：「以禪詮儒」的表達 ········ 99
一、型式：古文詞 ····················· 100
二、內容：無意之意 ··················· 104
第五節　小　結 ····························· 109
第五章　陶奭齡 ····························· 111
第一節　生　平 ····························· 111
第二節　學術思想梗概 ····················· 112
一、對周汝登與陶望齡思想的繼承：良知了
生死 ································· 113
二、證人社 ································· 117
第三節　小　結 ····························· 123
第六章　結　論 ····························· 127
附　錄
附錄一：陶望齡、陶奭齡年譜 ··········· 131
附錄二：後人對二陶的記載 ············· 172
參考書目 ··································· 189

第一章 緒 論

第一節 研究動機

明代自王陽明揭舉良知說後，在學術圈中引起驚天動地的變化，不但程朱學派的地位被撼動，對於當時的學風也有根本的改變，而這變化的來源與陽明後學有極大的關連。黃宗羲說：

> 陽明先生之學，有泰州龍谿而風行天下，亦因泰州龍谿而漸失其傳。泰州龍谿時時不滿其師說，益啓瞿曇之秘而歸之師，蓋躋陽明而爲禪矣。然龍谿之後，力量無過於龍谿者，又得江右爲之救正，故不十分決裂；泰州之後其人多能赤手以搏龍蛇，傳至顏山農何心隱一派，遂非名教之所能羈絡矣。〔註1〕

這段論述，是近年來如嵇文甫〔註2〕、錢穆〔註3〕、容肇祖〔註4〕、馮友蘭〔註5〕等學者，在了解明朝中期自王陽明後的王學發展而經常引用的。但這段文字卻引發很多的爭論：首先是泰州龍谿是否代表王學的正統？二是王陽明與「禪」的關係，是因王陽明自身的問題，抑是因泰州、龍谿而使王學和「禪」產生了聯繫？三是江右王學對龍谿此脈理論上的「救正」究竟爲何？四是泰州能否與龍谿合而視之？最後是黃宗羲對此王學（用嵇文甫的話「左派王

〔註 1〕黃宗羲，〈泰州學案〉，《明儒學案》（上冊）（台北：河洛圖書出版社，1974 年），頁 62。

〔註 2〕嵇文甫，《晚明思想史論》（北京：東方出版社，1996 年），頁 16。

〔註 3〕錢穆，《中國近三百年學術史》（上冊）（台北：商務印書館，1995 年），頁 10。

〔註 4〕容肇祖，《明代思想史》（台北：開明書局，1962 年），頁 220。

〔註 5〕馮友蘭，《中國哲學史》（台北：商務印書館，1994 年），頁 969。

學」）〔註6〕的理解是否正確？而這五個問題也是現今學界在探討「王學分化」的課題時，所不能不正視。筆者發現學者在引用此史料時，都強調因此學案中人物言行而導致的流弊，例如在學術傳承上背棄王學、社會道德上不重名節、促使「狂禪」之風盛行、政治上導致明朝滅亡等。而筆者在對「狂禪之風盛行」此流弊的考察中，發現「以禪詮儒」的現象普遍存在於泰州學派人物上，故黃宗羲常用「近禪」一語來形容此學案中的人物。嵇文甫在「所謂狂禪派」中說：

> 明萬曆以後，有一種似儒非儒、似禪非禪的「狂禪」運動風靡一時，這個運動以李卓吾爲中心，上溯至泰州派以下的顏何一系，而其流波及明末一班文人。〔註7〕

明末「公安派」三袁之一袁宏道〔註8〕在其寫給其至友陶望齡信中，評論當時世人參禪的行爲時，說到：

> 近有小根魔子，日間挨得兩餐饑，夜間打得一回坐，便自高心肆臆，不惟白蘇以下諸人遭其擯斥，乃至大慧中峰亦被謗。……弟往見「狂禪」之濫，偶有所排，非是妄議宗門諸老宿，自今觀之，小根之弊，有百倍于狂禪也。〔註9〕

這段評論所反映的，是當時社會上是有比「狂禪」更嚴重的弊病，而這就是袁宏道所稱的「小根魔子」，而此「小根魔子」所指爲何？它爲什麼令袁宏道如此批判與擔憂呢？第二是袁宏道寫信的對象爲陶望齡，而陶望齡卻是《泰州學案》內列名的人物〔註10〕；也是王畿此脈王學的重要繼承者〔註11〕，更是晚明與劉宗周相互論學辨難的陶奭齡之兄〔註12〕。即使說陶望齡在黃宗羲

〔註6〕 嵇文甫，《左派王學》（台北：國文天地雜誌社，1990年）。

〔註7〕 嵇文甫，《晚明思想史論》（北京：東方出版社，1996年），頁50。

〔註8〕 三袁分別爲袁宗道（伯修）、袁宏道（中郎）、袁中道（小修）。參考袁震宇、劉明今，《明代文學批評通史》（上海：上海古籍出版社，1996年），頁441～474。

〔註9〕 袁宏道，《袁中郎全集》（台北：偉文圖書公司，1976年），頁1193～1194。

〔註10〕 黃宗羲，〈「文簡陶石簣先生望齡」‧泰州學案五〉，《明儒學案》（下冊），頁74～76。

〔註11〕 劉宗周列傳：「越中自王守仁後，一傳爲王畿，再傳爲周汝登、陶望齡，三傳爲陶奭齡，皆雜於禪。奭齡講學白馬山房，爲因果說，去守仁益遠。宗周憂之，築證人書院，集同志講肄。」張廷玉等，《明史》（北京：中華書局，1995年），頁6591～6592。

〔註12〕 邵廷采：「啓禎之際，與蕺山劉子分席而講，悅禪者皆從陶（奭齡）。」見《思

眼中祇能算是一「近禪」的人物而已，他說：

> 蓋其（陶望齡）爲學始基，原從儒術，後來雖談玄説妙，及至行
> 事，仍舊用著本等心思，如蘇子瞻、張無垢皆然，其於禪學，皆淺
> 也。〔註13〕

但袁宏道爲什麼會寫信給有「近禪」形象的陶望齡呢？他們究竟如何爲其自身作定位？而黃宗羲對陶望齡「其於禪學，皆淺也」的評價，則與當時人的看法不相一致。例如袁宏道在寫給其兄袁宗道的信中，說到：「石簣間一爲詩，弟無日不詩；石簣無日不禪，弟間一禪。」〔註14〕而後人邵廷采在其〈王門弟子所知傳〉文中，說到：

> 越中之學，宗龍溪者爲周汝登及陶望齡、奭齡兄弟。……（望齡）
> 其學與海門同，時嘗言：「吾自悦禪，從此得力，何能顧人非議耶？」
> 人稱其不欺。官終國子祭酒。奭齡字君奭，號石梁，以舉人終肇慶
> 知府，啓禎之際，與蕺山劉子分席而講，悦禪者皆從陶。〔註15〕

不僅陶望齡本身學禪，其弟陶奭齡也悦禪，這種「禪化」的現象，普遍存於王畿此脈以下的學人。

從以上諸家說法中，可以確知的是，至少有三種人物存於晚明的社會中：一是正統的儒生、一是「近禪」的儒生、一是「小根魔子」。而從這三種人物的差別中，可以看出在晚明王學的發展上，有一種「禪化」的傾向，這種「以禪詮儒」的現象，不但表現在陶望齡身上，也表現周汝登、管志道、焦竑等人的身上。而這現象的產生，其原因爲何？爲何在王學的另一派如劉宗周等人會堅持王學的基本立場，與佛教（禪）劃清界線，不但表現出由王返朱的傾向，甚至導致晚明朱學的復興〔註16〕；而另外一派卻選擇以「禪」的觀念來詮釋儒家的概念，並且結合講會立社的力量，普遍地宣揚於社會上？其在學術上選擇的不同，其內在原因爲何？而這種「以禪詮儒」的現象，又對往後王學的發展產生什麼影響？後人對此現象及人物的評價又爲何？

　　　復堂文集》（台北：華世出版社，1977年），頁102。

〔註13〕同註10，頁74。

〔註14〕袁宏道，〈伯修〉，《袁中郎尺牘》，《袁中郎全集》（台北：世界書局，1990年），頁30。

〔註15〕邵廷采，《思復堂文集》（台北：華世出版社，1977年），頁102。

〔註16〕王汎森，〈清初思想趨向與《劉子節要》——兼論清初蕺山學派的分裂〉，《中央研究院歷史語言所集刊》68：2（1997），頁417～448。

第二節　研究回顧

在「泰州學派」的研究方面，學者黃文樹〈簡述史家對泰州學派之研究〉一文中，已大致將民國以來國內外學者對「泰州學派」的研究，予以整理和歸納，黃氏將其分成四大類：一是依據王門弟子對於「良知」之不同理解，而予以定性分類，如嵇文甫、容肇祖、岡田武彥等人；一是從思想兩重性的觀點，如孫炳元、黃仁宇等人；一是從中國近代化的角度，如島田虔次、侯外廬等人；最後是美國學者 De Bary 所持的「個人主義」觀點〔註17〕。而學界對於「泰州學派」內的人物的研究，則集中在王艮及其弟子及再傳弟子上如顏鈞、羅近溪、何心隱、耿定向、焦竑、管志道、李贄等人，其中又以對李贄的研究最豐；相對的，學界對王畿一脈王學的研究，則仍然集中在王畿個人身上，其弟子及再傳弟子的研究則是聊聊可數。

現今學界對王畿此脈王學以下研究最力的，首推日本學者荒木見悟的《明代思想研究》一書第八章「周海門的思想」〔註18〕，首先談周汝登與王畿的關係；次談周汝登對「無善無惡論」的提倡；三是談周汝登與當時佛教人士的交往，如湛然圓澄、憨山德清等人；四是談周氏的社會觀及思想；最後談周氏思想的繼承者陶望齡，文中著重於陶望齡與其師的學術傳承，對於陶望齡的思想大都依循黃宗羲的脈絡與觀點。張克偉的〈周汝登生平及其著述論略〉〔註19〕則是國內最早對周汝登著述作考證研究，雖然仍有書未能考證，但對於其生平思想仍本之黃宗羲《明儒學案》。最後是針對「九諦九解之辨」為討論中心的研究，首先是蔡仁厚〈周海門「九諦九解之辯」的疏解——王門天泉「四無」宗旨之論辯〉〔註20〕，此文是蔡氏承其師牟宗三之命所作，內容主要是針對許孚遠、周汝登二人在萬曆二十年，在南京講會上所引發的「九諦九解之辯」，對其內容一一作疏解。此文亦是討論王畿「天泉證道紀」中的「四無說」，蔡氏從其內容與真偽、是否為王陽明的真意和此說在實踐工夫上的問題等方面，來理解「九諦九解之辯」的涵義。蔡氏認為：

〔註17〕黃文樹，〈簡述史家對泰州學派之研究〉，《孔孟月刊》36：2（1997），頁 39〜41。

〔註18〕荒木見悟，《明代思想研究》（東京：創文社，1972 年），頁 227〜264。

〔註19〕張克偉，〈周汝登生平及其著述論略〉，《書目季刊》22：4（1989），頁 53〜62。

〔註20〕蔡仁厚，〈周海門「九諦九解之辯」的疏解——王門天泉「四無」宗旨之論辯〉，《鵝湖月刊》1：4、5（1975），頁 11〜20、20〜26。

歷來凡致疑於「四無」之說者，皆只落在言詮上，抓住「無善」二字，便誤以為是說「性不善」或「性中沒有善」；苟能稍稍平心以觀，何至於生此誤會。〔註21〕

蔡氏又說：

海門九解所辯，於「四無」之思路，確有真切相應之體會，雖不免有疏闊處，亦有分疏欠分明處，然倡明天泉宗旨之功，不可沒也。

〔註22〕

步近智〈明萬曆年間理學內部的一場論辯〉〔註23〕一文，則是從歷史的角度，較仔細地描述明萬曆時期兩次的理學論辯。一次是發生在萬曆二十年前後的「九諦九解之辯」；另一是發生於萬曆二十六、七年間，管志道與顧憲成諸人有關「無善無惡」思想的辨論。但步氏此文是以第二次論辯為探討重心，對於周許二人的思想著墨甚少，且將周汝登和管志道二人對於「無善無惡」思想，混為一談。這種分法有待商榷，因為周汝登在給其門人的信中言道：

前損之過吳下見東溟（管志道）先生，知損之已大自敬服，此老博綜經藏，具大辨才，矯矯風節，懇懇真修，非特損之敬服，即僕亦敬之服之，近世之泰山喬岳，此老當之真無愧者，至於學問，則須另作商量。〔註24〕

另外筆者對步氏將周汝登劃分為認同「本體與工夫為二」的看法〔註25〕，也不能接受，因為周汝登在回答門人的提問時提到：

或問本體工夫？先生曰：「龍溪先師云：『上根人即工夫是本體，中下根人須用工夫合本體。』蓋功夫不離本體，本體不離工夫，此不易之論也。」〔註26〕

由此可見，周汝登仍是認同「本體與工夫為一」的思想，步氏對周汝登的思

〔註21〕同註20，頁20。

〔註22〕同註20。

〔註23〕步近智，〈明萬曆年間理學內部的一場論辯〉，《孔子研究》1（1987），頁74～82。

〔註24〕周汝登，〈與范損之〉，《東越證學錄》（台北：文海書局，1970年），頁775。

〔註25〕同註23，頁77。同樣的看法，步氏在其另一文〈晚明時期儒學的演變與影響〉中，又再次提及。見步近智，〈晚明時期儒學的演變與影響〉，《中國史研究》1（1989），頁144～152，後收錄在《中國哲學史》3（1989），頁72～80。

〔註26〕周汝登，〈越中會語〉，《東越證學錄》（台北：文海書局，1970年），頁317～318。

想未有清楚的理解。而鄭燦山的〈許敬庵、周海門九諦九解之辯〉〔註27〕一文，其觀點並未超越蔡仁厚的看法。筆者認為在探討此項問題時，蔡氏與鄭氏二人都未深入了解許敬菴及周汝登的著作與思想宗旨，故二文的歷史面像，皆無法呈現出來，且取材大都依黃宗羲《明儒學案》的記載，所以無法全面的了解此論辯的歷史意義。

在「陶望齡」的研究方面：學者何冠彪〈晚清理學家三考〉〔註28〕一文中，考證了陶望齡、陶奭齡兄弟的生卒年月，對於其學術思想並無論及。且此工作在麥仲貴《明清儒學家著述生卒年表》中已有初步論及〔註29〕，且陶奭齡在為其兄陶望齡所寫的〈行略〉〔註30〕中，已然述及陶望齡的生卒年月。另外孫中曾的〈明末禪宗在浙東興盛之緣由探討〉〔註31〕一文，則是探討明末臨濟宗、曹洞宗在浙東興盛的原因。孫氏認為陽明心學的思想特質佔有關鍵的地位，透過周海門、陶望齡、陶奭齡等人在思想的會通及不遺餘力的提倡下，湛然澄與密雲悟才能在浙東地區立定腳根並使宗風大盛。而孫氏的另一文〈明末浙東儒佛互動對文學的影響——以陶望齡的文學主張為例〉〔註32〕，則是認為：「陶望齡的文學主張，可說是陽明後學文學理論的發展，從論「心造」、「情性」、「自得」、「無意」、「自然」與「生活日用」等論點，均可看出陽明心學晚期發展、與儒佛互動間的軌跡。」〔註33〕袁震宇、劉明今二人則是在其所合著書「晚明的詩文批評（上）」〔註34〕一章中，談到陶望齡的文學觀，認為陶氏的「偏至說」、「才情常新」、「常怪相倚」的文學觀點，主要是受到佛教的影響；而對其歷史地位則被置於晚明「公安派」文學

〔註27〕 鄭燦山，〈許敬庵、周海門九諦九解之辯〉，《國立編譯館館刊》25：2（1996），頁143～159。

〔註28〕 何冠彪，〈晚清理學家三考〉，《明清人物與著述》（台北：商務印書館，1996年），頁31～39。

〔註29〕 麥仲貴，《明清儒學家著述生卒年表》（台北：學生書局，1977年），頁921～922。

〔註30〕 陶奭齡，〈行略〉，《歇庵集·附錄》，明仁和知縣喬時敏校刊本，頁15。

〔註31〕 孫中曾，〈明末禪宗在浙東興盛之緣由探討〉，《國際佛學研究》2（1992），頁141～176。

〔註32〕 孫中曾，〈明末浙東儒佛互動對文學的影響——以陶望齡的文學主張為例〉，收錄在《文學與佛學關係》（台北：學生書局，1994年），頁175～216。

〔註33〕 同註32，頁210。

〔註34〕 袁震宇、劉明今，《明代文學批評通史》（上海：上海古籍出版社，1996年），頁474～749。

發展，所產生的貢獻上，對於其學術思想旨趣，仍然本之於黃宗羲的看法。其他諸如劉大杰的《中國文學發展史》〔註35〕或是王頌梅《明清性靈詩說研究》〔註36〕博士論文等，都將陶望齡放在袁宏道之下來討論，其著眼點仍是其與文學發展上的關係與貢獻。

在「陶奭齡」的研究方面，至今只見到衷爾鉅在其《蕺山學派哲學思想》一書「陶奭齡及其思想」〔註37〕中有談及，主要是從劉宗周的思想觀點，來討論劉氏與陶氏在「本體與工夫觀」、「知行觀」及「生死觀」三方面的異同，衷氏認為相較於鄒元標的援佛入儒，陶奭齡則基本上持佛教立場，是援儒入佛了。

從學界的研究回顧中，可以說泰州學派的研究，在晚明思想史上有舉足輕重的地位，但是由於學界的長期依賴黃宗羲對明代思想界所作的分野，故其關注點都放在此學派以下如王艮、羅近溪等人上，而所作的方向，又往往強調他們的言行對當時學風、社會風氣等的影響。至於王羅以下諸人，又談及甚少，故我們對晚明的學風的了解，有從王羅二人直接跳至劉宗周黃宗羲的「跳躍式」的感覺，而這其中的缺憾，乃在於我們對這中間的學術發展，並沒有相當多的研究來論證。所以要真正理解晚明學風的變化，不管是在學術理論，社會風氣上，都必須透過一些較屬於中下階層層面的人物，探索他們在那學術變化多樣的環境下，勾勒出他們的學術思想、生活態度等改變，如此才能更準確地來說明晚明時期思想變遷的脈絡與種種面像。

第三節　研究目的

本文撰寫的目的，是希望透過對陶望齡及其周遭人物的了解，來釐清與解答上述所提出的問題，更進一步來探討當時學術思想的變化，勾勒出在「以禪詮儒」現象下，晚明學術思想界的面貌與變遷。筆者之所以以陶望齡為中心來探討，原因有以下三點：一是雖然黃宗羲在〈泰州學案〉中將泰州龍谿放在一起，但事實上，黃宗羲對王畿生平及其論學大旨的敘述，卻放在〈浙

〔註35〕劉大杰，《中國文學發展史》（台北：莊嚴出版社，無出版年代），頁 923～931。
〔註36〕王頌梅，《明清性靈詩說研究》（台北：東吳中文所博士論文，1991 年），頁425～458。
〔註37〕衷爾鉅，《蕺山學派哲學思想》（山東：教育出版社，1993 年），頁 347～350。

中王門學案二〉中〔註38〕，但據《明史》的記載：

> 越中自王守仁後，一傳爲王畿，再傳爲周汝登、陶望齡，三傳爲陶
> 奭齡，皆雜於禪。〔註39〕

而周陶二人皆非泰州人氏，爲何黃宗羲不將周汝登及陶望齡，一同納入〈浙中王門學案〉中呢？黃宗羲此舉用意爲何？二是針對時人對陶望齡有不同的評價，故筆者認爲透過對此人的了解與研究，應是一個了解當時學術思想狀況很好的切入點，其中也包括當時會社的創立、民間宗教的流布等，這是因爲陶望齡也曾參與晚明四大僧之一雲棲袾宏所創立的「放生會」〔註40〕，並且爲此撰寫有關「放生」理論與詩文〔註41〕，且放生會在晚明的杭州地區，十分盛行〔註42〕。三是現今學界對王艮一脈以下的「左派王學」研究較多，相對於王畿這一脈的人物，就僅限於王畿本人，故本文從對周汝登、陶望齡（兼論陶奭齡）的研究上，希望能提供學界另一個向度，來了解此脈的王學。

第四節　章節安排

第一章「緒論」，第一節說明筆者爲此文的動機。第二節是將現今學界對王畿此脈王學以下學人的研究，予以介紹。第三節則說明研究的目的。第四節爲章節安排。

第二章「從『二王』到『二溪』」，「二王」指的是王艮與王畿，「二溪」指得是王龍谿與羅近溪，此二語常見於陶望齡與其師周汝登的文集中。此章主要是了解當時周汝登所處的學術環境及文化氛圍。第一節「陽明學的分化」，主要是簡要地說明自王陽明歿後，其學術宗旨分化的情形，其中又以王艮、王畿與羅汝芳三人爲要。第二節「『二王』學說及歧異處」，第一點說明

〔註38〕 黃宗羲，〈浙中王門學案二〉，《明儒學案》（上冊），頁1～18。
〔註39〕 張廷玉等，《明史》（北京：中華書局，1995年），頁6591～6592。
〔註40〕 釋聖嚴說：「由於雲棲袾宏是中國佛教史上，提倡戒殺、放生運動之中，最具代表性的一位高僧，所以當時的居士之中，組織放生會撰寫有關放生理論的文章，設置放生池的，大有人在。」見《明末佛教研究》（台北：東初出版社，1987年），頁254。
〔註41〕 見陶望齡，〈放生辨惑〉，《歇庵集》（台北：偉文圖書公司，1976年），頁1944～1952。
〔註42〕 陳寶良，《中國社與會》（杭州：浙江人民出版社，1996年），頁190。

王艮學說宗旨，第二點說明王畿的學說宗旨，第三點說明二王之間的歧異處。第三節「『二溪』學說的歧異處」，第一點說明羅汝芳的學說，第二點則比較二溪學說的歧異處。第四節「小結」。筆者試圖從王陽明、王艮、王龍谿到羅近溪這四人的學術傳承，來了解在周汝登中進士前，當時學術發展的焦點與發展。

第三章「周汝登：學佛知儒」，此章主要解釋在周汝登同輩學人身上，有一種「學佛知儒」的心態，也就是透過佛典的閱讀，重新面對儒家的聖賢之道。第一節「周汝登生平及與『二溪』思想的交涉」，第一點述其生平，第二點說明周汝登與二溪思想的交涉為何？也要解釋周汝登「學佛知儒」心態的建立從何而來？第二節「九諦九解之辨」，第一點說明此論辨發生的背景；第二點對發生的過程及內容作一說明與疏解；第三點是描述此論辨發生後，所產生的影響。第三節「周汝登思想的變化與完成」，此節主要是解釋在「良知了生死」風潮下，在周汝登身上所起的變化，也說明其如何融合來自二溪的思想與佛教思想，並述其思想體系。並透過對周汝登《聖學宗傳》一書，來理解他「以禪詮儒」的思想路徑。第四節「小結」，則簡單說明周汝登的影響與評價。

第四章「陶望齡：良知了生死」，副標題會如此下，是由於從陶望齡的明友袁中道為其兄袁宗道所寫的行狀中，他們普遍有一種「以禪詮儒」的心態，而此心態也導致他們致力尋求儒佛兩家「合一之旨」，而此即為「生死」之學。而此合一旨中的儒家指的是王陽明的「良知說」，佛教則是「生死」之說。第一節「生平及家學淵源」，介紹陶望齡的生平、學術淵源及師友關係；且筆者將會製作一陶望齡（兼陶奭齡）的生平簡譜，附於文後。第二節「以禪詮儒：學佛知儒心態的延伸」，第一點說明陶望齡登進士第後，受北京一地環境之薰染情形，也說明陶望齡輩學佛的經歷。第二點則說明陶望齡輩如何具有「以禪詮儒」的心態，第三點則說明在此「以禪詮儒」心態下，對佛典的參研情形。第三節則是闡釋陶望齡輩「良知了生死」的思想內容。第一點說明陶望齡輩他們對「良知說」的看法；第二點則從他們所參的看話禪與華嚴禪，說明其著重的內容；第三點則是說明陶望齡輩對當時晚明佛教界種種流弊的看法，所採取「念佛持戒」矯正的作為。第四節「文學：以禪詮儒的表達」，則是討論陶望齡的文學觀。第一點說明為何陶望齡要透過「古文詞」型式來表達其文學觀，第二點則說明在此古文詞的型式下其內容為何？第五節「小

結」，則是說明陶望齡輩對當時社會及思想所產生的影響，並且了解時人（包括師友）對其的評價，而筆者將會輯錄時人及後人談及陶望齡（兼陶奭齡）的文獻於文後「附錄二」。

第五章「陶奭齡」。第一節「生平」，則是儘可能地搜集其「生平」資料。第二節「學術思想梗概」，第一點說明陶奭齡對周汝登與陶望齡思想繼承，而這主要是從其《小柴桑喃喃錄》來尋繹，其內容則是「良知了生死」的思想心態。第二點則是透過陶奭齡與劉宗周共主的「證人社」語錄中，試著從他與劉宗周的辨難焦點，來理解他所舉揚之思想。第三節「小結」，則述其思想的定位。

第六章「結論」，解釋此脈王學對後世的影響，及後世對其之評價。

第七章「附錄」，附錄一為陶望齡及陶奭齡的生平簡譜，附錄二則是搜羅後世有關二陶的記載。

第二章 從「二王」到「二溪」

第一節 陽明學的分化

《明史》「儒林傳」開頭即言：

> 原夫明初諸儒，皆朱子門人之支流餘裔，師承有自，矩矱秩然。曹
> 端、胡居仁篤踐履，謹繩墨，守儒先之正傳，無敢改錯。學術之分，
> 則自陳獻章、王守仁始。宗獻章者曰江門之學，孤行獨詣，其傳不
> 遠。宗守仁者曰姚江之學，別立宗旨，顯與朱子背馳，門徒遍天下，
> 流傳逾百年，其教大行，其弊滋甚。嘉、隆而後，篤信程朱，不遷
> 異說者，無復幾人矣。〔註1〕

這說明了從明朝初年到嘉靖、隆慶年間，學術思想的變化是從程朱學派過渡
到姚江學派，而嘉隆以後，學術界幾被王學所籠罩。另外也描述了姚江學派
的廣泛流行，及其所產生的弊端。董其昌（1556～1637）在其〈合刻羅文莊
公集序〉一文中，更進一步的說明王學的興起，是從「東越」〔註2〕地區開

〔註1〕 張廷玉等，〈儒林傳〉，《明史》（北京：中華書局，1995年），頁7222。
〔註2〕 於此，筆者必須先解釋當時的一些地理名詞，以便於筆者往後的解釋，例如：
「東南」指何地？「江左右」又是指何地？「浙東」與「浙西」又如何分？
「越中」與「東越」又有何分別？以長江為界線，「東南」地區大約是明朝國
土的東南隅，大約是所謂的「江南」，包括南京、浙江、江西、湖廣、廣東及
福建。所謂的「江右」，本指長江下游以西地區，後來稱江西省為江右；而「江
左」則是長江下游以東地區，後來指江蘇省。而「浙東」與「浙西」的分別，
則是將浙江地區以錢塘江為界分之，「浙東」地區包括紹興府、寧波府、台州
府、溫州府、金華府、處州府、衢州府；「浙西」地區包括杭州府、嘉興府、

始。他說:

> 成、弘間,師無異道,士無異學,程朱之書立於掌故,稱大一統。
> 而修詞之家,墨守歐曾,平平爾。時文之變而師古也,自北地始也;
> 理學之變而師心也,自東越始也。北地猶寡和,而東越挾勛名地望,
> 以重其一家之言,濂洛考亭幾爲搖撼,乃太宰羅文莊(羅欽順)先
> 生獨折之曰禪。〔註3〕

朱熹王陽明之爭,焦點之一爲《大學》,錢穆說:

> 本子的異同,章節之紛歧,其主要者在於釋義之因而相違。宋明儒
> 學界朱王之對壘,其主要論鋒乃集中於《大學》一書。〔註4〕

而《大學》一書是宋明理學中,談如何能「內聖外王」的方法所依據之典籍,重要性不言而喻。王陽明認爲朱熹改動《禮記·大學篇》的次序,並且爲其作一「格物致知補傳」的作法,是失卻了孔孟的眞意,也使得「內聖外王」的理想無法實現,故透過《大學》古本的還原,重新理解聖賢所傳之道。但王陽明重註《大學》的作法,引起當時學術界的指責,當時的士人鄭曉(1499～1566)在其筆記《今言》中,就指出這種作法所引起的反應,他說:

> 今人專指斥陽明學術,余不知學,但知《大學》恐不可直以宋儒改
> 本爲是,而以漢儒舊本爲非,些須虛心靜思得之。〔註5〕

鄒元標(1551～1624)也說:「弟讀《大學》,常謂啓後儒紛紛異同之辯,實此一書。」〔註6〕而《大學》一書不僅引起當時學術界揚揚沸沸的討論,在王學內部,也有很多不同的看法,黃宗羲言道:

> 《大學》一書,程朱說「誠正」,陽明說「致知」,心齋說「格物」,

湖州府、嚴州府。在此,「浙中」地區應指紹興府,因爲紹興府剛好位於浙江中部。又浙江古稱「越州」,故「浙中」也稱「越中」,但如把古「越州」以錢塘江爲界,則「浙東」又名爲「東越」。參考王士性,《廣志繹》(北京:中華書局,1997 年);李賢等著《大明一統志》(陝西:三秦出版社,1990 年);徐宏祖,《徐霞客游記》(台北:文光出版社,1975 年);《辭源》(台北:遠流出版社,1988 年)。

〔註3〕 董其昌,〈合刻羅文莊公集序〉,《容臺集》(台北:中央圖書館,1968 年),頁97。

〔註4〕 錢穆,〈大學中庸釋義:例〉,《四書釋義》(台北:學生書局,1978 年),頁301。

〔註5〕 鄭曉,《今言》(北京:中華書局,1997 年),頁 175。

〔註6〕 鄒元標,〈啓曹植齋宗伯〉,《願學集》(台北:商務印書館,1983 年),卷二,頁 47。

旴江說「明明德」，劍江說「修身」，至此其無餘蘊乎！〔註7〕

可以說王學分裂的過程（或用嵇文甫的話「王學的分化」）〔註8〕，是從對《大學》義理解釋之不同來開展的。黃宗羲就曾描述此一情況：

> 陽明沒，諸弟子紛紛互講良知之學，其最盛者：山陰王汝中、泰州王汝止、安福劉君亮、永豐羅文蔚，四家各有疏說，駸駸立爲門户，於是海內議者群起。〔註9〕

也因此，什麼才是陽明學的眞義，成爲當時爭論的焦點，黃宗羲評論道：

> 姚江之學，惟江右爲得其傳，東廓、念菴、兩峰、雙江其選也，再傳而爲塘南、思默，皆能推原陽明未盡之意；是時越中流弊錯出，挾師說以杜學者之口，而江右獨能破之，陽明之道賴以不墜。蓋陽明一生精神俱在江右，亦其感應之理宜也。〔註10〕

黃宗羲認爲「江右」地區對陽明學的發展來講，是眞正掌握並且固守王陽明思想的地區，而「越中」地區則產生流弊，惟有江右王學能破之，並維繫王陽明的「道」。那麼江右王學的發展究竟爲何？王士性（1546～1598）在其《廣志繹》一書中，留下一些線索，讓我們可一窺江右王學的發展概況，他說：

> 江右講學之盛始於朱、陸二先生，鵝湖、白鹿興起斯文。本朝則康齋吳先生與弼、敬齋胡先生居仁、東白張先生元禎、一峰羅先生倫，各立門牆，龍翔鳳起。最後陽明先生發良知之說，左朱右陸，而先生勳名盛在江右，古今儒者有體有用無能過之，故江右又翕然一以良知爲宗，弁髦諸前輩講解，其在于今，可謂家孔孟而人陽明矣！第魚目鼠璞，何地無之，後之爲陽明之學，江右以吉水（羅念菴）、安福（劉君亮）、旴江（羅近溪）爲盛。旴江獨以廣大爲法門，人情厭拘檢而樂縱誕，則陽浮慕其名于此而陰用學術于彼者，未有不藉口者也。〔註11〕

〔註7〕　黃宗羲，〈師說〉，《明儒學案》（上冊），頁11。這一句話沒有提到王畿對大學的看法，這是因爲黃宗羲認爲王畿的「四無說」，將導致《大學》有此兩樣功夫歟？」的疑慮。見同書〈浙中學案二〉，頁2。

〔註8〕　嵇文甫，《晚明思想史論》（北京：東方出版社，1996年），頁15～49。

〔註9〕　黃宗羲，〈「教諭胡今山先生瀚」·浙中王門學案五〉，《明儒學案》（上冊），頁51。

〔註10〕　同註9，〈江右王門學案〉，頁52。

〔註11〕　王士性，「江南諸省」，《廣志繹》（北京：中華書局，1997年），頁79。

不但描繪出當時江右王學發展的情況，也說出當時王學對一般人生活的影響。但是黃王二人對江右王學的評價則有分歧，黃宗羲認爲江右王學能救正越中王學的弊病，但王士性則認爲羅近溪的出現則使陽明學出現流弊。當然黃宗羲也並非不知，只不過他將羅近溪放在〈泰州學案〉之下。緊接著上一段話，王士性又引當時的士人許孚遠（1535～1604）的看法：

> 德清許孚遠嘗著論，曰：「國家崇正學，國初迄弘、正之間，人才彬彬，當時學者稍滯舊聞，不達天德，拘固支離，容或所不免，故江門、姚江之學相繼而興。江門以靜養爲務，姚江以良知爲宗，其要使人反求而得諸本心而達於人倫事物之際，補偏救弊，其旨歸與宋儒未遠也。江門之派至增城而浸晦，姚江之派復分爲三：吉州（羅念菴）僅守其傳，淮南（王艮）亢而高之，山陰（王畿）圓而通之。而亢與圓者又各有其流弊，顏（顏山農）、梁（梁汝元）之徒本於亢而流於肆，盱江（羅近溪）之學出于亢而入於圓。其後姚安（李贄）者出，合圓與肆而縱橫其間，始于怪僻，卒於悖亂，蓋學之大變也。」德清曾守盱江，其言當不謬。〔註12〕

此說法的重點有三：一是湛學的「浸晦」，二是王學的「分裂」，三是王學的「流弊」。從黃宗羲的師祖許孚遠的口中所談當時的學術發展，是較能眞切地掌握當時學術的發展。在許孚遠看來，江右王學只僅守王陽明的學說，至於黃宗羲認爲越中王學有賴江右王學的「救正」，許氏則未論及。最後，許孚遠認爲「二王」各自有其流弊，故爾後羅近溪、李贄出，王學乃大變也。

從以上的討論中，我們可以了解到這三人在陽明學的分裂過程中，扮演著關鍵的角色。而「二王」與「二溪」這兩個概念，在當時則爲時人之共識，陶望齡（1562～1609）說：

> 新建之道傳之者，爲心齋龍溪。心齋之徒最顯盛，而龍溪晚出壽考，益闡其說，學者稱爲二王先生。心齋數傳至近溪，近溪與龍溪一時並主講席於江左右，學者又稱二溪。〔註13〕

黃宗羲也說「王門有心齋龍溪，學皆尊悟，世稱二王。」〔註14〕明末清初時期的士人邵廷采（1648～1711），在其〈王門弟子所知傳〉中說到：

〔註12〕同註11，頁79～80。
〔註13〕陶望齡，〈《盱江要語》序〉，《歇庵集》（台北：偉文圖書公司，1976年），頁358～359。
〔註14〕黃宗羲，〈師說〉，《明儒學案》（上冊），頁7。

是時，泰州有（王）艮，紹興有王畿，皆揚良知之說，以倡道東南
者，其弟子幾遍京邑，人稱二王之學。艮最早出，而畿之末年授羅
汝芳，又稱二溪之學。〔註15〕

從「二王」的「倡道東南」到「二溪」「並主講席於江左右」，我們可以了解
到這三人在當時學術界的影響與地位。「二王」之學廣泛流佈於「東南」，而
「二溪」則流佈的地區則各有所偏，羅近溪之學大致流行於長江以北（江
左），這是因為羅近溪曾於中都寧國府當官，而王龍谿之學則偏於長江以南
（江右），這是因為他晚年的講學地大都集中於此，黃宗羲曾言：「先生林下
四十餘年，無日不講學，自兩都及吳楚閩越江浙，皆有講舍，莫不以先生為宗
盟。」〔註16〕了解了這三人在陽明學中的地位及影響，接著就必須清楚他們
的學問「宗旨」，當然在此筆者無法全面地論述此三人的學術理論，而是扣緊
他們與王陽明及《大學》此書之間的關係來說明，點出三人學說間的異同。

第二節 「二王」的學說及岐異處

一、王 艮

王艮（1483～1540），字汝止，號心齋，中都揚州府泰州（古為淮海郡）
人。原是一個鹽丁，是所謂「泰州學派」的開創者，其重要的學說是「淮南
格物論」及「百姓日用之學」。所謂「淮南格物論」，王艮發揮王陽明《大學》
「格物致知說」，他說：

《大學》乃孔門經理萬世的一部完書，喫緊處只在止於至善，格物
卻正是止至善。格物之物，即物有本末之物，其本亂而末治者，否
矣！其所厚者薄而其所薄者厚，未之有也，此格物也。故即繼之曰：
此謂知本，此謂知之至也，不用增一字解釋，本義自足，驗之中庸、
論、孟、周易、洞然吻合，孔子精神命脈具此矣。諸賢就中會得，
便知孔子大成學。〔註17〕

又說到：

或曰：「格字之義？」先生曰：「格如格式之格，即後絜矩之謂。吾

〔註15〕邵廷采，〈王門弟子所知傳〉，《思復堂文集》（上冊），頁101。

〔註16〕黃宗羲，〈「郎中王龍谿先生畿」‧浙中王門學案二〉，《明儒學案》（上冊），頁
1。

〔註17〕王艮，〈語錄〉，《王心齋全集》（台北：廣文書局印行，1975年），頁70。

身是箇矩，天下國家是箇方，絜矩則知方之不正，由矩之不正也，
是以只去正矩卻不在方上求矩，正則方正矣，方正則成格矣。故曰
『物格』，吾身對上下前後左右是物，絜矩是格也，『其本亂而末治
者否矣！』一句便見絜度格字之義，《大學》首言格物致知，說破學
問大機括，然後下手功夫不差，此孔門家法也。」〔註18〕

王艮認爲《大學》之道即在於「止於至善」，而其本即爲「格物」；而透過「物
格」來「正己」，己正則物正，身正則國家正，也就是說將「格物」的「格」，
當做「格式」的「格」，以「己身」爲天下國家的「格式」，換句話說，就是
以身作則，推至國家天下，爲聖人之道。

而其「百姓日用之學」，則是他認爲「聖人之道，無異於百姓日用，凡有
異者，皆謂之異端。」〔註19〕因爲「百姓日用條理處，即是聖人之條理處；
聖人知，便不失，百姓不知，便會失。」〔註20〕所以說「愚夫愚婦與知能行
便是道，與鳶飛魚躍，同一活潑潑地，則知性也。」〔註21〕這就是行聖人之
道的把柄，所謂：

學是愚夫愚婦、能知能行者，聖人之道，不過欲人皆知皆行，即是位
天地、育萬物，欛柄不知此，縱說得真卻，不過一節之善。〔註22〕

所以由此看出王艮對《大學》之道的理解，與其師王陽明稍有異同，王陽明
強調「良知」的重要性，但王艮則是強調「格物」。焦竑曾說到：

心齋先生以修身爲格物，故其學獨重立本，是時談良知，間有猖狂
自恣者，得此一提撕，爲功甚大，故陽明門人先生最得力。〔註23〕

王艮的看法與王畿相較而言，有同有異，同的是在於他們都認同《大學》之
道的重點，是在於「止於至善」，但不同處是他們對此「止於至善」之意義的
解釋，差異很大。而在說明此異同之處前，先談王畿的學說宗旨。

二、王　畿

王畿（1498～1583），字汝中，號龍谿，浙江紹興府山陰縣人。王畿在王

〔註18〕同註17，頁73～74。
〔註19〕同註17，頁67。
〔註20〕同註17，頁46。
〔註21〕同註17，頁41。
〔註22〕同註17。
〔註23〕焦竑，〈明德堂答問〉，《澹園集》，（北京：中華書局，1999年），頁746。

學中的地位，是其孜孜不倦地到處講學，對王學的流佈作出重大的貢獻。他的講學在當時已引起注意，甚或與王陽明相提並論，如何良俊說：

> 陽明先生之學，今遍行宇內，其門弟子甚眾，都好講學，然皆粘帶纏繞不能脫洒，故於人意見無所發明，獨王龍溪之言，玲瓏透徹，令人極有感動處。余未嘗與之交，不知其力行何如？若論其辯才無礙，真得陽明牙後慧者也！〔註24〕

而其學說宗旨，黃宗羲說：

> 先生之論，大抵歸於「四無」，以正心為先天之學，誠意為後天之學。從心上立根，無善無惡之心，即是無善無惡之意，是先天統後天；從意上立根，不免有善惡兩端之決擇，而心亦不能無雜，是後天復先天，此先生論學大節目。〔註25〕

所謂「四無」說，即是來自於〈天泉證道紀〉〔註26〕，亦即是討論「四句教」〔註27〕與「四無說」的爭端——無善無惡說。王畿此說在表達對王陽明良知說的看法，他認為：

> 性無不善，故知無不良，善與惡相對待之義，無善無惡是謂至善，至善者，心之體也。性有所感，善惡始分，本體之知，未嘗不知也，致其本體之知，去惡而為善，是謂格物。知者，寂之體；物者，感之用；意者，寂感所乘之機也。〔註28〕

王畿認為由於「性無不善」，故有「知無不良」，也就是說此本體無善惡之別，又稱「至善」；但當有本體有善惡之分時，則是因起「意」了，故他說：

> 吾人一切世情嗜慾，皆從意生，心本至善，動于意始有不善。若能

〔註24〕 何良俊，《四友齋叢說》（北京：中華書局，1997 年），頁 39～40。

〔註25〕 黃宗羲，〈浙中學案二〉，《明儒學案》（上冊），頁 2。

〔註26〕 據彭高翔言「查刻本（龍溪會語）中最重要的一個特點是：自蕭刻本以降各本均列為首篇，且最常為人所引的代表龍溪『四無』說之『天泉證道記』，卻未見錄於查刻本。查刻本『東游問答』中有一段文字為龍溪論『四無』之說，然其立場卻有異於『天泉證道記』所描繪，反倒與『天泉證道記』中統合『頓』、『漸』、『上』、『下』的陽明一致。」見彭高翔，〈明刊《龍溪會語》及王龍溪文集佚文——王龍溪文集明刊本略考〉，《中國哲學》第十九期（1998），頁 340。筆者在此仍用蕭刻本。

〔註27〕 「四句教」的真偽問題？請參見秦家懿的考證，《王陽明》（台北：東大圖書公司，1992 年），頁 155～161。

〔註28〕 王畿，〈與陽和張子問答〉，《王龍溪全集》（台北：華文書局，1970 年），頁 389。

> 在先天心體上立根，則意所動，自無不善，一切世情嗜慾，自無所
> 容，致知功夫，自然易簡省力，所謂後天而奉天時也。若在後天動
> 意上立根，未免有世情嗜慾之雜，纏落牽纏，便費斬截，致知工夫，
> 轉覺繁難，欲復先天心體，便有許多費力處。〔註29〕

所以王畿說：「正心先天之學也，誠意後天之學也。」〔註30〕也說：「知慈湖
不起意之義，則知良知矣！」〔註31〕所以，王畿以「誠意」為《大學》之要，
他說：

> 知者，意之體；物者，意之用，致知格物，誠意之功也。如好好色，
> 如惡惡臭，率其良知之自然，而一無所作，是謂王道。無作則無起，
> 而意自誠，正心修身，達之家國天下，一以貫之而無遺矣，《大學》
> 之全功也。〔註32〕

由此可知王畿對《大學》之道及良知的看法，但是針對如何「誠意」之法，
王畿還有一個創見，那就是「一念之微」的看法。王畿說：

> 若楊慈湖不起意之說，善用之未為不是。蓋人心惟有一意，始能起
> 經綸，成德業，意根於心，心不離念，心無欲則念自一，一念萬
> 年，主宰明定，無起作，無遷改，正是本心自然之用、艮背行庭之
> 旨。〔註33〕

將「念」與「心」相連，並且認為心無欲則念一，則此念為本心自然之用，
即能成德業。又說此「一念」的重要性，他說：

> 夫人之所以為人，神與氣而已矣！神為氣之主宰，氣為神之流行，
> 一也。神為性，氣為命，良知者，神氣之奧，性命之靈樞也。良知
> 致，則神氣交，而性命全，其機不外于一念之微。〔註34〕

也就是說要致良知，須於「一念之微」上照看，所以王畿說：「千古學術，只
在一念之微上求生死，不違，不違此也，日月至，至此也。」〔註35〕也因強
調「一念之微」，故王畿有「調息法」，大意為：

〔註29〕同註28，〈三山麗澤錄〉，頁110～111。
〔註30〕同註28，頁110。
〔註31〕同註28，〈慈湖精舍會語〉，頁362。
〔註32〕同註28，頁366～367。
〔註33〕同註28，〈答季彭山龍鏡書〉，頁604。
〔註34〕同註28，〈同泰伯交說〉，頁1254。
〔註35〕同註28，〈水西精舍會語〉，頁231。

　　一念微明，常惺常寂，範圍三教之宗。吾儒謂之燕息，佛氏謂之反
　　息，老氏謂之踵息，造化闔闢之玄樞也。以此衛生，了此便是徹上
　　徹下之道。〔註36〕

由此可知，王畿強調「誠意」，強調「一念之微」，並以此與王陽明的良知學
合轍，他說：

　　自陽明先師倡明良知之旨，而易道始明，不學不慮，天然靈竅，其
　　究也，範圍天地，發育萬物，其機不出於一念之微。〔註37〕

雖說王畿強調「誠意」的重要性，但是後人對王畿的評價，仍然源自於他與
錢德洪（1496～1574）兩人在「天泉證道」一事。這是因為在此證道中，表
達出王畿的四無說為先天正心之學，而王陽明及錢德洪的四句教，則被王畿
看作為後天誠意之學，誠如王畿所說此後天誠意之學是很費工夫的，故王畿
的看法則被視為先天正心之學、「向上」之學。但此證道事引起後人正反兩面
的看法，如顧憲成（1550～1612）對其友人說：

　　不肖下里之鄙人耳！無所聞知，少嘗受陽明先生《傳習錄》而悅
　　之，朝夕佩習，不敢忘。獨於天泉橋無善無惡一揭，竊訝之，間
　　以語人，輒應曰：「此最上第一義也。」則益訝之，俯仰天壤，幾
　　成孤立。〔註38〕

袁宗道（1560～1600）則說：

　　予始讀陽明先生集，意不能無疑，及讀先生天泉證道之言，曰：「汝
　　中所見，我久欲發，恐人信不及，含蓄到今，此是傳心秘藏，顏子
　　明道所不敢言者，今既已說破，亦是天機該發泄時，豈容復秘。」
　　嗟夫！先生弢藏最上一著許多年，不露一點端倪，若非龍溪自悟，
　　終身閉口矣！〔註39〕

其弟袁中道（1570～1624）也說：

　　良知之學開於陽明，當時止以為善去惡教人，更不提著此向上事，
　　使非王汝中發之，幾不欲顯明之矣！〔註40〕

〔註36〕同註28，〈調息法〉，頁1061～1062。
〔註37〕同註28，〈易測授張叔學〉，頁1051。
〔註38〕顧憲成，〈復方本菴〉，《涇泉藏稿》（台北：商務印書館，1983年），頁32。
〔註39〕袁宗道，〈雜說類〉，《白蘇齋類集》（台北：偉文圖書公司，1976年），頁675
　　　　～676。
〔註40〕袁中道，〈書學人冊〉，《珂雪齋前集》（台北：偉文圖書公司，1976年），頁

更後的士人金鉉（1601～1644）則對友人說到：

> 年翁所謂「假禪學之圓通，而自文鄉愿逢世之學術者。」此一語誠
> 可謂切中今人之膏肓，令之發洤雷之省者。弟近日亦詳識其受病之
> 源。……夫所謂受病之源者，惟是龍溪無善無惡之一言，使天下淪
> 於禽獸而不自覺。……自此言一出，近世學者尚未窺六經四子之毫
> 末，便猖狂自肆，糠秕詩書，任情而行，毫無顧忌。〔註41〕

而清初程朱學者唐鑑（1778～1861）更說到：

> 無善無惡之說倡，天下有心而無性矣！有心無性，人非其人矣。世
> 安得不亂哉！及其亂也，而究其所由來，歸罪於學術則亦晚矣，吾
> 於明季未嘗不爛噓俯仰而重有感焉！……是以「天泉」一會，爲陽
> 明學者推闡師說，各逞所欲，各便所私，此立一宗旨，彼立一宗旨，
> 愈講愈誕，愈肆愈狂，愈名高而愈無禮，淪漸流蕩，無所底極，而
> 人心亡矣，人心亡世教裂而明社亦遂墟矣。〔註42〕

一次的會面會導致明朝的滅亡，可見此會的重要。所以從以上的說法來看，
亦可見其評價的兩極。

三、「二王」岐異處

二王的岐異處，在於他們對「心之本體爲何？」這個問題上，認知不同。
王艮說：

> 諸生問：「止至善之旨？」先生曰：「明明德以立體，親民以達用，
> 體用一致，先師辨之悉矣，此堯舜之道也，更有甚不明。但謂至善
> 爲心之本體，卻與明德無別，恐非本旨，明德即言本體矣，三揭在
> 字自喚，省得分明，孔子精蘊立極，獨發安身之義正在此，堯舜執
> 中之傳，無非明明德親民之學，孔子卻於明明德親民中，立起一箇
> 極來，故又說箇在止於至善。止至善者，安身也。安身者，立天下
> 之大本也，本治而末治，正己而物正也，大人之學也。是故，身也
> 者，天地萬物之本也，天地萬物末也，知身之爲本，是以明明德而

　　1986。

〔註41〕 金鉉，〈與友人辨無善無惡書〉，《金忠潔集》，《叢書集成新編》六十八冊（台
　　　　北：新文豐出版公司，1997 年），頁 333～334。

〔註42〕 唐鑑，〈學案提要〉，《唐確慎集》（台北：中華書局，1983 年），卷一，頁
　　　　21。

親民也，身未安，本不立也，本亂而末治者否矣！」〔註43〕

從此問答可以理解王艮對王畿「至善爲心之本體」的說法，不表認同，認爲「明德」才是心之本體。而由於兩人對「本體爲何」的認知不同，故他們對大學之道的理論及實踐工夫也大相逕庭。不過這兩人對「本體」的看法不同，在當時的陽明學中，並非是特殊現象，如林兆恩說到：

> 至於談本體者，亦且鮮有能識本體者也。其曰寂然不動，心之本體也。又曰無動無靜，心之本體也。又曰有善無惡，心之本體也。又曰無善無惡，心之本體。〔註44〕

這段話道出當時學術界對「心」的本體看法，莫衷一是的情形，而「二王」學說的歧異處，也顯現在羅汝芳的身上。

第三節　「二溪」學說的歧異處

一、羅汝芳

羅汝芳（1515～1588），字惟德，號近溪，江西建昌府南城縣人。陶望齡述其神態時，說：

> 盱江明德羅先生，聞道於泰州之徒，盡超物僞，獨游乎天！與人偕，顧盼呿欠，微談劇論，所觸若春行雷動，因而興起者，甚眾。
> 〔註45〕

又說：

> 《近溪語錄》已寫出，共得八十葉，無一語不精妙，無一字不緊切，真人天之眼，聖賢之腮。我朝別無一事，可與唐、宋人爭衡，所可跨跱其上者，惟此種學問，出于儒紳中，爲尤奇偉耳。〔註46〕

可見羅近溪在當時學術圈的評價，是以其那敏捷的言語著稱的，當然這種能力來自於羅近溪所採取儒釋不分的態度。時人王時槐（1522～1605）論其學術宗旨，說到：

> 先生平生學以孔孟爲宗，以赤子良心、不學不慮爲的，以天地萬物

〔註43〕 王艮，〈語錄〉，《王心齋全集》，頁70～71。
〔註44〕 轉引自鄭志明，《明代三一教主研究──林兆恩的人格與思想》（台北：學生書局，1988年），頁252。
〔註45〕 陶望齡，〈《明德詩集》序〉，《歇庵集》，頁360～363。
〔註46〕 陶望齡，〈與何越觀〉，其三，《歇庵集》，頁2229～2230。

同體，撤形骸、忘物我，明明德於天下爲大。〔註47〕

所謂「明明德於天下爲大」，這即爲羅近溪上承王艮的學說的關鍵處，羅氏說：

> 明德，猶燭也。明明德於天下，猶燭燃而舉室皆明也。燭不足以明
> 一室，燭非其燭也；明明德而不能明天下，德非其德矣！如是而爲
> 明德，如是而爲《大學》，此之謂大人。〔註48〕

從此可知羅近溪將「明明德」視爲《大學》之功的根源，意即是只要能明「明德」，即是《大學》，即是大人。故羅近溪強調對此「明德」之明的重要性，他對弟子說到：

> 知一也，有自生而言者，天之良知也，所謂明德也；有自學而言者，
> 知己之有良知也，所謂明明德也。〔註49〕

羅近溪認爲良知即爲明德，如要明明德，只要知其自身所有的良知即可。也就是說羅氏承襲王艮對明德爲本體的看法，更進一步的認爲，只要一個人能明明德，即能達《大學》之功，而此明明德的功夫即爲致良知，也就是體認自己的良知。在一次的問答中說到：

> 問：「《大學》以修身爲天下國家之本，如何方是修身？」子曰：「致
> 良知，則修其身矣！」〔註50〕

門人問如何「致良知」呢？羅近溪說：「無思無慮者，良知之體，儻以有思慮致之，猶方底而圓蓋，必不合矣！」〔註51〕由此可知，羅近溪對致良知的看法，即是去除思慮，返回人自身之本體，即所謂「不慮而知」、「不學而能」。鄒元標（1551～1624）亦曾有一簡短的記述，可窺此要旨，記曰：

> 先生（羅近溪）折簡曰：「孔門之學，求仁爲宗，求仁莫先於恕，自
> 名乎仁也，曰：己欲立而立人，己欲達而達人；自名乎恕也，曰：
> 己所不欲，勿施於人。老吾老以及人之老，長吾長以及人之長，幼
> 吾幼以及人之幼，天下可運之掌，以言其體，則不慮而知，不學而
> 能，體此於己，學而不厭；推此於人，教而弗倦。本體即功夫，功

〔註47〕 王時槐，〈近溪羅先生傳〉，《塘南王先生有慶堂合稿七卷補遺一卷》，《四庫全書存目叢書》（台南：莊嚴文化公司，1997年），集一一四，頁243。
〔註48〕 羅近溪，《盱壇直詮》（台北：廣文書局，1991年），頁3。
〔註49〕 同註48，頁86。
〔註50〕 同註48，頁12。
〔註51〕 同註48，頁176。

夫即本體；入門處即結果，結果處即入門功夫，宗旨可一言而盡
也。」〔註52〕

由此也可以看出羅近溪對良知學的看法與王艮的差異所在：王艮以格物爲修
身，而羅近溪則以致良知爲修身，故王艮工夫偏於「行」的一面，而羅近溪
則偏於「知」的一面。

二、「二溪」岐異處

從羅近溪學說來看，羅近溪承繼王艮「明德爲本體」的看法，當然與王
畿「至善爲本體」的看法不同，但是由於羅近溪提出致良知爲明明德之法，
又將「無思無慮者」爲良知之體，故王畿和羅近溪兩人在本體與功夫的認知
上有其相通性，其交點爲「無」此字上。王畿提出「無善無惡爲心之本體」，
強調心之本體爲無善無惡；又強調「不起意」的功夫論；而羅近溪更直接
地說本體爲「無體之體，其眞體乎！」〔註53〕說工夫爲「無功之功，其眞功
乎！」〔註54〕但要區別的是王畿仍然認知到有一特定「本體」或「功夫」的
存在，而羅近溪則無此特定存在的看法。但由於對「無」之重視，也使兩人
的學說被世人與佛學劃上等號，如管志道（1536～1608）說：

> 及於龍溪盱江二先生，概以博大圓通爲教體，而堤防不密，門牆太
> 濫，僞夫得以名利巢其中。譚及孔門，鳴鼓之攻，過門之拒，似猶
> 嫌尼父之不廣，而借出世之圓宗以爲解也。中有豪宕敏給之士，窺
> 圓宗之一班者，輒以宗風掃孔矩，而吾復無以裁之。〔註55〕

這說的是兩人都因與佛教扯上關係，致使當時學術風氣爲之一變。鄒元標也
說：

> 以龍溪先生見地，能小心翼翼，不墮世間行，豈不照天照地；以近
> 溪先生，若再謹飭一下，後學誰得而議之。望兄與後學言，禔飭修
> 行一路再不可忽，不然縱說得伶俐，與世與身子無干，眞切！眞
> 切！〔註56〕

這說的是兩人皆忽卻「修行」的重要，對後學產生了深遠的影響。

〔註52〕 鄒元標，〈識仁編序〉，《願學集》，卷四，頁41。
〔註53〕 羅近溪，《盱壇直詮》，頁176。
〔註54〕 同註53。
〔註55〕 管志道，〈惕見二龍辨義〉，《管子惕若齋集》，卷一，日本內閣文庫，頁60。
〔註56〕 鄒元標，〈答周海門少參〉，《願學集》，卷三，頁48。

而其不同處，有學友問周汝登對此二人語錄的看法：

> 問：「龍溪子與近溪子語錄如何？」先生曰：「龍溪子之語，上中
> 下根俱接得著；近溪子之語，須上根方能領略，中下根人難泊不
> 易。」〔註57〕

陶望齡也曾引其友人言說：

> 余友人有獲侍二溪者，常言「龍溪筆勝舌，近溪舌勝筆」。余生既晚
> 而愚，未嘗見二先生，獨嗜其書耳。而嗜近溪語尤甚，口誦手鈔彙成
> 一帙，閒居鮮朋友時，快讀一過，則神朗氣邑，手足掉舞。〔註58〕

周陶二人的說法則顯示出王畿的學說易懂，而羅近溪的理論則難領略。

第四節　小　結

　　從「二王」到「二溪」的學術傳承中，我們可以看出在「二王」身上，由於對大學之道的認知不同，導致其對修養工夫有不同的見解，也由於他們對本體的看法不同，故雖同是陽明學派下，卻引伸出不同於王陽明的「新王學」理論，但是在整個學術理論的架構下，「二王」仍然就傳統儒學的脈絡下來立論，故二人究竟未能撤消儒佛之間的藩籬。但是自羅近溪出，雖然在學術的傳承上仍然循著王艮的理論來開展，但是也開始轉化王艮的思想，其中最重要的是對「良知」的重視，也就是強調「不慮而能」、「不學而知」的「良知」，而另一顯而易見的改變，則是在羅近溪的身上多了佛教的味道。雖然「二溪」兩人在所謂的「良知現成」上，有其相似性，但是真正的不同仍然源自於他們對本體的認知的不同，甚至羅近溪的「無體之體」比王畿的「四無說」，更接近佛教「一切皆無」的理論，再加上他兩人的門徒眾多，年壽亦長，對後世的影響想必是廣泛且深遠的，而這也是周汝登當時所身處的學術氛圍。

〔註57〕周汝登，〈南都會語〉，《東越證學錄》，頁136～137。
〔註58〕陶望齡，《盱江要語》序〉，《歇庵集》，頁358～359。

第三章　周汝登：學佛知儒

第一節　生平及與「二溪」思想的交涉

一、生　平 [註1]

周汝登（1547～1629）[註2]，字繼元，號海門居士，紹興府嵊縣人。周汝登的父親周謨，字居正，稱雙溪先生，官至靜海訓導 [註3]。周汝登為其第三子，周汝登說：

> 府君天性方嚴，寡言笑，絕無詼諧欺詐，及長不事講學之名，而力

〔註1〕周汝登的為官之途及政績，參考牛蔭麃等修、丁謙等纂，《嵊縣志》（台北：成文出版社，1989 年），頁 988。李慈銘，《乾隆紹興府志校記》（台北：成文出版社，1989 年），頁 111～113。

〔註2〕關於周汝登的生卒年月，周汝登說其「不肖十四歲而孤」，而其父是卒於嘉靖三十九年（庚申），故推而證之，周汝登應生於嘉靖二十六年（丁未）。又《嵊縣志》又云：「二十四師山陰王龍谿，示以文成之學，輒領悟。……年八十三。」而周氏二十四歲那年是隆慶四年（庚午），周氏在其《剡中會語》中有一條記載云：「或曰：『子與龍溪先生及門受業乎？』曰：『及門而未受業，受業而非及門矣。』曰：『何謂也？』曰：『予少年不知學，隆慶庚午，邑令君請先生入剡，率諸生旅拜，不肖與焉，雖侍側聽講，而不能領略，故及門而不可謂之受業。後予通籍（1577）後，始知慕學，漸有所窺，思先生平日之言為有味，取會語讀之，一一皆與心契，乃切歸依，而先生此時逝矣，實受業而非及門也。』」由此記載可知時間上是前後吻合，所以周汝登生於嘉靖二十六年（1547），而其卒日，據何冠彪的考證為崇禎二年（1629），故其年八十三，此與《嵊縣志》所載符合。

〔註3〕參見牛蔭麃等修、丁謙等纂，《嵊縣志》，頁 983。周汝登，〈先府君行狀〉，《東越證學錄》，頁 1069～1082。

> 先實踐，榜其齋曰：「謹獨致知」，守程朱教旨，爲仁集義，求孔孟
> 眞傳。〔註4〕

由此可知周汝登是在一「守程朱教旨」的家庭下成長，這對其往後的學術思想有其重要意義。周汝登在萬曆元年（癸酉）舉於鄉，五年（丁丑）舉進士，授南京工部屯田主事；七年（己卯），出使眞州（揚州府儀眞縣）。八年（庚辰），督稅蕪湖（太平府蕪湖縣），舊時稅額爲二萬兩，內部官員商議要加倍，但周汝登不願如此做，遂使他以缺額謫官兩淮鹽運判官。到任後，因那時兩淮商民皆喜歡訴訟，卻不知習禮，故周氏爲其講鄉約，並且刻四禮圖說以教化之。而在統轄十場時，每一場建一學校，並以自己的俸祿買田以充社師費，並於東場建總學校，每月大會十場之士，並且以身作則力行之，經周氏的改革，致使此地的習俗爲之一變。後遷官順天府通判。萬曆二十年三月（壬辰），任南京兵部車駕司主事，尋轉吏部驗封司郎中，也是此年在此地的講會上，與許孚遠展開以「天泉證道」爲主題的「九諦九解之辯」。萬曆二十五年（丁酉），任廣東按察司僉事，曾上疏乞回鄉終養，但不被允許。萬曆二十六年（戊戌），任雲南布政使左參議〔註5〕，再上疏陳情，並得旨歸里。往後又再度入仕，陞南京尚寶司卿署京兆篆，再陞太僕寺少卿，爲滁人修社學置義田。天啓五年（1625）二月〔註6〕，陞光祿寺卿，尋陞通政使司，晉戶部右侍郎，致仕。其爲政以教化爲先，不事刑罰，故所至有慈祥清白名。通籍五十年，林居三十餘年，不畜財，不治第，不營產。年八十三，詔起工部尚書，未任而卒。

二、與「二溪」思想的交涉：「學佛知儒」心態的建立

探討周汝登與「二溪」之間的關係，首先必須著眼於周汝登在家庭及其往後因任官環境的改換下所受到的影響，如此才能看出「二溪」對其學術思想的變化所產生的作用。

筆者在前面曾提到周汝登是生長於一「守程朱教旨」的家庭，故自小是接受程朱學派的思想，但萬曆五年（1577），其登進士第，尋授南京工部屯田主事，因此有機會接觸到羅近溪耿定向等人的學說，因爲羅近溪等人思想傳

〔註4〕 周汝登，〈先府君行狀〉，《東越證學錄》，頁 1073～1074。
〔註5〕 《國榷》：「丙午（萬曆三十四年），甲寅周汝登爲湖廣布政司參議。」談遷，
　　　　《國榷》（台北：鼎文書局，1978 年），頁 4960。
〔註6〕 見李慈銘，《乾隆紹興府志校記》，頁 112。

播的主要地區，就是以南京一地為核心來開展的。視羅近溪為聖人的楊起元
（1547～1599）說：

> 吾師（羅近溪）之學修於南城（旴江）而行於金陵（南京）。……吾
> 師當嘉靖末年，嘗守寧國；而其友天臺耿公，以侍御督學于南畿，
> 以造士作人為己任，即清涼梵剎為講所，聚名士論道其中。……南
> 畿列郡之士，一經指示，多所信解，此一時也。〔註7〕

所以周汝登在此與羅近溪思想相遇，而黃宗羲在《明儒學案》則說到：

> （汝登）已見近溪，七日無所啟請，偶問「如何是擇善固執？」近
> 溪曰：「擇了這善而固執之者也。」從此便有悟入。近溪嘗以《法苑
> 珠林》示先生，先生覽一二葉，欲有所言，近溪止之，令且看去。
> 先生竦然若鞭背，故先生供近溪像，節日必祭，事之終身。〔註8〕

此事是發生在周汝登剛登進士第之時（丁丑），因為此時羅近溪也正講學南京
廣慧寺〔註9〕，但是羅近溪為何以《法苑珠林》授以周汝登，其用意為何？
筆者之所以對黃宗羲此紀事有疑，原因有二：一是王時槐〈近溪羅先生傳〉
云：

> 先生蚤歲於釋典玄宗無不探討，緇流羽客，延納弗拒，人所共知，
> 而不知其取長棄短，迄有定裁。今會語出晚年者，一本諸大學孝弟
> 慈之旨，絕口不及二氏伯。愚嘗私閱《中峰語錄》，先生一見輒持
> 去，曰：「汝曹慎勿觀，此禪家之說，最令人躲閃，一入其中，如落
> 陷阱，更能轉頭出來復歸聖學者，百無一二，戒之哉！惟潛心大學
> 孝弟之旨，足矣。」〔註10〕

羅近溪卒於萬曆戊子（1588），萬曆五年（1577）已屬其晚年之時，如王氏所
言非虛，為何羅近溪還會拿《法苑珠林》給周汝登呢？二是《法苑珠林》的
內容，此書為唐代釋道世所編，內容上較為接近「淨土」〔註11〕，與羅近溪

〔註7〕 楊起元，〈明德羅子祠堂記〉，《重刻楊復所家藏文集》，卷四，日本內閣文庫
　　　本，頁23～24。
〔註8〕 黃宗羲，〈「尚寶周海門先生汝登」‧泰州學案五〉，《明儒學案》（下冊），頁
　　　64。
〔註9〕 同註8，黃宗羲，〈「參政羅近溪先生汝芳」‧泰州學案三〉，頁1。
〔註10〕 王時槐，〈近溪羅先生傳〉，《塘南王先生有慶堂合稿七卷補遺一卷》，集一一
　　　四，頁245。
〔註11〕 陳垣說：「本書為類書體，將佛家故實，分類編排，凡百篇。篇各有部，部又
　　　有小部，均以二字為題。總六百四十餘目，引經、律、論分隸之。每篇前有

「得祖師禪之精者」〔註12〕的評價，實難聯想在一起。從以上這兩個原因來看，筆者認為此紀事須小心看待；再說此紀事皆未見載於羅近溪與周汝登二人的文集或會語中，況且並且如果此紀事為真的話，對周汝登而言應為一件大事，但其卻隻字未提，因此筆者認為此事未必可信。

當然，即使羅近溪沒有給周汝登那本書，羅近溪對周汝登的影響仍舊是非常大，羅近溪透過佛家經典的探討而了解孔孟聖賢之道的方法，帶給周汝登一種全新的視野，因為這是一種重新面對孔孟聖賢之道的心態。這種「學佛知儒」的心態，普遍存於當時南京的學術界，主要是以羅近溪與耿天臺的門人為主。例如：師事羅耿二人的焦竑（1541～1620）曾說明此心態：

> 性命之理，孔子罕言之，老子累言之，釋氏極言之。孔子罕言，待其人也，故曰：「不憤不啟，不悱不發，中人以下不可語上也。」然其微言不為少矣。第學者童習白紛，翻成玩狎，唐疏宋注，錮我聰明，以故鮮通其說者。內典之多，至於充棟，大抵皆了義之談也。古人謂闇室之一燈，苦海之三老，截疑網之寶劍，抉盲眼之金鎞，故釋氏之典一通，孔子之言立悟，無二理也。張商英（1043～1121）〔註13〕曰：「吾學佛，然後知儒。」誠為篤論。〔註14〕

又楊起元在答覆友人的信中也提到：

> 夫真心豈易識哉！弟非學佛者也，因其書，然後稍窺心體，回視先儒所論，如隔靴搔癢，入海較砂，深為可惜。……又勿謂弟分心於佛學，而不併力於孔宗也。今有人能汲汲乎求明其心，求之於六經而不得也，又求之諸子百家，又求之釋典，惟主以明其心而已，是真併力於孔宗也，而崇何少之。〔註15〕

楊起元認為他自己之所以會涉獵佛典，原因有二：一是無法真切體會「先儒

述意部，述意猶言敘意，以儷體行之。每篇末或部末有感應緣，廣引故事為證，證必注出典，與其他類書體例同。」見《中國佛教史籍概論》（台北：文史哲出版社，1981 年），頁 61～62。

〔註12〕黃宗羲，〈「參政羅近溪先生汝芳」‧泰州學案三〉，《明儒學案》（下冊），頁 3。

〔註13〕張商英字天覺，蜀州新津人，號無盡居士，見《宋史》（台北：鼎文書局，無出版年代），卷三五一、列傳第一一〇，頁 11095；鄧克銘，《大慧宗杲之禪法》（台北：東初出版社，1986 年），頁 6。

〔註14〕焦竑，《焦氏筆乘》（台北：商務印書館，1971 年），頁 169。

〔註15〕楊起元，〈曾植老〉，《重刻楊復所家藏文集》，卷七，頁 38～39。

所論」；二是他認為透過佛典才能了解孔宗之旨。而楊起元在另一文中，則更詳細地說明他學佛的意旨，他說：

> 世皆知佛為出世之學，予以為出世不足以盡佛，佛亦精于經世者也。……是故通于佛法者，然後可入堯舜之道，而世之學佛者，區區於西方淨土及了生死而已。其惑者至求福田利益，廣施財寶，造寺度僧，以為功德。儒者恥之，遂謂佛之教足以惑人，而讎疾之，不復深惟其理，而吾儒之學竟止于粗淺而不足以入堯舜之道，此其故不可不一明也。予賦性最拙於孔孟之言，茫然未有得也，近因博之釋典，而參之舊學，殆似有可以發明者，遂不自揆，而以經世言佛。〔註16〕

在此文中，楊起元不但說明當時學佛者與其之不同點，也企圖為佛家冠上一「經世」者的外貌，以求與堯舜之道有相通之處。當然楊氏此種「學佛知儒」的心態，必也招致學界的質疑，認為此心態不過是討一方便法門，楊起元在回覆友人信中，也為其自身辯護。他說：

> 既以敝鄉先達為勉，復以近崇二氏為防，仁人長者其道固然。某雖樸遬，敢不拜教之辱。夫討方便以入二氏，某也闇劣，決非所能，但聞二氏之學亦非方便所能討也。〔註17〕

周汝登的同年鄒元標也說：

> 來教謂其宗佛老後孔孟，此世間學者祖述常談，象山抱此冤于宋，白沙陽明抱此冤于明。世之學者一稍知向上，便自以為佛老，不知諸老即于佛亦苦向上鑽研，故能知儒。未知佛，必不能知儒，如今人未知佛之道，何若一聞佛名，便自硬排強非，譬如有司聽訟，只聽一邊說判斷，恐未足服其心也！〔註18〕

從以上可知，在當時的學術界瀰漫著「學佛知儒」空氣，身在此空氣中的周汝登自然也深受影響，他在〈題朱事之尊人卷〉一文中，針對此心態有一評論：

> 會稽朱事之，外服儒行，內契禪宗。……事之尊人方服官政而喜持《金剛經》，人或疑其異？夫以儒書求《金剛經》，則非異說矣。金

〔註16〕 楊起元，〈贈無念上人序〉，《黃檗無念禪師復問》，《大藏經補編》（台北：新文豐出版公司，1987年），頁746～747。

〔註17〕 楊起元，〈復許敬菴〉，《重刻楊復所家藏文集》，卷七，頁11～12。

〔註18〕 鄒元標，〈答粵中友〉，《願學集》，卷三，頁5。

> 剛表體性不壞，至誠無息之旨也，我人生壽之，無意必固，我之絕
> 也，夢幻泡影之喻，浮雲富貴之宗也，受持者拳拳服膺而弗失也，
> 種種福德算數譬喻不能及者，無以尚之也，金剛之旨，儒宗自足，
> 豈有異耶！〔註19〕

在周汝登文集中，這並非特例，他在探討儒與禪的分別時，說道：

> 儒與禪合乎？曰：「不可合也。」儒與禪分乎？曰：「不可分也。」
> ……孔子言朝聞夕死，無可無不可，如周易太極之旨，悟之則無
> 疑，於禪可以不逃、可以不闢矣。為禪者之過，非其不通儒也，不
> 知如來之禪也。……孔子之旨，闡在濂洛以後諸儒；如來之旨，闡
> 在曹溪以下諸師。嗟乎！人而有悟于此，則儒自儒，禪自禪，不見
> 其分；儒即禪，禪即儒，不見其合。辟禹治水，行所無事，水由地
> 中，人居平土，天下宴然，豈不快哉！濂洛之語別見，而此專曹溪
> 以下禪語也，號之曰「佛法正輪」，知佛法正輪而儒門微言亦可通
> 矣！〔註20〕

從此評論來看，與楊起元的觀點實無太大的差異，主要仍是強調佛典乃是儒
宗之輔，而研究佛典的意義，最終是要回到儒家的基本立場上才能彰顯。而
羅近溪晚年一本大學孝弟慈之旨，即是羅氏經過多年佛典的參研，所得出的
心得，此旨也被周汝登所接承受，在一次與學友聚會的場合中，從其間的問
答，即可證之：

> 先生與石匱陶公及諸友二十餘人游於戈山，隨飲張久及宅，酒闌一
> 友曰：「我輩學問頭腦雖一，方便不同，連日講論已多，亦從人受
> 用，各各當有下手用工處，試言之！」諸友隨有所陳，陳畢。請問。
> 陶公曰：「去偷心」。又請問。先生曰：「孝弟」。〔註21〕

在此要說明的是，周汝登接受羅近溪「孝弟」之旨的證據是其在萬曆二十七
年間在越中講會時的回答，但這並不能簡單地認為周汝登在當時就接受了此
思想，因為兩年後周汝登出使真州（萬曆七年），這次的出使使周汝登的思想
產生一重大的轉折——周汝登真切地認同了王畿的思想。

　　在考證周氏生卒年時，曾引一文，文中說到在隆慶庚午（1570）年時，

〔註19〕周汝登，〈題朱事之尊人卷〉，《東越證學錄》，頁750～751。
〔註20〕周汝登，〈佛法正輪序〉，《東越證學錄》，頁574～577。
〔註21〕同註20，〈越中會語〉，頁261。

當縣令請王畿入剡講學，並率諸生旅拜，席間周汝登雖參與聽講，但卻不能領略其旨之事，這其中的因素應與其自小所受的教育有關。因此《嵊縣志》說其當時即領悟王畿之學是不正確的，而黃宗羲說：「先生有從兄周夢秀〔註22〕，聞道於龍溪，先生因之，遂知向學。」〔註23〕這說法也有待商榷，因為後來周汝登在〈銘吾袁君六十壽序〉一文中，又再度回憶這段往事，他說：「憶在庚午之年，相與共遊龍谿子之門，當時不肖尚未足領略其微言。」〔註24〕而其在〈題繼實兄書後〉一文中，則詳細地記錄他接受王畿思想的過程，他說：

> 繼實兄……十五六歲時，瑞泉叔（繼實父）率拜龍谿師，故其向學特早。……癸酉（1573），余舉於鄉而兄下第，百凡酬應，皆兄料理。兄信內典甚深，絕慾斷腥，遠貨利，囊不蓄一錢。行益孤高而名日起，余親之、敬之而見不能合。丁丑（1577），余舉進士，兄移書教我，而余亦未之領略。己卯（1579），余使眞州（揚州府儀眞縣），來訪時，余有所醒發，話乃投，相視各不覺一笑。庚辰（1580），余使蕪湖，兄亦至，值余大病垂死，兄晝夜省視不息，病中談證，一切莫逆。〔註25〕

雖然這段話並未說明其如何接受和究竟接受王畿的什麼思想，但能確定的是周汝登認同王畿思想的時間應是在己卯（1579）以後。隔年，周汝登出使蕪湖時，再與周夢秀相互印證，則是毫無質疑了。所以其學生陶望齡也說：

> 海門子少聞龍溪之門，晚而有詣焉，自信力故尊其師說益堅，其契也親，故詞不飾而甚辨。〔註26〕

不過周汝登如何能從「未之領略」到「有所醒發」呢？其關鍵為何呢？在其〈立命文序〉一文中，提到此中關鍵，他說：

> 余蚤年不知是事，有從兄剡山者，乃苦行頭陀，與我談不能入。一

〔註22〕 「周夢秀，字繼實，震之子。爲邑諸生，自少以道學名，潛心篤行，瞻視不苟，已而讀竺典，有悟。屏絕世味，惡衣糲食，宴如也。」見牛蔭麓等修、丁謙等纂，《嵊縣志》，頁985。又周夢秀別稱「剡山高士」，見周汝登，〈剡源遺草序〉，《東越證學錄》，頁582。

〔註23〕 黃宗羲，〈「尚寶周海門先生汝登」‧泰州學案五〉，《明儒學案》（下冊），頁64。

〔註24〕 周汝登，〈銘吾袁君六十壽序〉，《東越證學錄》，頁606。

〔註25〕 同註24，〈題繼實兄書後〉，頁692～693。

〔註26〕 陶望齡，〈《海門文集》序〉，《歇庵集》，頁357。

> 日會袁（袁黃）公於眞州，一夜之語，而我心豁然，始知世間有此
> 正經一大事，皈依自此始，余迄今不能忘此公之恩，公於接引人固
> 有緣也。〔註27〕

由此可知，周汝登是接受袁黃的「接引」和與周夢秀相互間的切磋，一直要
到三十三歲時，才眞正認同王畿的思想。但「此正經一大事」究竟爲何？於
此則必須了解袁黃與周夢秀二人的思想，才能究其原因。

袁黃，字了凡，別字坤儀，萬曆十四年進士〔註28〕。在其中進士之前，
袁了凡受到雲谷禪師的開示而悟道，其說可以其《了凡四訓》一書的內容爲
代表。此書透過儒釋二宗的經典，闡述「因果報應」的出世法，和儒家傳統
的入世法（世間法）並不相衝突。而周夢秀的思想則可以其書《知儒編》爲
代表，因爲周汝登常以此書贈送友人，想見他是認同此書的。書中的思想可
以周夢秀的自序中看出，序云：

> 編禪語也，而稱知儒者何？語悉儒而禪者，張子韶謂「學佛知儒」
> 而因有取乎其言。夫學佛何以知儒也，程伯子云：「中庸言無聲無臭，
> 猶釋氏言非黃非白。」夫謂無聲臭、非黃白者是何物耶？不可以義
> 理解，不可以意識知者也。顧此在儒門未甚剖破，而禪宗家極力舉
> 揚，燈燈相紹，專明此事，故欲通儒脈須借禪宗，而禪宗備在古案
> 百千餘則。……於此，得所從入，直下無礙，單傳之竅既通而一貫
> 之的隨破，所謂「學佛知儒」，其或不謬者矣！〔註29〕

周汝登友人馮夢禎（1546～1605）在其日記中，也說到：「周繼元來贈新刻
《知儒編》，以知佛而後知儒，所錄俱先輩機緣。」〔註30〕另外管志道在〈題
知儒編〉一文中，也提到此書之宗旨，他說：

> 空空子之輯《知儒編》，諷儒者之參禪也！不曰「知禪」，而曰「知
> 儒」者何？本張子韶（九成，1092～1159）「學佛然後知儒」之語，
> 而標之以諷儒也。其中俱摘儒家參禪之公案，故多禪者鉗錘儒流之
> 語，試虛心而參之，一貫之道不遠矣。序中所謂「單傳之竅既通，

〔註27〕同註26，〈立命文序〉，頁569。

〔註28〕〈袁了凡居士傳〉，《了凡四訓今譯》（台北：天華出版公司，1981年），頁
1。

〔註29〕周夢秀，〈序〉，《知儒編》，明崇禎九年原刊本，無頁數。（國家圖書館藏）

〔註30〕馮夢禎，《快雪堂日記》，《快雪堂集》，《四庫全書存目叢書》（台南：莊嚴出
版社，1997年），集一六四，頁753。

一貫之的隨破」是也。〔註31〕

由此可知，周汝登接受的是「學佛知儒」的思想，這種思想與周汝登在南京時所接受的想法一致，而這與王畿的思想符合。如王畿在面對友人問佛氏之疑時，曾引其師王陽明的話來回答，他說：

> 先師嘗有屋舍三間之喻，唐虞之時，此三間屋舍原是本有家當，巢許輩皆其守舍之人。及至後世，聖學坐主不起，僅守其中一間，將左右兩間甘心讓與二氏。及吾儒之學日衰，二氏之學日熾，甘心自謂不如，反欲假借存活，泊其後來，連其中一間，岌岌乎有不能自存之勢，反將從而歸依之，漸至失其家業而不自覺。吾儒今日之事，何以異此，間有豪傑之士，不忍甘心於自失，欲行主張正學以排斥二氏為己任，不能探本入微，務於內修，徒欲號召名義以氣魄勝之，祇足以增二氏檢議耳！先師良知之學，乃三教之靈樞。〔註32〕

這一段的回答不但表明了王龍溪以儒為主的立場，也提出儒者要排佛，非是在口頭上爭長短，而是應該潛心研究儒釋道三教之不同，才能夠在思想上獲得成功；而王陽明的良知之學，正是此三教之靈樞。所以，周汝登與王龍溪在以儒為本的觀點上是符合的。

至此，可以了解的是，周汝登也具有「學佛知儒」的傾向，不但認同了王畿的思想，也有可能接受羅近溪的思想，但是周汝登還未明確地表達他的思想看法。而這看法的顯現，一直要到周汝登第二次到南京（1592～1597）任官時才完成，也就是在萬曆二十年（1592）前後，因為在此時周汝登編輯了以王陽明及王畿思想為主的《學的教衡》一書，且在此地的講會上，周汝登和許孚遠展開一場以「天泉證道」為主要論辨焦點的「九諦九解之辨」。

第二節　九諦九解之辨

一、背　景

經過十多年的宦海浮沈，萬曆二十年（1592），周汝登又再次地回到南京

〔註31〕管志道，〈題《知儒編》〉，《管子惕若齋集》，卷三，頁24～25。
〔註32〕王畿，〈復陽堂會語〉，《王龍溪全集》，（台北：華文書局，1970年），卷一，頁125～126。

任職,先任兵部車駕司主事,尋轉任吏部驗封司郎中。再次回來,人事已大不同前了,不但王畿、羅近溪、耿定向(1524~1596)諸人相繼病逝或致仕,此時南京的學術風向也不同於前。關於當時南京的學術風氣,馮夢禎寫給友人的信說道:

> 南都人士賴有鄧少宰(定宇)、鄒比部(元標)諸君子,頗不寂寞,但此地議論煩多,士大夫惟韜默避事而乏遠大之意,即遊山玩水,亦以為風流罪過,縮不敢先,以故牛首栖霞諸勝,至今未入雙眸,此可以想僕近狀矣。〔註33〕

周汝登也對其友人說「南中知友寥寥,講者又頭腦各別,然終須合併,未可知耳!」〔註34〕陶望齡也說到:

> 卓(李贄)老尊恙,想亦小小,西湖之游,固不敢望,但以丈之力,攀挽得從容,少時不至遽還龍湖,則弟摳趨有日矣。若目下則老親尚在床,勢萬萬不可耳!世上眼珠小不能容人,況南京尤聲利之場,中間大儒老學,崇正闢異,以世教自任者尤多,恐安放卓老不下,丈須善為之計。〔註35〕

惟一不變的是此地的講會活動依舊盛行〔註36〕,周汝登回憶道:

> 余昔宦留都(南京),講會盛行,一會人動百計,以人數多謂之大會;中有七八人者,復自為會,以人數少稱小會別之。小會視大會為期更密,辨證更詳,催趨更緊,余與其間深藉益焉。〔註37〕

而此時在南京的人物則有鄧以讚(1542~1599)〔註38〕、馮夢禎〔註39〕、楊起元、鄒元標、許孚遠等人,正所謂「名公畢集,講會甚盛。」〔註40〕這些

〔註33〕馮夢禎,〈答丁長孺〉,《快雪堂集》,集一六四,頁571。

〔註34〕周汝登,〈與沈繕部何山〉,《東越證學錄》,頁799。

〔註35〕陶望齡,〈與焦弱侯年兄〉,其九,《歇庵集》,頁2379~2380。

〔註36〕從呂妙芬統計嘉靖年間至萬曆初年的陽明講會和陽明者的會講中,可以看出「南京」為陽明學講會的主要地點。見呂妙芬,〈陽明學講會〉,《新史學》九卷二期(1998),頁80~87。

〔註37〕同註34,〈小會題詞〉,頁746。

〔註38〕鄧以讚字汝德,號定宇,南昌新建人。此時鄧以讚為南京國子祭酒,後為南京禮部右侍郎,再遷為南京吏部右侍郎,見談遷,《國榷》(台北:鼎文書局,1978年),頁4650、4677、4690。

〔註39〕此時馮夢禎為南京國子司業。同註38,頁4682。

〔註40〕黃宗羲,〈「侍郎許敬菴先生孚遠」·甘泉學案五〉,《明儒學案》(下冊),頁43。

學者也許學術立場並非一致，但相互辨證以求精進，則爲共識。論辨的雙方周汝登與許孚遠二人在當時南京的學界都占有一席之地，例如管志道在給許孚遠的一封信，說到：

> 僕嘗與丁敬宇、吳安節、顧涇陽輩五六君子，擬訂洛社之盟，而推門下爲盟主，議將合矣，而門下起官之報至，其事遂寢。〔註41〕

顧憲成也曾對其友人提到：

> 許敬菴先生今在何所？計必決歸，計倘有相聞，願問之。吳會之間得借此老爲青山主盟，固是妙事耳！足下當以爲然也。〔註42〕

而周汝登也爲學界所重，楊起元在寫給鄒元標的信中，談及當世的同志時，他說：「海內同志如吳下管東溟，才識無雙；南中精詣者，周海門年丈，今借重吾廣矣。」〔註43〕黃宗羲也說：「南都講學，先生（許孚遠）與楊復所、周海門爲主盟。周、楊皆近溪之門人，持論不同。」〔註44〕當然以輩份而言，許孚遠當然在周汝登之上。在上一節，筆者已簡單地陳述周汝登當時的學術思想，接下來談許孚遠的學術思想。

許孚遠（1535～1604），字孟仲，號敬菴，浙江德清縣人，爲嘉靖壬戌（1562）進士，授南工部主事，轉吏部。萬曆二十年四月丙午（1592）爲右通政〔註45〕，同年十二月丙申以右僉都御史巡撫福建〔註46〕。萬曆二十二年十一月（1594）爲南京大理寺卿〔註47〕，隔年四月，晉南京兵部右侍郎〔註48〕，萬曆二十二年七月卒，贈南京工部尚書。黃宗羲說其學術淵源及爲學宗旨：

> 年二十四，薦於鄉，退而學於唐一菴之門。……故先生之學，以克己爲要。……先生信良知，而惡夫援良知以入佛者，嘗規近溪公爲後生標準，令二三輕浮之徒，恣爲荒唐無忌憚之說，以惑亂人聽聞，使守正好修之士，搖首閉目，拒此學而不之信，可不思其故耶？〔註49〕

〔註41〕管志道，〈復許少司馬敬菴公書〉，《管子惕若齋集》，卷一，頁65。
〔註42〕顧憲成，《涇皋藏稿》，卷四，頁40。
〔註43〕楊起元，〈鄒南皋年丈〉，《重刻楊復所家藏文集》，卷七，頁8～9。
〔註44〕同註40。
〔註45〕同註39，頁4672。
〔註46〕同註39，頁4689。
〔註47〕同註39，頁4740。
〔註48〕按談遷所記許孚遠爲此官是在萬曆二十三年。同註39，頁4748。
〔註49〕同註41，頁42～44。

由此可以確知的是，許孚遠的學術的淵源來自唐樞（1497～1547）（湛甘泉門下）；另一是許氏憎惡學者「援良知以入佛」，所以他曾規勸羅近溪勿以自身所爲，來作爲後生的標準，以導致「良知之學」的浸失。在陶望齡所編輯的《羅近溪先生語要》中記錄著相似的問答：

> 許敬菴謂先生（羅近溪）曰：「公之學大而無統，博而未純，久後，難以結果！」先生改容進曰：「愚者千慮，必有一得。承教謂『大而無統，博而未純。』某竊意大出於天幾原自統，博本乎天命亦自純，故三才合德乃成聖果，若舍大以求統，捨博以求純，則世儒之把捉意念，務悅群情，徒爲虛花，又安得結果而言統且純哉？某病不大且博也，大且博非某病也。」〔註50〕

由黃宗羲的記載和這段問答來看，許孚遠並不認同羅近溪無所不包的理學思想，尤其是羅近溪在談「良知之學」常援用佛家語言與思想的方法，這也可以進一步地理解到許氏想必也無法接受「學佛知儒」的態度。由此也可以推知許孚遠對羅近溪的門人楊起元也不能認同，故隱然有「門戶」之別的情況，馮夢禎說到這種「門戶」的情況：

> 南都諸君子楊宗伯、許司馬，俱主盟講學，幾于分陝而治。許宗程朱大儒，而楊宗羅近老，弟則泊然無所宗，不敢非兩公，而亦不敢自以爲是，惜宗匠遠處，無所就正，爲懸懸耳！〔註51〕

而對於許孚遠的爲學宗旨則眾說紛云，例如：馮夢禎說其「宗程朱大儒」，高攀龍（1562～1626）也曾提及其爲學宗旨：「敬菴先生之學，以無欲爲主。」〔註52〕劉宗周則說其「於天理人欲之辨，三致意焉！」〔註53〕黃宗羲又說其「以克己爲要。」由此可知許孚遠的思想實難以一明確的宗旨冠之，不過在顧憲成《小心齋箚記》中，卻錄下一段許孚遠對「宗旨」的看法：

> 許敬菴先生曰：「今日之學，無有言論可以標揭，惟是一念純誠，力行不懈，則此道自明。」又曰：「近時朋友各揭宗指以爲獨得聖學之

〔註50〕陶望齡編，《羅近溪先生語要》，卷下，明萬曆庚子山陰何光道刊本，無頁數。

〔註51〕馮夢禎，〈與瞿黃州〉，《快雪堂集》，《四庫全書存目叢書》，集一六四，頁636。

〔註52〕高攀龍，〈三時記〉，《高子遺書》，《乾坤正氣集》（台北：環球書局，1966年），頁8929～8930。

〔註53〕劉宗周，〈明儒學案師說・許敬菴孚遠〉，《劉宗周全集》（四）（台北：中研院文哲所籌備處，1997年），頁626。

秘，由孚遠觀之，總與古人訓語等耳！」有明道淑人之志者，願三

復于斯言。〔註54〕

因此，許孚遠的學術思想可以「力行」二字括之。而許周二人的差異，可以

以下的問答來看出：

> 一日，過敬菴公，公語之曰：「學只是言忠信、行篤敬便是。」先生
> 曰：「然忠信篤敬，飲食也，日用自不可少，恐還要知味在？」曰：
> 「如何知味？」曰：「立則見其參與前也，在輿則見其倚與衡也，正
> 是說知味處。」〔註55〕

這表示出許孚遠強調「行」的方面，而周汝登卻不但要「行」，還要知道爲何

要行的理由。

周汝登回到南京後，爲官期間曾編輯《學的教衡》〔註56〕一書，此書的

重要性在於其內容證明周汝登認同王畿的思想，也爲往後的「九諦九解之辨」

埋下一個伏筆。周汝登自言道：

> 陽明開千古法眼，意常含蓄，而偶然一夜之證，秘密斯宣，卒之哲
> 人隨萎而所證即爲傳衣遺語。天泉之會，實關乎天，是皆古今儒賢
> 奇遇與匡岳，會稽爭勝於天壤間而覽之，又時足自快者。〔註57〕

由此可知此書的內容，乃是宣揚王畿在天泉證道中所表達的「無善無惡」思

想。管志道在〈題《學的教衡》〉言到：

> 海門周子在南詮部〔註58〕時，輯有《學的教衡》一編，蓋以象山陸
> 子白鹿洞講義一章爲學之的，以陽明夫子天泉橋問答一段爲教之
> 衡。余觀陸子所析義利之幾，即教衡也；王子所闡心意知物之義，
> 即學的也；周子殆互舉以見義耳！講義懇到明白，切中學者隱微深
> 錮之病，紫陽夫子亟稱之，無容讚已。〔註59〕

這說明了兩點：一是由此可以證明周汝登在眞州時所認同的王畿思想爲何；

二是對於「天泉證道紀」中的思想，周汝登是採取「四句教」與「四無說」

〔註54〕顧憲成，《小心齋箚記》（台北：廣文書局，1975 年），卷四，頁 82。

〔註55〕周汝登，〈南都會語〉，《東越證學錄》，頁 143～144。

〔註56〕此書未見于張克偉〈周汝登生平及其著述論略〉一文中。

〔註57〕周汝登，〈《學的教衡》序〉，《東越證學錄》，頁 455～456。

〔註58〕吏部官之異名有選部、選官、詮部。參見余庭壁著、楊繩信校注，《事物異名
校注》（山西：山西古籍出版社，1993 年），頁 95。

〔註59〕管志道，〈題《學的教衡》〉，《管子惕若齋集》，卷三，頁 19。

並存的立場來理解王陽明的思想。

二、過程及其內容的疏解

　　萬曆二十年前後，在某次講會上，周汝登以「天泉證道」為題，相與闡發與討論，但許孚遠不能夠認同周氏所談，於是連夜寫出〈九諦〉，隔日即在會上發表，再度引起進一步的討論。周汝登本來也想回應，但因許氏份屬長輩所以沒有立即發言辯解，後因許氏問其意見，所以才寫〈九解〉一文來回覆許氏。這件事的過程被記錄於事件後周汝登寫給許孚遠的信中，信中言到：

> 一侍講筵，極深欣幸，是以有疑必陳，有難必問，務求實益以慶遭逢。適惟無善無惡之旨，〈諦語〉所云，頗與不肖承於師門者未合，即欲作解再求印正，既而思長者之言，未宜抗辨。昨蒙老先生且問及矣，則豈宜更隱，乃取言及而言，與真窮到底之義，信心直吐，據見條宣，專候取裁，敢言自是若夫語或疏狂，則望見諒於形跡之外耳！〔註60〕

所以要理解「九諦九解之辨」的真實面貌，則必須將〈天泉證道記〉、〈九諦〉、〈九解〉三文放在一起討論，才能知道其中所要探討的問題，在此要注意的是，由於周汝登的〈九解〉最晚出，故他的論點也較許孚遠為縝密，但不可以此問答的優劣，來定許周二人學問的高下，畢竟許孚遠對話的對象是王畿的〈天泉證道記〉。以下筆者將以每一問答為段落來作疏釋。

> 「諦一」云：易言「元者，善之長也」。又言「繼之者善，成之者性。」書言「德無常師，主善為師。」大學首提三綱，而歸於止至善。夫子告哀公以不明乎善，不誠乎身。顏子得一善，則拳拳服膺而弗失。孟子七篇，大旨道性善而已。性無善無不善，則告子之說，孟子深闢之。聖學源流，歷歷可考而知也。今皆捨置不論，而一以無善無惡為宗，則經傳皆非歟！

> 「解一」：維世範俗，以為善去惡為隄防，而盡性知天，必無善無惡為究竟。無善無惡，即為善去惡而無跡，而為善去惡，悟無善無惡而始真。教本相通不相悖，語可相濟難相非，此天泉證道之大較也。……經傳中言善字，固多善惡對待之善，至于發明心性處，善

〔註60〕 周汝登，〈上許司馬敬菴公〉，《東越證學錄》，頁836。

率不與惡對，如中心安仁之仁，不與忍對，主靜立極之靜，不與動對。大學善上加一至字，尤自可見。……夫惟善不可名言擬議，未易識認，故必明善乃可誠身，若使對待之善，有何難辨，而必先明乃誠耶？明道曰：「人生而靜以上不容說，纔說性時便已不是性也。」凡人說性，只是說「繼之者善」也，孟子言「人性善」是也。悟此，益可通於經傳之旨矣。〔註61〕

許孚遠主要是以聖賢的權威來立論，認為「無善無惡」之說與聖賢所論不合，如以此說為宗，那麼即表示聖賢所說為非囉！但周汝登則是提出天泉證道中的「四句教」和「四無說」來立論，認為「無善無惡」說和「為善去惡」說並不相悖，當善惡以相對性而言，「為善去惡」是為工夫；當善惡以絕對性、超越性而言，「無善無惡」即是本體，故無違聖賢之道。

「諦二」云：宇宙之內，中正者為善，偏頗者為惡，如冰炭黑白，非可私意增損其間。故天地有貞觀，日月有貞明，星馬有常度，嶽峙川流有常體，人有真心，物有正理，家有孝子，國有忠臣。反是者，為悖逆，為妖怪，為不祥。故聖人教人以為善而去惡，其治天下也，必賞善而罰惡。天之道亦福善而禍淫，「積善之家，必有餘慶，積不善之家，必有餘殃」，自古及今，未有能違者也。而今曰「無善無惡」，則人將安所趨舍與？

「解二」：曰中正，曰偏頗，皆自我立名，自我立見，不干宇宙事。以中正與偏頗對，是兩頭語，是增損法，不可增損者，絕名言無對待者也。……賞善罰惡，皆是「可使由之」邊事，慶殃之說，猶禪家談宗旨，而因果之說，實不相礙。然以此論性宗，則粗悟性宗，則趨舍二字，是學問大病，不可有也。〔註62〕

許孚遠以善惡乃是二元對立，如善惡之間的界限消失，將會使社會秩序失去確定的標準，那麼生存此社會下的人將要遵守那一套標準才能安身立命呢？周汝登則認為許孚遠所說的善惡乃是屬相對性的善惡，那不是真正的善，惟有絕對性的善，才能稱之為善。周氏並且認為企圖建立一套標準，乃是學問的大病，是不可有的。

「諦三」云：人心如太虛，元無一物可著，而實有所以為天下之大

〔註61〕周汝登，〈南都會語〉，《東越證學錄》，頁89～93。
〔註62〕同註61，頁93～95。

本者在。故聖人名之曰中，曰極，曰善；曰誠，以至曰仁，曰義，曰禮，曰智，曰信，皆此物也。善也者，中正純粹而無疵之名，不雜氣質，不落知見，所謂人心之同然者也，故聖賢欲其止之。而今曰無善，則將以何者為天下之大本？其為物不貳，則其生物不測，天地且不能無主，而況于人乎？

「解三」：說心如太虛，說無一物可著，說不雜氣質，不落知見，已是斯旨矣，而卒不放捨一善字，則又不虛矣，又著一物矣，又雜氣質，又落知見矣，豈不悖乎？太虛之心，無一物可著者，正是天下之大本，而更曰實有所以為天下之大本者在，而命之曰中，則是中與太虛之心二也。太虛之心，與未發之中，果可二乎？如此言中，則曰極，曰善，曰誠，以至曰仁，曰義，曰禮，曰智，曰信等，皆以為更有一物，而不與太虛同體，無惑乎「無善無惡」之旨不相入，以此言天地，是為物而貳，失其主矣。〔註63〕

許孚遠繼續闡釋「有善即有惡」的觀點，並再提孟子所說的「性善」之善，乃人及天下國家之大本，今言「無善」，則本從何而立？周汝登則是從許氏的文字上來反駁，他說許氏既已說人心如太虛，無一物可著，現在又執著在一「善」字，不肯撒手，豈不自相矛盾。

「諦四」云：人性本善，自蔽于氣質，陷于物欲，而後有不善。然而本善者，原未嘗泯滅，故聖人多方誨迪，使反其性之初而已。袪蔽為明，歸根為止，心無邪為正，意無偽為誠，知不迷為致，物不障為格，此徹上徹下之語，何等明白簡易。而今曰「心是無善無惡之心，意是無善無惡之意，知是無善無惡之知，物是無善無惡之物」，則格知誠正工夫，俱無可下手處矣。豈《大學》之教，專為中人以下者設，而近世學者，皆上智之資，不待學而能者與？

「解四」：人性本善者，至善也，不明至善，便成敝陷。反其性之初者，不失赤子之心耳。赤子之心無惡，豈更有善耶？可無疑乎大人矣。心意之物，只是一個，分別言之者，方便語耳。下手工夫，只是明善，明則誠，而格致誠正之功更無別法。上中根人，皆如是學，舍是而言正誠格致，頭腦一差，則正亦是邪，誠亦是偽，致亦是迷，

> 格亦是障。非明之明，其蔽難開，非止之止，其根難拔，豈《大學》
> 之所以教乎？〔註64〕

許孚遠堅持「性善」之說，故此諦則是解釋「惡」的來源，乃爲因本性被「氣質」所染，惟有用「格知誠正」的工夫來「復性」，此工夫也適用任何人身上。而「無善無惡」之說將使工夫無所下手，且將《大學》一書設定專爲中下人所用之教法。周汝登則認爲「復性」的工夫只有一個，那就是「明善」，但「善」的性質被明確地認知時，所謂的「格知誠正的工夫」也一齊達到了，這種工夫，上中下根人皆可做到。

> 「諦五」云：古之聖賢，秉持世教，提撕人心，全靠這些子秉彝之
> 良在。故曰：「民之所好好之，民之所惡惡之。」「斯民也，三代之
> 所以直道而行也。」惟有此秉彝之良，不可殘滅，故雖昏愚而可
> 喻，雖疆暴而可馴，移風易俗，反薄還淳，其操柄端在于此。奈何
> 以爲無善無惡，舉所謂秉彝者而抹殺之，是說倡和流傳，恐有病于
> 世道非細。

> 「解五」：無作好無作惡之心，是秉彝之良，是直道而行。著善著
> 惡，便作好作惡，非直矣。喻昏愚，馴疆暴，移風易俗，須以善養
> 人。以善養人者，無善之善也。有其善者，以善服人，喻之馴之必
> 不從，如昏愚疆暴何！如風俗何！……是以文成于此，指出無善無
> 惡之體，使之去縛解粘，歸根識止，不以善爲善，而以無善爲善，
> 不以去惡爲究竟，而以無惡證本來，夫然後可言誠正實功，而收治
> 平至效。蓋以成就君子，使盡爲皋、夔、稷、契之佐，轉移世道，
> 使得蹁黃、虞、三代之隆，上有不動聲色之政，而下有何有帝力之
> 風者，舍茲道其無繇也。孔子曰：「聽訟吾猶人也，必也使無訟
> 乎？」無訟者，無善無惡之效也。嗟乎！文成茲旨，豈特不爲世道
> 之病而已乎？〔註65〕

許孚遠在此諦中仍是強調「工夫」有無的重要性，並且質疑「無善無惡」之說沒有一套客觀的修養工夫在，也認爲此說的流傳和提倡，於世道人心的危害不小。周汝登則以王陽明曾說過「無善無惡心之體」一語來回答，周氏認爲連王陽明都認同的說法，爲何許氏仍然要以性善之善爲善，不承認「無善

〔註64〕周汝登，〈南都會語〉，《東越證學錄》，頁98～100。
〔註65〕周汝登，〈南都會語〉，《東越證學錄》，頁100～105。

為善」，難道說王陽明的宗旨，於世道人心也有害嗎？

> 「諦六」云：登高者不辭步履之難，涉川者必假舟楫之利，志道者
> 必竭修為之力。以孔子之聖，自謂下學而上達，好古敏求，忘食忘
> 寢，有終其身而不能已者焉。其所謂克己復禮，閑邪存誠，洗心藏
> 密，以至於懲忿窒欲，改過遷善之訓，昭昭洋洋，不一而足也。而
> 今皆以為未足取法，直欲頓悟無善之宗，立躋神聖之地，豈退之
> （韓愈）所謂「務勝於孔子者邪」？在高明醇謹之士，著此一見，
> 猶恐其涉於疏略而不情，而況天質魯鈍，根器淺薄者，隨聲附和，
> 則吾不知其可也。

> 「解六」：文成何嘗不教人修為？即無惡二字，亦足竭力一生，可嫌
> 少乎？既無惡，而又無善，修為無跡，斯真修為也。〔註66〕

許孚遠繼續談「工夫」的重要性，他認為自古至今，古聖先賢立下種種有關
的「工夫」的看法及教法，如今僅因「無善無惡」一說，盡與捨棄，難道今
人資質勝於古聖先賢嗎？周汝登再以王陽明的說法來立論，說王陽明一生無
時不在做修養自身的工夫，但是真正的「工夫」，應該是沒有痕跡才是，這種
修養工夫才是真工夫。

> 「諦七」云：書曰：「有其善，喪厥善。」言善不可矜而有也。先儒
> 亦曰：「有意為善，雖善亦粗。」言善不可有意而為也。以善自足則
> 不弘，而天下之善，種種固在。有意為善則不純，而吉人為善，常
> 惟日不足。古人立言，各有攸當，豈得以此病彼，而概目之曰無善？
> 然則善果無可為，為善亦可已乎？賢者之疑過矣。

> 「解七」：有善喪善，與有意為善，雖善亦私之言，正可證無善之旨。
> 堯、舜事業，一點浮雲過太虛，謂實有種種善在天下，不可也。吉
> 人為善，為此不有之善，無意之善而已矣。〔註67〕

在此諦中，許孚遠解釋即使古人的有些話認為「善是不能矜而有的」，但這並
不能危及「性善」說的觀點，不能一概謂之「無善」。周汝登則認為許氏所舉
的例子，正好證明了「無善無惡」的宗旨。

> 「諦八」云：王文成先生致良知宗旨，元與聖門不異。其集中有「性

〔註66〕周汝登，〈南都會語〉，《東越證學錄》，頁105～107。

〔註67〕同註66，頁107～108。

無不善，故知無不良。良知即是未發之中，即是廓然大公，寂然不動之本體，但不能不昏蔽於物欲，故須學以去其昏蔽。」又曰：「聖人之所以爲聖人者，以其心之純乎天理，而無人欲之私也。學聖人者，期此心之純乎天理，而無人欲，則必去人欲而在天理。」又曰：「善念存時，即是天理。立志者，常立此善念而已。」此其立論，至爲明析。「無善無惡心之體」一語，蓋指其未發廓然寂然者而言之，而不深惟《大學》止至善之本旨，亦不覺其矛盾于平日之言。至謂「有善有惡意之動，知善知惡是良知，爲善去惡是格物」，則指點下手工夫，亦自平正切實。而今以心意知物，俱無善惡可言者，竊恐其非文成之正傳也。

「解八」：致良知之旨，與聖門不異，則無善惡之旨，豈與致良知異耶？不慮者爲良，有善則慮而不良矣。「無善無惡心之體」一語，既指未發廓然寂然處言之，已發後豈有二耶？未發而廓然寂然，已發亦只是廓然寂然。知未發已發不二，則知心意知物難以分析，而四無之説，一一皆文成之秘密。非文成之秘密，吾之秘密也，何疑之有？於此不疑，方能會通其立論宗旨，而工夫不謬。不然以人作天，認欲爲理，背文成之旨良多。夫自生矛盾，以病文成之矛盾，不可也。〔註68〕

許孚遠以王陽明的「良知」説來立論，認爲現今時下學者將「無善無惡心之體」一語的意思弄錯，他認爲將此語解釋爲「未發廓然者寂然」，則是符合王陽明平時所言，而「有善有惡意之動，知善知惡是良知，爲善去惡是格物」，則此工夫也很平正切實。如果以「無善無惡」之説爲是，則恐非王陽明的眞意！周汝登則認爲既知「未發廓然者寂然」是爲「無善無惡心之體」，即使是「已發」，這「無善無惡心之體」仍是「廓然寂然」，所以「四無説」乃爲王陽明的秘密眞傳。

「諦九」云：龍溪王子所著《天泉橋會語》，以四無四有之説，判爲兩種法門，當時緒山錢子已自不服。易不云乎，「神而明之，存乎其人；默而成之，不言而信，存乎德行。」神明默成，蓋不在言語授受之際而已。顏子之終日如愚，曾子之眞積力久，此其氣象可以想見，而奈何以玄言妙語，便謂可接上根之人？其中根以下之人，又

〔註68〕周汝登，〈南都會語〉，《東越證學錄》，頁108～111。

別有一等說話，故使之扞格而不通也。且云：「汝中所見是傳心秘藏，
顏子、明道所不敢言，今已說破，亦是天機該發，世時豈容復秘？」
嗟乎！信斯言也，文成發孔子之所未發，而龍溪子在顏子、明道之
上矣。其後四無之說，龍溪子談不離口，而聰明之士，亦人人能言
之。然而聞道者，竟不知爲誰氏！竊恐天泉會語畫蛇添足，非以尊
文成，反以病文成。吾儕未可以是爲極則也。

「解九」：人有中人以上，中人以下二等，所以語之亦殊。此兩種法
門，發自孔子，非判自王子也。均一言語，而信則相接，疑則扞
格，自信自疑，非有能使之者。蓋授受不在言語，亦不離言語，神
明默成，正存乎其人，知所謂神而明，默而成，則知顏子之如愚，
曾子之眞積，自有入微之處。而云想見氣象，抑又遠矣。聞道與
否，各宜責歸自己，未可疑人，兼以之疑教。……天泉所證，雖陽
明氏且爲祖述，而況可以龍溪氏當之也耶？雖然聖人立教，俱是應
病設方，病盡方消，初無實法，言有非眞，言無亦不得已。若惟言
是泥，則何言非礙？而不肖又重以言，或者更增蛇足之疑，則不肖
之罪也夫！〔註69〕

最後，許孚遠將矛頭指向「無善無惡說」的來源，他質疑王畿「天泉證道
記」眞假的問題；又認爲從內容上來看，文中所言在當時就已不能服人。且
此文所論，將王畿的地位抬高於顏子明道之上，故他認爲「四無說」的流
佈，將使王陽明的「良知之學」產生弊病。周汝登的回答是將「道」的追求
歸諸於自身，不須疑人，也不須疑教，只要能有志於「道」的追求，自信做
得到，其餘就無關緊要了。如果一直拘泥於文字上，對於「道」的尋求是不
可能的。

三、影　響

　　「九諦九解之辨」後，馬上產生立即的影響，《嵊縣志》說周汝登「弟子
日益進，執贄者千餘人。」〔註70〕黃宗羲則說「兩家門下，互有口語，先生
（許孚遠）亦以是解官矣。」〔註71〕由此可見雙方勢力消長的情況，當然在

〔註69〕周汝登，〈南都會語〉，《東越證學錄》，頁111～116。
〔註70〕見牛蔭麃等修、丁謙等纂，《嵊縣志》，頁988。
〔註71〕黃宗羲，〈「侍郎許敬菴先生孚遠」·甘泉學案五〉，《明儒學案》（下冊），頁42
　　　　～44。

這壁壘分明的情況下也有人試圖調停雙方的關係，如鄒元標就曾寫信給許孚遠，想要彌合雙方的嫌隙，信中言到：

> 貴里有周海門者，不肖心友也。相覿留都，覯體寒舍，不肖兩人似無異同，見所謂「九諦」，二公良工苦心矣！此君貴里一隻眼，人翁幸廓然共之。昔人云：新安亦無朱元晦，青田亦無陸子靜。今浙中寧有許與周乎？吾儕今日學術流弊，爲整頓法門，則拈皮帶骨，無之不可，若欲躋聖域開一脈以俟千聖，則神髓處有人理會者可輕置之乎！〔註72〕

鄒氏在〈壽海門周公七十序〉也言到：

> 公嘗一爲南尚寶，焦翰撰致書曰：「周符卿在留都，如李光弼臨軍中旌旗改，其鼓鑄人如此。」今復之滁州，曾記文成在滁，語門人曰：「余近遭謗，實覺前者皆鄉愿意思，今自入滁，實無鄉愿意思在。」所至得謗，陽明先是多以「爲善去惡」一語接引人，至「無善無惡」一語透徹殆盡。今南中闢「無善無惡」一語，不遺餘力，余未嘗不量，螳臂拒之曰：「一到家語，一發軔語，此兩塗也。」今公之所以引人者將如何爲計，還復有鄉愿意思在否？〔註73〕

這說明了會後雙方「門戶」對峙的程度，已到了必須有人居中調解的地步，但是，事件的影響還不僅於此，它也引起了學術圈人的注意與迴響，如顧憲成寫給友人的信中說到：

> 玉池又云，許敬老及周海門相與論正無善無惡之說，都在丈處，乞發一覽，此向者學者腹心之疾，而於今尤極其橫流者也。〔註74〕

陶望齡也說：

> 是則昔日錢王，今時周許，義無勝劣，教有開遮，所謂各具一隻眼，共濟群盲；各出一隻手，同扶眾跛者也。〔註75〕

不但如此，自此辨後，周汝登幾乎是和「無善無惡說」劃上等號〔註76〕，可

〔註72〕鄒元標，〈柬許敬菴司馬〉，《願學集》，卷三，頁6～7。

〔註73〕同註72，〈壽海門周公七十序〉，卷四，頁108～109。

〔註74〕顧憲成，《涇皋藏稿》，卷五，頁47。

〔註75〕陶望齡，〈書周子九解後〉，《歇庵集》，頁2045。

〔註76〕《小心齋箚記》：「祈夷度明府與予（顧憲成）商無善無惡之說，曰：『此與無聲無臭何如？』予曰：『畢竟是同。』他日過吳門，再舉此語，予曰：『向日所云，尚有箇因緣在。』往雲間，錢肇陽謂予曰：『子于無善無惡亟擯之，何于無聲無臭又信之？』予曰：『公以爲兩言同邪？』肇陽曰：『同。』予曰：『無

說已在當時學術界豎立起自己的學術旗幟，而此事的影響直至明末，明末秦宏佑重提此事，劉宗周給其信中說到：

> 來教娓娓，大抵以敬菴先生九諦爲非，而信周海門先生之九解，今其書見在，可覆也。僕平生服膺許師者也，於周師之言，望門而不敢入焉！〔註77〕

由此可見此次講會影響之深遠，但這次的論辨的另一影響，就是引發了另一場有關「無善無惡說」的辯論。

萬曆二十六年（戊戌），於吳下二泉，管志道與顧憲成等人也針對「無善無惡說」展開辯論。這一次辯論內容，現今學界探討甚多，但筆者要澄清一個觀點，那就是周汝登和管志道及顧憲成三人對「無善無惡說」的看法並不相同，而其中的關鍵就在於三人對「佛教」的不同看法。首先談周汝登和管志道的不同，這可由雙方對彼此的學問皆不能信服可以看出，例如周汝登說：

> 前損之過吳下見東溟先生，知損之已大自敬服，此老博綜經藏，具大辨才，矯矯風節，懇懇真修，非特損之敬服，即僕亦敬之服之，近世之泰山喬岳，此老當之真無愧者，至於學問，則須另作商量。〔註78〕

而管志道則在〈題《學的教衡》〉一文中，則是透過其對「天泉證道」的看法來表達其觀點，他說：

> 乃天泉橋之問答，至今疑信相半，異同紛然，有執性善之說者，訝無善無惡之旨爲入禪；有執心體無善無惡之說者，病爲善去惡之功爲有漏。敢不揣而爲之斷曰：王子標《大學》四語甚確，而天泉分接上中下根之說，則非究竟語也。……果如龍溪子之見解，則古之欲明明德於天下而求端於格物者，俱落第二義矣！此由染宗門之

聲無臭，儒宗也；無善無惡，釋宗也。如無善無惡有加于無聲無臭之上也，誠恆以無善無惡爲宗矣；如其同也，又何必舍無聲無臭而豔他宗乎？況乎無善無惡需借無聲無臭做註腳而後分明，無聲無臭卻不待取證於無善無惡也。由此觀之，兩言亦有辨矣！吾儕恆何從焉？故肇陽之言同，將以無聲無臭伸無善無惡也，予之言同，將以無聲無臭埽無善無惡也。此亦稍有不同，會須道破，試爲質諸海門先生何如？」顧憲成，《小心齋劄記》，卷十四，頁342～343。

〔註77〕劉宗周，〈與履思〉，《劉宗周全集》（三上），頁376。

〔註78〕周汝登，〈與范損之〉，《東越證學錄》，頁775。

見，并入宗門之說，而不察孔門尚實不以玄妙直捷爲言詮也。……
即以天泉橋之問答，參合王子平日所提宗旨，抑似稍違。蓋以良知
提宗者，爲其知善知惡之端從無善無惡心體中來也，而意則不無善
惡，然則致知近於接上根，而誠意近於接中下根矣，曷爲誠意在致
知之後哉？斯言也，殆偶觸於一時之天機，而安可執爲《大學》教
人之斷案也，原其本，則以洙泗曹溪兩家宗趣並含於方寸中。雖平
日以良知提揭，而隱然猶有宗門祕密藏在，故天機一到，滿盤托出，
而不自虞其蹈二本之嫌焉？〔註79〕

管志道此文重點有二：一是對於王畿的「四無說」提出質疑，認爲此說不符
王陽明的意旨；二是管氏解釋王畿爲何會錯認陽明本旨？他認爲這是因爲王
陽明平時就將佛教思想雜入於其心中，一旦到了所謂「天機該發時」，就說出
此語。同屬有「學佛知儒」心態的同志，爲何管志道會如此說呢？其中的
因素，就在於周管二人對「佛教」的思想的差別使用，周汝登所持的態度是
「儒爲主，佛爲輔。」也就是使用佛家的語言來闡釋儒家的「道」，也就是承
襲王陽明王畿二人對佛教的一貫態度。但是管志道則不然，他主張三教合
一，是認爲三教的思想有其共通之處，但這並不表示他對佛教思想的全然
接受，因爲他認爲佛教中也有很多的派別、很多相衝突的觀點，也必定有
其流弊在，所以在使用佛教的思想和語言時，必須謹慎。如他在〈題《知儒
編》〉一文就說：

夫參禪固可以知儒，而禪之敝亦不可以不稽也。欲稽其流之敝，當
溯其源之初。……今知參禪理者，豈不知涅槃妙心與吾夫一貫之旨
相通乎！然則釋迦之付迦葉，單提妙心足矣，曷爲先提「正法眼藏」
四字於其上也？……佛言正法中教理行證俱備，像法則缺證矣，末
法則行證兩缺矣。玆曰：「正法眼藏」，蓋舉教理行證之全而俱攝於
眼藏中，所謂淨五眼得五力者也。正法眼藏之中必兼根本差別二智，
涅槃心即根本智也，心而曰妙亦含差別智於其中矣，是故涅槃妙心
頓門可攝，而正法眼藏圓門乃攝，單言涅槃妙心，不出吾儒一貫之
理；兼言正法眼藏，則該孔子知命以後之事。……開國之初，三氏
門徒各循宗派而亦各固藩籬，人人自以爲有正傳而不相下，今則儒
士漸通宗說而駸駸乎以狂風蕩孔矩矣，故愚以爲今日不難於知禪，

> 而難於知儒；不難於稽儒之敝，而難於稽禪之敝。……蓋脫盡禪門
> 氣息而後知如來之禪，知如來之禪則知孔子之儒矣。〔註80〕

從此文中，可以看出管志道對「佛教」思想的看法，主要著重於如來禪而非
祖師禪，如來禪是教悟合一的，而祖師禪則是偏於悟一方，因此管氏將王畿
視為類祖師禪者流，認為王畿未能明白佛教的真意。類似的言論也出現在楊
起元身上，他在給鄒元標的信中，說到：

> 近蒙曾見老寄示《龍溪先生語要》一冊，弟覽竟，蓋嘆士人無知此
> 老者，此老乃實修之士，其修也過於其所悟，而世以遺行議之，益
> 成此老之真修矣！……然此老力量不能到得終古，識不破地位也，
> 何故？其悟門尚非正也。〔註81〕

不過筆者在此要強調的是：管志道所反對的是王畿「四無說」，但由於周汝登
對「天泉證道」說的立場，是採「四句教」與「四無說」並存，故管氏與許
氏在「本體與工夫並重」這一點上則是無議的。

再談管志道與顧憲成的不同，其不同處就在於管氏持三教合一之旨，而
顧氏則全然反對援佛入儒。前面筆者以管許二人對於王畿的看法來論述，同
樣地顧憲成也曾對王畿有一評論：

> 曰：「陽明與錢王二公證無善無惡之說于天泉橋，而曰：『汝中所
> 見，我久欲發，恐人信不及徒增躐等之病，故含蓄到今，此是傳心
> 秘藏，顏子明道所不敢言者，今既已說破，亦是天機該發泄時，豈
> 容復秘。』及至洪都鄒東廓、歐陽南野諸門人來謁請益，陽明曰：『軍
> 旅蔥蔥，從何說起，吾有向上一機久未敢發，以待諸君之自悟，近
> 被汝中拈出。』第往浙相與質之，當有證也。陽明非無見者，何為
> 云爾？」（顧憲成）曰：「此非予之所能知，竊嘗稍涉內典，纔開卷
> 便都是這箇話頭，且無論西土二十八祖、東土六祖暨五宗諸大善知
> 識，即聲聞影附之流，亦看作家常茶飯一般，乃今贊嘆，張皇一至
> 于此，恆彼之覷視儒門也。」〔註82〕

顧氏的回答都直指王畿的「無善無惡」一語為佛家語，並且認為此語將導致
君子小人、是非不明的流弊，于世道人心有重大影響，他說：

〔註80〕此文甚長，環環相扣，很難截取。管志道，〈題《知儒編》〉，《管子惕若齋集》
　　　　卷三，頁24～31。另外在周夢秀此書中，未見管氏此文。
〔註81〕楊起元，〈鄒南皋年丈〉，《重刻楊復所家藏文集》，卷七，頁8～9。
〔註82〕顧憲成，《小心齋劄記》，卷十二，頁318～319。

所謂「無善無惡」，離有而無邪！即有而無邪！離有而無于善且薄
之而不屑矣，何等超卓；即有而無于惡且任之而不礙矣，何等脫
洒，是故一則可以抬高地步，爲談玄說妙者樹標榜；一則可以放鬆
地步，爲恣情肆欲者波隄防，恆乎！君子小人咸樂其便而相與靡然
趨之。〔註83〕

甚或會有「以學術殺天下萬世」〔註84〕的流弊產生。直至明朝末年，遺民王
煒還曾著有《九諦解疏》〔註85〕一書來反駁周汝登的說法。

　　由上可知，從「九諦九解之辯」後，「無善無惡說」的提倡與流佈，的確
在社會上引起不小的震撼與回響，其結果非爲當初許周兩人所能預料，而對
「無善無惡說」的爭論重點也已非是許周二人對於王陽明眞意的探討；而是
轉移成儒佛之間的爭論、轉移成君子小人的爭論，所謂「門戶」對峙的情況
也愈趨明顯。

第三節　思想的變化與完成

一、變　化

　　現今學者都把「九諦九解之辯」當作是周汝登思想的代表，殊不知周汝

〔註83〕顧憲成，《小心齋箚記》，卷四，頁84～85。
〔註84〕「管東溟曰：『凡說之不正而久流於世者，必其投小人之私心，而又可以附于
　　　　君子之大道者也。』愚竊謂惟『無善無惡』四字當之，何者？見以爲心之本
　　　　體原是無善無惡也，合下便成一箇空見，以爲無善無惡只是心之不著于有
　　　　也，究竟且成一箇混空，則一切解脫，無復挂礙。高明者入而悅之，于是將
　　　　有所云：以仁義爲桎梏、以禮法爲土苴、以日用爲緣塵、以操持爲把捉、以
　　　　隨事省察爲逐境、以訟悔遷改爲輪迴、以下學上達爲落階級、以砥節礪行獨
　　　　立不懼爲意氣用事者矣。混則一切含糊，無復揀擇，圓融者便而趨之，于是
　　　　將有如所云：以任情爲率性、以隨俗襲非爲中庸、以閹然媚世爲萬物一體、
　　　　以枉尋直尺爲舍其身濟天下、以委曲遷就爲無可無不可、以猖狂無忌爲不好
　　　　名、以臨難苟免爲聖人無死地、以頑鈍無恥爲不動心者矣。由前之說，何善
　　　　非惡；由後之說，何惡非善，是故欲就而詰之。彼其所占之地步甚高，上之
　　　　可以附君子之大道，欲置而不問彼其所握之機械甚活，下之可以投小人之私
　　　　心，即孔孟復作，其亦奈之，何哉？此之謂以學術殺天下萬世。」同註84，
　　　　卷十八，頁421～422。
〔註85〕王煒云：「若必以無善無惡爲言，其指歸於無可名，必至於一切眾名皆廢，則
　　　　請離卻人類，屏絕服食言語而後可，然終無別有如此世界以置此人也，請思
　　　　之。」見《九諦解疏》，《叢書集成續編》四十一冊（台北：新文豐出版公司，
　　　　1985年），頁427。

登自己卻不如此認爲，因爲周氏在回答會友的問題時，回憶起他在南京（留都）論學時的想法：

> 或問曰：「以陽明求之昔賢者，可比誰氏？」先生曰：「知人眞有不易者，憶在留都論學，余時雖宗陽明而知之未眞。一日，蘭臺陳公問予曰：『東坡比陽明，如何？』予應之曰：『恐不如陽明』，語無決定，由今思之，大是可笑，東坡豈可與陽明並論哉！」〔註86〕

由此可知周汝登在南京時，他對王陽明的學術宗旨還未深契，那麼到何時才具有此信呢？筆者認爲周汝登思想的完成最早也應該在他離開南京後（1597）的事，其因爲自此後周氏有大量的會語及編撰的著作出現，例如：《東越證學錄》（1605）、《聖學宗傳》（1605）、及《王門宗旨》（1606）等，所以筆者認爲周汝登思想的完成應介於萬曆二十六年到三十三年間（1598～1605），而其思想脈絡，可以其在萬曆二十七年秋天率領會友祭告陽明祠之時所談的一席話來了解，他說：

> 我輩去陽明先生之世幾八十年矣！陽明先生初倡此學，不知經多少風波，後賴龍谿先生嗣續，亦不知受多少屈抑。今日我輩得此路頭，坦然趨步，可忘前人之恩力耶？蓋當時人士只疑良知之教，不切躬脩，是以非詆，曾不知所示格物處，俱是日可見之行，何等著實。今遺教俱在，我輩正當以身發明，從家庭中竭力必以孝弟忠信爲根基，在境緣上勘磨，莫爲聲色貨利所玷染，習心浮氣，消融必盡，改過知非，絲髮莫縱，察之隱微，見之行事，使人知致良知之教，原是如此，然後微言始著，吾道益明，是乃所以爲報。〔註87〕

這段話不但顯示周汝登的思想是承續王陽明、王畿的思想而來，另一方面，也說明周氏自身對此學問的實踐爲何？此工夫也就是以家庭爲出發點，透過種種「改過遷善」的方法，來實行王陽明的致良知之教。但是在此要注意的是：周汝登的思想雖以王陽明的良知之教爲主，卻受到當時「良知了生死」〔註88〕風潮的影響，而起了變化，致使其所謂「學佛知儒」的心態轉折至「以禪詮儒」的心態，並且也致力於「良知了生死」的目的。這可從兩方面來談：一方面是他對「朝聞道夕死可」的說法，是否有與佛家「一大事」因緣

〔註86〕周汝登，〈剡中會語〉，《東越證學錄》，頁430。
〔註87〕周汝登，〈越中會語〉，《東越證學錄》，頁259～260。
〔註88〕此風潮筆者將在陶望齡部份說明。

相提並論的看法；二是從其對「良知了生死」的說法來觀察，看看他如何來
闡述這種說法。

　　先談其對「朝聞道夕死可」之說的認同。萬曆二十年，在南都的講會上，
周汝登曾針對許孚遠問「朝聞道夕死可」之說的看法，說到：

> 公（許孚遠）曰：「曰孝、曰仁、曰道，本同一原，大小深淺，從人
> 理會，豈有二耶？若所云『朝聞夕死，一日克復，天下歸仁。』此
> 等地位，誠不易言，亦由人忘圖襲取，不得顏子必竭吾才而後有卓
> 爾之見，曾子眞積力久而後唯一貫之傳，並非言解所及。學顏曾之
> 學但竭吾才而已矣，但從事忠恕而已矣，深造自得，一旦豁然，不
> 由人力可入商量耶！近時學者喜談禪理，惟求妙悟，浮慕朝聞夕死
> 之境，而不循下學上達之規，甚則躬行疏略，私意叢生，而自謂見
> 超上乘，了悟生死，惑也久矣！」先生（周汝登）曰：「如前所諭，
> 語語切實，人人所當佩領，今日論辯之意，非謂躬行可略，只欲於
> 躬行處識箇旨歸，不徒爲不著不察之行習而已。如前云『理會』二
> 字斷不可少也，妙理誠非言解所及，而古人學問思辨之功，正以求
> 明其不可言解者耳！不然《大學》何以首提知止，《中庸》何以根歸
> 明善。知也、明也，即所謂悟也，非必禪門始有也，深造自得，一
> 旦豁然之境，固不可以商量而入，亦豈可以盲修而致耶？〔註89〕

從此問答可以看出周氏的立場仍是秉持「學佛知儒」的立場，來回應許氏對
當時人「朝聞道夕死可」之說的批評，這當中強烈表達出「儒宗自足」的想
法，故亦可知此時周汝登對「朝聞道夕死可」之說的看法，還未與當時的風
潮合流。什麼時候周汝登才將儒家「朝聞道夕死可」之說與佛教的「一大事
因緣」合而爲一呢？周汝登在給友人的信中說到：

> 二十餘年故交，近經過得一把臂，甚快也！讀禮之暇，誰與共語？
> 年丈性與道合，且留心此事有年，想已直下打破儒家謂「朝聞夕
> 可」、禪家謂爲「一大事因緣」。性命至重，光陰易過，此弟所日兢
> 兢也，敢爲我丈拈舉，其何以策我乎！〔註90〕

此信的內容不但顯示出周汝登的認同，另外也大致看出其認同的時間，因爲
其中的「年丈」詹濬源，應是其萬曆五年同榜進士詹事講的父親，周氏與其

〔註89〕周汝登，〈南都會語〉，《東越證學錄》，頁131～133。
〔註90〕同註89，〈與詹大參濬源〉，頁844。

認識最早也應在此年，而二十餘年後的這封信，其時間至少也在萬曆二十五年（1597）後，此時已是周氏離開南京之後的事了。故周汝登至此才與當時「良知了生死」的風潮合流。

而在此「良知了生死」的問題上，周汝登認爲王陽明的「良知說」能夠了生死，他在〈寄贈李檞山序〉中說到：

> 不肖自惟年始望六（1597～1607），已覺衰疲。……不肖近歲獨參自證，亦信陽明「良知」二字是千聖真血脈，近聞有謂良知非本體者，良知，無知，無不知，無知至矣！……已嘗觀鄧子《南詢錄》〔註91〕亦以良知不足了生死，惟人睡著不作夢時，方是妙心真脈。是此非彼，邊見爲崇，卒至枯槁淪陷而無歸，學術之謬只在毫釐，辨可不蚤乎哉！〔註92〕

這裏明確地說出王陽明的「良知」可以「了生死」，其關鍵在於良知是無知，無不知。往後陶奭齡也憶及說：

> 海門先生曰：「學問須從生死起念方真，而儒者一言生死，便詆爲禪學，不知『朝聞道，夕死可矣。』是聖門了生死七字真訣。」〔註93〕

「學問以生死爲念」的想法，明顯地表達出周汝登對此「良知了生死」的深信，而其對良知的看法，則是採王陽明、王龍溪一脈相承的觀點。

二、完　成

周汝登的〈剡中會語〉（1601）有云：

> 和卿問：「『朝聞道夕死可矣』，既云『夕死』，形骸魂魄，決裂潰散，『聞道』何爲？但云：『生順死安』，則世之不聞道者，老死牖下，豈皆生不順而死不安耶？」先生曰：「『夕死』說形骸魂魄，決裂潰散，此正是不聞道之語。世之不聞道者，譖說到老死時，且看眼前利害得失，到時能順安否？知今日則知那時。」〔註94〕

〔註91〕鄧豁渠云：「渠自參師以來，再無第二念。終日終夜，只有這件事，只在挭摁這些子，漸漸開豁，覺得陽明良知，了不得生死；又覺人生都在情量中，學者工夫，未超情外，不得解脫。此外，另有好消息，擬議不得的。擬議不得的，言思路絕，諸佛所證無上妙道也。」見鄧豁渠，《南詢錄》，收錄在《中國哲學》第十九期（1998），頁379～380。

〔註92〕同註90，〈寄贈李檞山序〉，頁518～520。

〔註93〕陶奭齡，《小柴桑喃喃錄》，卷下，明崇禎間吳寧、李爲芝校刊本，頁37。

〔註94〕周汝登，〈剡中會語〉，《東越證學錄》，頁358。

周汝登認爲「聞道」後就無需在乎「生死」了，如果心仍在生死上，則非聞道。〈剡中會語〉有云：

> 中甫問：「如何了得生死？」先生曰：「生死俱是心，心放下，有甚生死可了。」曰：「心如何一時放得下？」曰：「要知孔門說知生知死，知則『放下』二字俱多。」〔註95〕

而周汝登用王龍溪的理論來立證「良知了生死」的證據，則表現在以下這段話：

> 王氏曰：「道無生死，聞道則能通晝夜、一死生，虛靜光明，超然而逝，無生死可說，故曰夕死可矣！猶云：未嘗生，未嘗死也。」儒者謂聖人不言生死，只此數語足矣，更何用屢屢也。生死不明而謂能通眼前耳目聞見之事，無有是理；生死不了而謂能忘眼前利害得失之衝者，亦無有是理，故於死生之說而諱言之者，其亦不思而已矣！〔註96〕

在這裏所稱之王氏並非王陽明而是王龍溪，因爲王龍溪在其〈書累語簡端錄〉中，曾說出同樣的話〔註97〕，周汝登認爲只此數語道盡了生死之說。由此也可知，周汝登認爲能了生死即是聞道。而他也採用王龍溪「一念之微」〔註98〕的理論來作爲其理論，周汝登說：

> 做好人與承當聖賢都無兩樣，是則俱是，非則俱非。聖人學問，只有內外之辨耳！何謂外，格套上撿點，見聞上轕泊，情識上把持，一切是外，外則雖做到無滲漏，亦非聖賢之學也。何謂內，一念入微處識取，不睹不聞上戒懼，常見已過處潛修，此方是內，內則無聖賢可爲，而亦無聖賢不可爲也。於此時時省察，不使放過，則所

〔註95〕同註94，頁351。

〔註96〕同註94，〈武林會語〉，頁209～210。

〔註97〕王畿云：「道無生死，聞道則能通晝夜、一死生，虛靜光明，超然而逝，無生死可說，故曰夕死可矣！猶云：「未嘗生，未嘗死也。」見〈書累語簡端錄〉，《王龍溪全集》，頁264～265。

〔註98〕雖說筆者在第二章時已說明王畿的「一念之微」理論，但並沒有特別強調其對「了生死」的看法，以下補充一條，王畿說：「若夫生死一事，更須有說，有任生死者，有超生死者，易曰『原始反終』，故知生死之說，生死如晝夜，知晝則知夜矣！故曰『未知生，焉知死』，平時一旦切毀譽得喪諸境，纔有二念，便是生死之根，毀譽得喪能一，則生死一矣！苟從軀殼起念，執吝生死，務求長生，固佛氏之所呵也。」同註98，〈天柱山房會語〉，頁378。

謂認良知不退轉，方有下落耳！〔註99〕

這說明只有在「一念」上識取，常懷戒慎恐懼的心，時時省察，即是識得「良知」，這才有「下落」。又說：

理氣雖有二名，總之一心。心不識不知處，便是理；纔動念慮起知識，便是氣。雖至塞乎天地之間，皆不越一念。〔註100〕

由此可知他對王龍溪「一念之微」的承襲，而他在說明此「一念」的理論時，常以「志」來作其出發點。他說：

「志」乃最初起念，是吾人因地終身結果，只成就得這一念。孔子十五志學，便從性命起念。……禪家爲一大事因緣，便從生死起念。今日吾輩從事此學，要看從何處起念，於此草草不可言學。〔註101〕

強調「志乃最初起念，是吾人因地終身結果，只成就得這一念。」這是「良知了生死」的關鍵點。而此「志」亦是「不惑」，而聖人之學即爲「不惑」之學。他在給陶望齡的信中說道：

竊聞孔子語不惑，雖在四十時，然要學之道，祗惟不惑終身所造，特漸詣漸穩而已。始不辨惑無以入，既惑不除不能安，終謂有加於不惑即非究竟，故志也、立順也、不踰也，皆不惑之別名，非有二也。聖人萬語千言，語上語下，無非爲人解惑，學者學問思辨，百倍功夫，無非求以袪惑。……學至不惑，無餘事者。不肖蓋眞見孔子之學，決然如是而卒未能脫然於諸惑之中，是以自覺自辨，矻矻窮年而不能自已，蓋誠舍是無以爲功者矣。〔註102〕

周汝登就以此來認定孔子不惑之學的眞意，而如同袁宗道、陶望齡輩所採行的方法，周汝登也曾採用「看話禪」來作其修養工夫，例如對於大慧宗杲的「疑」與「信」理論，他說：

「信」爲學之要領，入門究竟盡之矣！然「信」從何發？有大疑然後有眞信，其必從疑始乎！〔註103〕

並且強調此「信」爲「聖學」與「俗學」之分的標準，他引王艮爲例說到：

心齋王先生，其東海聖人矣乎！何以知之？陸子曰：「千百世之

〔註99〕周汝登，〈與張中一〉，《東越證學錄》，頁785～786。

〔註100〕周汝登，〈武林會語〉，《東越證學錄》，頁190～191。

〔註101〕同註100，〈南都會語〉，頁125～126。

〔註102〕周汝登，〈送太史石簣陶公北上序〉，《東越證學錄》，頁487～493。

〔註103〕同註102，〈武林會語〉，頁219。

前，千百世之後，與夫東西南北海，有聖人出焉。此心此理同也，故聖則無弗同，同則無弗聖矣。」先生自信與伏羲神農黃帝堯舜禹湯文武周公孔子，同此心，同此理，斷斷乎其不惑也。豈不既聖矣乎。或者曰：「此心此理人無不同，人人同豈人人聖乎？」曰：「人人本同，人人本聖，知而信者誰？信則同，不信則異，聖凡之分也。」……此聖學俗學之所以分也。〔註104〕

也因此，他說：

學問用力究竟在自信，自信不過，終難語學。顧自信非可以言詞強承，伎倆冒認，獨覺隱微，不容自昧，須密證密許，毫髮不惑，始得，不然皆苟焉而已也。〔註105〕

「毫髮不惑」才謂之「信」，惟能「信」才能「志」之，故周汝登也常參話頭公案作爲平日的修養工夫，這可從其與陶望齡之間書信往來間對古宿公案的探討得知。

但是不同於陶望齡輩一味地採用佛教的修養工夫（參禪念佛），周汝登更重視儒家的修養工夫，其理論仍是「一念之微」，而其工夫則爲「改過遷善」。周汝登在回答門人之問時說道：

宏甫問：「情愛難割處須割，如愛戀父母之情，如何可割？」一友曰：「只是不著意便是。」先生曰：「此處如何說得著意不著意，於父母身上，一念不容已處，縱百般加意，百般用情，總是意而無意，情而無情。良知無知無不知之妙，於此最是親切，故聖賢只將『孝弟』直指示人。有子謂『孝弟爲仁之本』亦是此意。」〔註106〕

周汝登認爲在「一念之微」上，百般加意，都是無沒有用的，但因爲良知是無知、無不知的，所以聖人只以「孝弟」指引人。其重點即是所謂的「孝弟」，並非有意爲之就可以做到的，必須出於無意而爲，才能稱之。而周汝登即以此作爲其立身的目標，陶望齡記云：

昔海門子游於柯山，諸生從者二十人，酒酣，海門子左右顧而言哉：「諸君子於道也，盍言所以事者。」諸生起對畢，則請先生所爲。海門子曰：「孝弟」。……又五六歲，弟子日進，先生口所談論，

〔註104〕周汝登，〈重刻王心齋先生語錄序〉，《東越證學錄》，頁 470～475。
〔註105〕同註 104，〈題東坡手筆〉，頁 723～724。
〔註106〕同註 104，〈剡中會語〉，頁 377。

身所發揮，滋益較著，然大指不過「孝弟」而已。〔註107〕

由此可知周汝登是以「孝弟」為其日用常行之準則，而其作法則以「改過遷善」為工夫。他在〈讀天泉證道語二條〉中說到：

> 而要之道無二也，夫子之道「一貫」，而曾子語門人曰「忠恕」；堯舜之道「執中」，而孟子示曹交曰「孝弟」。然一貫實不外于忠恕，而孝弟實可以盡執中，悟則同，迷則異，彼見自殊，道何增損哉。故為善去惡與無善無惡之旨並傳，而謂同謂異則存乎其人。〔註108〕

他認為實行「一貫」、「忠恕」、「執中」、「孝弟」，皆是聖人之道，如果了解了這一點，那麼就無分別，所以他認為所謂的「無善無惡說」與「為善去惡說」，也是同樣的情形，如硬要說有不同，則非道也。從此也可看出他對於「天泉證道」的看法，仍然沒有改變。在另外一次的問答中也談到：

> 問：「為善去惡，似與無善無惡迥別。果必隨因，若為善去惡為因，安得證無善無惡之果？且既無善無惡，又何用為善去惡？」先生曰：「……且謂無善無惡，而遂不必為善去惡，如孔子行無轍跡，而周流四方，豈遂已乎？惟周流四方，而後有行無轍跡之稱；惟為善去惡，而後有無善無惡之指。不然，此四個字亦無可名也。合無善之體，便是為善；合無惡之體，便是去惡，何迥別之有？」〔註109〕

也因抱持著這種「為善去惡」不礙「無善無惡」的想法，故周汝登在面對別人質疑他提倡袁黃的「功過格」時，說到：

> 客曰：「子談無善無惡宗旨，奚取茲言，果盡上乘語耶？」余曰：「無善者，無執善之心，善則非虛，未嘗嚼著一顆米而饔飧之養廢乎；未嘗掛著一縷絲而衣裳之用缺乎。且中所述雲谷老人語，明禍福由己，約造化在心，非大徹者不能道謂，非上乘法不可也。」客曰：「所稱祈求等，可乎？」余曰：「要在明了『事不為礙』，不明了，則雖求道德仁義，總是執心。能明了，則便求福壽子孫，俱成妙用，如農人力作雖於豐歉無心，而田祖可迓，甘雨宜祈也。孟子曰：『以堯舜之道要湯』，經云：『永言配命，自求多福。』如是要求，何不可之有。」〔註110〕

〔註107〕陶望齡，〈賀周太夫人壽序〉，《歇庵集》，頁522～526。
〔註108〕同註107，〈讀天泉證道語二條〉，頁458～460。
〔註109〕周汝登，〈剡中會語〉，《東越證學錄》，頁424～426。
〔註110〕同註109，〈立命文序〉，頁567～569。

此回答顯示了兩個思想，一是「無善者，無執善之心，善則非虛。」這表示真善無善；二是「事不爲礙」，此即似於華嚴「理事無礙」的思想。而且周汝登更致力於「爲善去惡」的修養工夫，他在與門人的問答中說到：

> 世韜問予曰：「吾師近在山中，以何爲精進？」予曰：「世之不敏無如予者，予絕無伎倆可呈，近惟以『改過遷善』作四字符，終日終年，力此四字，覺無處用不著，無刻放得過，蓋此四字與著衣吃飯梳面洗面八字終身矣。」不肖先師之門人也，先師學在良知，而不肖以此四字與良知合轍。〔註111〕

不但以「改過遷善」自勉，也以此訓人：

> 諸宗儒語錄須令熟玩，「改過遷善」不可不時提醒，以此始，以此終，初無二法。昔人有云：「學道人須於一針一草上降伏其心。」故我輩自勉勉人，皆須從實施上著力，惟仲將念之。〔註112〕

而周汝登重新標榜此「改過遷善」之旨，是有其客觀的因素在，那即是針對當時的「俗學」與「狂禪」，他說：

> 前淳之令弟來接手翰，中間商量，「心明境練」語。蓋境即心，心即是境，原不得分之爲兩，但因近世學者之病，不得不如此分疏。只在境上著力而不知境是心者，此俗學之不著察，虛自承當。謂心已明白而境上打不過者，此狂禪之無忌憚，有此二病，故只得說「心明境練」四字耳！〔註113〕

所謂「俗學之不著察」，即是專力「工夫」卻不知「工夫不離本體」；所謂「狂禪之無忌憚」，即是專力「本體」卻不知「本體即工夫」。而袁中道給周汝登的信中也提及此，袁氏說：

> 近來法門荒遠，道侶凋落，眞無開口處。……今之□（儒？）者，儒禪並進，若較盛於往時，然其實陽明先生之「良知」二字，未見有人透過者。蓋徒見宗門中，麻三斤，青州布衫七斤，便作奇特想，而「良知」二字，平田裏荊棘，多視以爲尋常，不復究竟，所以未見眞種子。即終日脩持，皆歸生滅耳！不審台臺以爲何如？〔註114〕

〔註111〕周汝登，〈題世韜卷〉（四），《東越證學錄》，頁710～711。
〔註112〕同註111，〈與錢仲將〉，頁782。
〔註113〕同註111，〈與范孟兼〉，頁783。
〔註114〕袁中道，〈寄周憲副海門〉，《珂雪齋前集》（台北：偉文圖書公司，1976年），頁2219。

故周氏常以「心明境驗」四字訓誨門人，他說：

> 我前有「心明境驗」四字，心不明白，對境捱排，謂之瞎練盲修；
> 境打不過，冒言心明，謂之掠虛捉影。自勉與接引人，第一不可忘
> 了此語。囑囑！〔註115〕

所謂「心明境驗」，即是說心體已明，必須於實際中來檢驗。也因此，周汝登
常言「僕近來只『遷善改過』，以此度日。」〔註116〕故可看出他對修養「工夫」
的重視。

三、《聖學宗傳》：以禪詮儒

不同於陶望齡的文學取向，周汝登表達他對「以禪詮儒」的方式，是透
過編撰「學術史」來展現的，其中又以《聖學宗傳》一書為要，他說：

> 予嘗與陶太史作《聖學宗傳》，上下古今數千年之賢聖，采庶其行
> 言而表著之，自孔孟而後，非真正之派刻的之語，不以著于編。
> 〔註117〕

而陶望齡為此書作序，解釋此書寫作的緣由，他說：

> 易曰：「天下同歸而殊塗，一致而百慮。」夫途徑錯揉，至心而一；
> 智故百變，刳體則齊。萬塗宗於一心，萬慮宗於何慮？以微妙而揭
> 道心之目，以未發斯有大中之名。為生生之體，則曰仁，為化化之
> 基，則曰義。無為，故命曰至誠，粹精而稱為性善。道州狀之以太
> 極，河南標之以一體，在子靜乃立其大，在敬仲則號精神，在姚江
> 為「不學不慮」之良，在安豐為常之常行之物，斯皆宗之異名也。
> 至於利用出入則物物皆宗，百姓與能則人人本聖。……原其所惑，
> 公私同異，密疏幽顯，凡有四端。不知道資發育，性極範圍，痿痺
> 療而一氣畢通，離棘除而入八荒，我聞會之為已而何不至，離之為
> 物亦何不暌，而反疑盡性非及物之功，求志為自私之務，其蔽一也。
> 先民有言：「同乎凡民日用者，謂之同德；異乎凡民日用者，謂之異
> 端。」故自私用智即於非聖之刑，順性契真方號守經之士，自非適
> 道，奚免叛常，而翻令循常平蕩之徒蒙隱恠詭奇之目，其蔽二也。
> 作者必倦，行者必休；至為本乎無為，不習乃能時習。進德若天之

〔註115〕同註113，〈與劉沖倩〉，其六，頁875。
〔註116〕同註113，其四，頁871。
〔註117〕周汝登，〈念山余先生傳〉，《東越證學錄》，頁959。

兩曜，不舍旦昏；改過如無瞖之雙眸，難容塵屑。必窺正體方有眞
功，而猥以爝炬笑貞明，桔橰誇洪潤，其蔽三也；心無體而靡事不
心，事何依而無心不事；樹頞運臂，諏造精微，加帚及箕，直通神
化，縱心皆活潑潑之地。舉目即斯昭昭之天，而言理者或妄索於杳
冥；涉事者遂致疑於盧寂，其蔽四也。甚者畏溺而併畏江河，逃影
而兼逃日月，不知王者有道，守在四夷。儒術既明，義羅百氏準諸
五教，則事理不礙，頓符圓極之詮例，以重玄則無有俱超，遂握妙
門之鍵。……是以四蔽未袪，一尊奚定，此海門周子《聖學宗傳》
所由作也。〔註118〕

陶望齡首先點出周氏此書有「宗一教多」的看法，認爲道一而已，但其教法
則有很多。其後指出現今學者所被蒙蔽的四個地方：一是認爲盡自性則無及
物之功，求道爲自私之事者；二是強用智識，未契自然者；三是不能了解「至
爲本乎無爲，不習乃能時習」的「本體」者；四是指出不能了解「理事」不
能分視者。

　　周汝登「宗一教多」的看法與華嚴思想中「一即多」的理論相似，即是
說「理」一而已，而「事」則有無盡數。而他所認爲的「四蔽」，則是彰顯當
時學術標準的錯誤，第一是他認爲當時的學界一直無法認同「向內」的重要
性，認爲一個人專心於自身心體之察照，就會忽略了工夫的存在，這是沒有
體認到「工夫與本體合一」的宗旨。第二是強調「自然而爲」的重要，而非
「有意而爲」。第三是強調「不習」、「無爲」，並不是要什麼都不要做，而是
突顯「不習」、「無爲」乃是來自「時習」、「至爲」，也就是此「無」須建立在
「有」的基礎上。第四則是強調外在的「事」與內在的「理」都不可偏執，
而是要齊觀的，因爲「理事無礙」。從周汝登的宗旨及他對當時學術發展的觀
察所提出的看法來看，周汝登採用了王陽明、王龍溪「不學不慮」的「良知
說」，以及華嚴思想中「理事無礙」的理論，來闡述他個人對儒家道統的看法，
這充份地表達出他「以禪詮儒」企圖。當然，在此「以禪詮儒」的目的下所
編撰的書，也得到不同的評價，如劉宗周說：

節義之士，後儒多不取，不知殺身成仁，夫子屢屢言之，如屈大
夫、賈長沙、東漢陳蕃、李膺、范滂諸君子，非深於學問者不能，
俱宜表之，以見節義與聖學無二道。乃後人謂其行險僥倖，而周

────────────────
〔註118〕陶望齡，〈《聖學宗傳》序〉，《歇庵集》，頁321～328。

-59-

> 海門反列揚雄於聖統，錄昌黎與大顛書爲聞道，此種議論害世不
> 小。〔註119〕

劉宗周的弟子黃宗羲則說：「海門主張禪學，攪金銀銅鐵爲一器，是海門一人之宗旨，非各家之宗旨。」〔註120〕明末清初士人李顒云：

> 《聖學宗傳》一書，海門周子著也。周子學見其大，故其論撰多
> 於向上一機，三致意焉！是編上自羲皇，下自明儒，凡有得於性
> 命之微，而不依傍前人口吻，妙發心得者，咸纂入之，而評釋於
> 其下。其桎梏於文義者，驟閱之，固足以解縛而啓悟；顧去取弗
> 嚴，引敘失中。中間如趙文肅之生憶宿命，及無垢、慈湖諸人過
> 高之論，初學見之，未免滋惑。其爲勸者固多，而其爲害者亦復
> 不少。〔註121〕

從以上的評價中，可以知道周汝登此書被批評的原因，主要仍是其對佛教理論的採用，而此質疑在周氏在世時即被提出過，鄒元標在周氏另一書《王門宗旨》序中即言道：

> 竊嘗謂先生之學直接陸子，或者又謂陸子與先生學皆禪，不知知禪
> 者然後知先生之學；知先生之學斯能知禪。倘未嘗以身研兩家情狀，
> 先以意見橫入，曰：此禪此儒，以自閡閡人，禪與儒兩冤，亦并以
> 自冤，于先生學無損。〔註122〕

鄒氏此言即能說明周氏的「以禪詮儒」的想法，而周氏《聖學宗傳》一書，應能視爲「以禪詮儒」的代表作。自從周汝登編撰此書後，學術界也出現了很多有關學術史的書，如孫奇逢的《理學宗傳》、黃宗羲的《明儒學案》、李顒的《關學編》等，周汝登可說是這些書的前導。

第四節　小　結

　　周汝登的學術定位應從兩方面來看：一是其對王陽明王畿以來，越中王學的傳續來定位，一是其對「學佛知儒」及「以禪詮儒」的「佛教」心態來

〔註119〕劉宗周，〈會錄〉，《劉宗周全集》（二），頁 635～636。
〔註120〕黃宗羲，〈凡例〉，《明儒學案》（上冊），頁 1。
〔註121〕李顒著、陳俊民點校，〈南行述〉，《二曲集》（北京：中華書局，1996 年），
　　　　頁 82。
〔註122〕鄒元標，〈王門宗旨序〉，《願學集》，卷四，頁 28～29。

定位。陶望齡說：

> 越自龍溪先生既沒，微言將隄，賴海門丈復起而續之，其行義嶽
> 然，尤足以重道而信於世，故雲從之徒或不及往日，而疑謗亦復寡
> 矣！〔註123〕

陶氏認為周汝登的思想是接續著王龍溪，劉宗周也說：

> 嗚呼！斯道之不傳於世，蓋千有餘年，而吾越陽明子，以良知之說
> 啓天下，及門之士於吾越最著者，爲龍溪先生；又百年龍溪之門於
> 吾越最著者爲先生。先生於陽明之學，篤信而謹守之，由禰而祖，
> 一嫡相承。讀其書宗旨有述，宗傳有編，一時學士大夫，又相與維
> 持左右，底於無弊，懿哉。〔註124〕

劉宗周也肯定此說，而從兩人的評價中，充份地說明周汝登在越中地區學術
傳承的重要性，而其另一定位，黃宗羲有云：

> 東浙宗風之盛，始於周海門先生，湛然澄、密雲悟皆緣之而起，其
> 推波助瀾者，則我外舅葉六桐先生，故兩家大弟子，柱杖埋頭，缽
> 盂開口，以姚江爲故里。是時姚江傳海門之學者，有沈求如、史子
> 虛、史子復、管霞標、蘇存方，皆以「學佛知儒」自任，密雲之弟
> 子亦無能出幅巾之右。〔註125〕

此論不但說明了上一個歷史定位，也說明了周汝登當時所傳之學爲何，而此
學之傳也間接促使「證人社」之成立，周汝登的影響不可謂之不大。

　　從周汝登的爲學過程中，不難發現環境對他的影響很大，從他在萬曆五
年中進士，被派到南京來任官，而在南京時，也因跟友朋相互的研討，而接
受了不同於程朱學派的東西。而這些朋友中，最重要的莫過於其族兄周夢
秀，友人袁黃，同僚楊起元、鄒元標、馮夢禎等，而這些人的學術立場又都
偏向於王龍溪與羅近溪，故周汝登的學術思想自然深受影響，致使其也有「學
佛知儒」的心態。而萬曆二十年的「九諦九解之辨」，周汝登豎立起以王龍溪
「四無說」的學術標幟，至此他的學術宗旨已然確立。但也因與這些友朋的
關係，以及其學術思想的親近性，故在「良知了生死」風潮下，他也開始有
此想法與作法。透過對王陽明的良知說、王龍溪的一念之微的理論的理解，

〔註123〕陶望齡，〈與蕭若拙廣文〉，《歇庵集》，頁 2306。
〔註124〕劉宗周，〈祭周海門先生文〉，《劉宗周全集》（三下），頁 1060～1061。
〔註125〕黃宗羲，〈空林禪師詩序〉，沈善洪主編，《黃宗羲全集》第十冊（杭州：浙
　　　　江古籍出版社，1986 年），頁 93～94。

他也認為良知可以了生死,其中的關鍵即是在一念之微觀照上,如果使此一念無從而生,即生也是念而無念,至此也是意而無意,即是良知,無知,無不知的境界,即能了生死。當然其實踐的工夫有二種,首先是「看話禪」,其用意仍是以念止念的方法來做,但是這種方法卻常流於「狂禪」,故他也採用「改過遷善」的方法來補救,其用意乃是透過為善去惡的作法,達到無善無惡之心體。前者從本體上用力,後者則從工夫上著力,其目的皆為超脫生死,而此超脫生死,即為當時聞道之證。當然,周汝登的學術思想經此轉化,也使得他更具有佛教的色彩,而他那帶有「以禪詮儒」的企圖所寫的《聖學宗傳》一書,則充份地表達出他對儒佛思想的看法,也充份地顯示出他對儒家道統的看法。

第四章　陶望齡：良知了生死

第一節　生平及家學淵源

一、生　平 [註1]

　　陶望齡（1562～1609），字周望，號石簣，又稱歇菴居士。父親陶承學，稱泗橋，嘉靖丁未進士，歷官南京禮部尚書。嘉靖四十一年（壬戌），陶望齡的父親此時正以按察副使視兵江西九江府，陶母懷孕待產。七月二十二日，陶母夢見雙鶴在庭院中啼叫，醒了以後，生下一對雙胞胎，其長即爲陶望齡，幼則夭折。陶望齡五歲時，旁人問他說：「要中舉人？還是中進士？」陶氏應聲說：「希賢希聖。」由此可見其識見，從小即爲不凡。後來他隨父親任官河南，時與其仲兄與齡課文譚道。十一歲時，望齡與與齡隨同其父往京師。十七歲，回會稽補邑弟子員，那時與外兄謝開美相友好，相互研討古文詞。十九歲時就婚於北京。，二十三歲，又從北京到睦州（浙江嚴州府）補考試，時閩林偕春公視學兩浙，見到他的文章讚嘆不已，認爲在浙江地區沒有人可以與其相比。而明年（乙酉），就以第二人舉於鄉。

　　歷經前一次的落榜，終於在二十八歲（己丑）時，以第一人舉於南宮，廷對擢第三人，授官翰林院編修，與當時的狀元焦竑，讀書於院中，朝晚相激勵，而由於受到友朋的影響，故陶望齡此時也開始致力於聖賢之學，曾寫信給其弟奭齡說：「我過去是沒有開悟，視科名爲人生所應追求的，但是這像

〔註1〕陶望齡生平論述，皆取文後附錄一，故此處不再重引其出處。

海蜊妄認魚背，說這是洲岸，弟聰明宜早悟，別像我一樣。」三十歲（辛卯），由於望齡的大哥德望去世，加上父親因悲傷過度又有病，故他請告歸鄉以安慰雙親。於是在此年七月，告病回籍。回到會稽後，平日與奭齡論學，得奇書共讀之，有疑義則共析研之，寒暑不輟。三十三歲（甲午），奉命回補原職，與同僚同修國史，撰〈開國功臣傳〉，適南充陳于陛卒於任上，也因此修國史的工作也中輟，後來再也沒有完成。隔年（乙未），被分派去監考禮闈，得取那時有名的人士如湯嘉賓等人。這時也與公安袁宗道、南充黃輝相友，平日則相互探討學問，因此而有詣入。故對奭齡說：「學問這件事，本來並不難理解，但讀書人因其聰明聞見，故不能爲之，只因其自塞自礙耳！」又說：「我最近與袁宗道等人相游從，對於學問的疑問消釋不少拘累，受益不淺，但仍有不疑之疑，故須於虛空中，大踏一步，拘累才能盡淨。」是年考績期滿，推恩父母，並封嫂商孺人。三十六歲（丁酉），復告歸，在回家的路上，跟袁宏道等人遊西湖、五泄、台宕等地，享受湖光山色之樂。三十七歲（戊戌），望齡之父去逝，他率其弟奭齡、祖齡等治喪如禮，共寢居於堊室中，讀書之餘，靜默相對而已。

三十八歲（己亥），上剡溪謁周汝登，從此常咨請扣擊，過從甚往，然常說：「我的心仍不穩當！」有一天，讀南唐李通玄《新華嚴經論》，手舞足蹈，對奭齡說：「我從前眞是自己生退屈心！」而這也是陶望齡聞道之始。隔年（庚子），五月仲夏時，陶望齡編輯《羅近溪先生語要》，同年丁憂服闋。四十歲（辛丑），帶著母親北上復補原官，無何轉太子中允，撰寫制誥。時新朝剛開建，有很多的文書要處理，但因陶望齡的身體平就不好，以此更是疲憊，自說到：「我用生命賺寸祿也！」即想辭官而去，但沒有結果。時黃輝及左景賢、王道安等五六公皆與其友，也都在，就常相與過從。不數月以左春坊左諭德兼翰林院侍講，主辦考試而續留北京，當此事辦完，而其弟陶奭齡也中舉人。

四十二歲（癸卯），十一月，妖書事起，十二月，望齡偕其同僚楊道賓、周如砥、唐文獻往見沈一貫。他見朱賡不爲救，就嚴厲地對朱賡說，願意棄官與郭正域同死，此事稍解。隔年（甲辰）上疏請告歸鄉，抵家時，其母病重，陶望齡扶伏床第，增損湯劑數月，照顧其母，也因此閒居家中數年。四十四歲（乙巳）十一月，詔起國子監祭酒。他上疏說：「我的母親年近七十，平常就有痰火之病，到了去年，病情更重，臣擔心不已，若是我上任的話，

將棄病母於床第之間，而趨簡書千里之外，這真是不孝。陛下方以忠孝作人，怎麼可以如此作！」疏聞，詔以新銜在籍，不允。

　　四十六歲（丁未）時，以其座師李廷機之故，被人暗糾。隔年（戊申），其母病乃亟，陶望齡憂勞醫禱，顏色劬瘁。而其母於隔年二月過世，陶望齡痛不欲生。但沒有多久陶望齡也染病，不多久，就以此而卒（六月十七日），距其母逝世之期僅百日。望齡一生淡泊名利，沒有子嗣，故以其弟奭齡子履平為嗣。著有《老子解》二卷、《莊子解》五卷，《宗鏡廣刪》十卷及《歇菴集》十六卷，並編輯《羅近溪語要》、《慈湖金錍》，龍溪書輯未完成。

二、家學淵源

　　陶望齡成長於一世家大族內，在紹興府地區為有名及有影響力的宗族，這是因為其在明朝接連出了很多的大官，如陶望齡的先人陶諧、陶試都是《紹興府志》中有傳之人，族父陶大臨、陶大順也都官居極品，陶望齡的父親陶承學也作到尚書。而陶家名望的建立，另一因素就是學術的名聲，其先祖以治《春秋》一書聞名海內，後以治《易》為主。他自言到：

> 陶氏世受《春秋》，而自吾曾大父以還獨傳《易》。望齡少時遊兩都，遇四方賓友，問所讀何經，及對之，輒在曰：「君會稽陶氏子而讀《易》耶？」蓋吾宗之以《春秋》名於世久矣！〔註2〕

在這樣的家族下成長，陶望齡自然在視野眼界方面，超越同年的人。但其從小所受的教育，也如同其師周汝登一樣，是在一「守程朱教旨」的觀念下被教導，例如他的祖父就是以程朱為宗，而極力反對王陽明之學，甚至著書立說來表達其立場，陶望齡在其〈先考行略〉中言到：

> 庸齋公尤以聖學自砥，言動靡不引繩者。當正嘉間，文成之學盛，其末流或玩脫縱恣，公著書名《正學演說》，於博約格致之辨，皆峻辭而詳說之，大意以絀虛解，歸於力行，一時言閩學者，皆心推之。〔註3〕

在其另一文〈世傳〉中也曾詳細的談到：

> 當是時文成王公起里中，以所學倡召海內，士爭趨之，其指簡易徑直，所解書義或謬於紫陽，府君（庸齋公）心不謂善也。文成之

〔註2〕陶望齡，〈春秋義小引〉，《歇菴集》，頁 2026～2027。
〔註3〕陶望齡，〈先考行略〉，《歇菴集》，頁 1506～1507。

前，嶺南有湛甘泉先生，婺有章楓山先生，而章先生尤用行履醇緻
稱，府君獨心師之，嘗言：「予賦性朴愚，稍知向裏鑽堅極深，久而
有會於日用事物之交，天理人慾同行異情之際，亦嘗審辨於中，以
自驗其心之所安，與行之所向，有在此不在彼者，使楓山可作，顧
負墻而請焉！」其趨向概如此。又言：「姚江言致知，嶺南談體
認，其流將使學者釋成法，信胸臆，害有甚於膠固拘瑣。」於是著
書數萬言，於知行博約之類，皆嚴析而精論之，名其書曰《正學演
說》。〔註4〕

由此可知，陶望齡家族內的學術氣息。由於陶家乃屬望族，所以陶望齡的家
庭教師也屬一時之選，其中以章穎及周汝登二人為要。章穎以《易》學專家，
聞名於世，他也是明末士人劉宗周的外祖父，《康熙會稽縣志》說：

> 章穎，字南洲，生而英偉，長而攻苦，肆力于經術，為易名家。越
> 中以易顯制科者，多出其門，而周應中、陶望齡為最著，後先相從
> 者千餘人，而徐文貞、申文定皆爭延以課其子。〔註5〕

研讀《易》經，將對陶望齡往後的學術思想，產生關鍵的影響。另一位老師
周汝登也對陶望齡思想產生影響，陶望齡說：

> 望齡蒙鄙獲，以鄉曲事先生，受教最久，舍而北來，先生憂其日趨
> 於艱僻，莫知反也，投之以藥言，意甚苦，具在刻中，每展讀未嘗
> 不慚愧汗下。〔註6〕

當然，師友對陶望齡思想也有其影響，如和其外兄謝開美研讀古文詞，跟同
鄉董懋策、懋中、懋史三兄弟論學等，其中又以董懋策〔註7〕對陶望齡在其登
進士第前的影響最具關鍵性。陶望齡在〈董揆仲學庸序〉一文中回憶道：

> 予弱冠時，即與揆仲及其兄信伯、弟建叔共學，相嗜慕。揆仲少予，

〔註4〕 同註3，〈世傳〉，頁1909～1910。

〔註5〕 董清德輯，〈人物志・儒林〉，《康熙會稽縣志》（台北：成文出版社，1989
年），頁519～520。

〔註6〕 同註3，《海門文集》序〉，頁357。

〔註7〕 「董懋策，字揆仲，文簡圯之曾孫，得家學真傳，精於易理，學者稱為日鑄
先生，設帳於戢山之陽，受徒講業，四方從遊者，歲踰數百人，學舍不足，
皆僦屋而居。其月旦總課，必糊名易書列以等第，時人比之白鹿書院。遊成
均大司成馮夢禎奇之，待以國士，與雲間張以誠齊名。兄懋史、弟懋中，皆
相繼登第而策獨不售，太史陶望齡致書曰：『望齡倖成，是雍齒且侯也，兄何
慮焉！』亡幾，病卒。」同註5，頁518～519。

性英敏獨絕過予甚遠，即其兄若弟亦自謂不如也。予時尤寡陋，而揆仲該瞻，往往以古文詞及旁典道，予此時初不曉聖賢之學爲何等物也。既釋舉子業，益嗜讀所謂旁典者，顧稍稍心動，還以質幼所習，《學》、《庸》諸書向所絕不解者，反謬謂能粗通之，以爲《大學》首明明德、《中庸》首天命，吾聖人第一義在是矣！不勝自喜，還以語揆仲，而揆仲乃不謂然，予是時亦不謂揆仲語然也。然予所見實粗淺，於知止明善之旨特影附響襲耳！而初不自疑，年既長，此念較切，驗諸日用踐履中，行解多迕，始大悔恨，日思所以遷善補過者，乃知揆仲眞不我欺也。〔註8〕

此回憶相當重要，一方面說明了董懋策對陶望齡在學問研求上的幫助與啓發，另一方面也可以看出陶望齡早期的學術思想。我們可以由此確知陶氏早年不曉聖賢之學爲何，直到他登進士第後，才開始閱讀所謂的「旁典」，也因此有所會心，雖得不到董懋策的認同，但經過多少年的實踐，才知其過錯，也才認同董懋策的看法。這樣學問轉變的歷程，十分相似於周汝登的求學過程，而其中的關鍵點如同周汝登一般是在於「內典」的研讀。陶望齡對「內典」的研讀則是深受登進士第後於京師所結交的師友的影響，如：無念深有、袁宗道、雲棲株宏、焦竑、黃輝、董其昌、袁宏道、湛然圓澄等，是這些人開啓了陶望齡浸淫佛學的大門。

第二節　以禪詮儒：學佛知儒心態的延伸

一、環境的薰染及學佛的經歷

　　萬曆十七年（己丑），陶望齡登進士第，授翰林院編修。此年的狀元爲焦竑，同年進士還有董其昌、黃輝、王肯堂、馮從吾、高攀龍等，可謂人才濟濟。陶望齡此次入京並非第一次了，早在他十一二歲時，就曾隨其外祖父母來京，但是這次來北京，不但身份不同，所遇到的人也不同以往，而北京的文化環境及人事的複雜，都大異於陶氏以往所經歷的人事物，也因此其學術思想也深受影響。

〔註8〕 此「旁典」應是指代表佛經的「內典」，因爲陶望齡〈題集慶寺僧卷〉序言道：「冬日，同謝開美、董揆仲、李文學、王周二上舍宿集慶寺僧舍，座上二僧俱善飲，而揆仲方持齋，寫法華經。余戲之曰：『有飲酒沙門，則有持齋居士。』」同註3，頁133；同註8，〈董揆仲學庸序〉，頁429～430。

首先談此時北京一地的文化氣氛，王元翰在〈書湛然僧卷〉有云：

> 京師僧海也，名藍精刹甲宇內，三民居而一之，而香火之盛，贍養
> 之賝，則又十邊儲而三之，故十方緇流咸輻輳于是，若水之東歸，
> 柏之西指，勢使然耳！相法之隆勝，此亦一時矣！〔註9〕

而劉宗周也說道：

> 京師首善之地，道化之所自起也，而士大夫談學者絕少，間有之，便
> 指爲不祥，以是益懸屬禁；而談宗門則否，士乃往往去彼取此。今年
> 處京師，見宗風頗盛，嘉會駢填，時標勝義，其一二有志者，直借
> 爲儒門進步，謂向上一機，非此不徹，似吾儒原有欠缺在。〔註10〕

從王元翰及劉宗周的描述中，可以看出當時在北京佛教勢力的發展可謂鼎
盛，當然，這與官方的提倡和士大夫們的熱衷有很大的關係〔註11〕。王元翰
在〈與野愚僧〉文中，也說到士大夫們趨佛的情況：

> 其時京師學道人如林，善知識則有達觀、朗目、憨山、月川、雪浪、
> 隱菴、清虛、愚菴諸公，宰官則有黃慎軒、李卓吾、袁中郎、袁小
> 脩、王性海、段幻然、陶石簣、蔡五岳、陶不退、蔡承植諸君，聲
> 氣相求，函蓋相合。〔註12〕

陶望齡也在此趨佛的風潮之中，陳繼儒說：「時同館焦弱侯、馮仲好談東魯之
學，黃昭素、陶周望談西竺之書。」〔註13〕又說：「己丑，（董其昌）讀中秘
書，日與陶周望、袁伯修遊戲禪悅，視一切功名文字，直黃鵠之笑壤蟲而
已。」〔註14〕此時身在翰林院中的陶望齡不僅爲此佛教氣氛所染，也因此而
認識了不少的學佛者，如李卓吾、袁宗道、無念深有、湛然圓澄等。例如袁
宗道與李贄的信中說到當時參禪友：

> 焦漪園常相會，但未得商量此事。陶石簣爲人絕不俗，且趨向此事極
> 是眞切，惜此時歸里，我輩失一益友耳！王衷白是一本色學道人，

〔註9〕　王元翰，〈書湛然僧卷〉，《凝翠集》，《叢書集成續編》（台北：新文豐出版公
　　　　司，1985年），頁244～245。
〔註10〕劉宗周，〈宋儒五子合刻序〉，《劉宗周全集》（冊三下），頁722。
〔註11〕陳玉女，〈明萬曆時期慈聖皇太后的崇佛——兼論佛、道兩勢力的對峙〉，《成
　　　　大歷史學報》第二十三期（1997），頁195～245。
〔註12〕同註9，〈與野愚僧〉，頁201。
〔註13〕陳繼儒，〈太子太保禮部尚書董思白董公暨元配誥封一品夫人龔氏合葬行狀〉
　　　　《陳眉公先生全集》，收錄在董其昌，《容臺集》，無頁數。
〔註14〕同註13，〈容臺集敘〉，頁5～7。

此外，又有蕭玄圃、黃慎軒、顧開雍諸公，皆可謂素心友。〔註15〕

另一封信又說：

> 不肖疏慵，交游極少，獨坐兀兀，又苦懶倦，尋得三四朋友同辦此
> 事。數日輒會，會時亦不說禪說道，惟以生死事大，無常迅速，自
> 警警人，警省一番，精進一番，此日近日功課也。會中諸友有資性
> 聰慧，亦有發心真實者，大抵不能相兼，會稽陶石簣極可人，恨其
> 人體羸多病，不能受苦，今又歸家，離群索居，不知此後精進，常
> 得如往時否？〔註16〕

陶望齡也說到：

> 望齡在京師時，從焦弱侯遊，得聞卓吾先生之風，繼得其書，畢習
> 之，未嘗不心開目明，常恨不能操巾拂其側。〔註17〕

而陶氏見湛然圓澄之事，則記於丁元公〈會稽雲門湛然澄禪師行狀〉中：

> 時大學士金庭朱公、太史石簣陶公、太學溶元張公同游應天塔下寶
> 林寺，至天王閣，聞鼾齁聲，使覺之，問曰：「何人師？」曰：「無
> 事僧也。」諸公與酬問數語，相謂曰：「語淡而味永，高人也！」
> 揖師（湛然澄）問依止何所？師曰：「饑則化飯喫，倦則在此打眠
> 耳！」諸公共茸靜室以居，師一日靜坐，忽如冷水潑身，詩偈如泉
> 涌，自念曰：「此聰明境耳！」已丑春也，自此囊錐漸露，賢士大夫
> 爭重之。〔註18〕

但此趨佛的活動，後因陶望齡大哥的病亡及陶父之病，暫時中止于萬曆二十年，告假回家。

萬曆二十二年（甲午），陶望齡再度上北京，仍任原官，此時他趨佛的熱情不減，並且與諸友結社譚禪，董其昌曾記此事，說：「甲午入都，與余復為禪悅之會，時袁氏兄弟（袁宗道、宏道）、蕭玄圃、王衷白、陶周望數相過從。」〔註19〕並且也為湛然圓澄校正《宗門或問》一書。不過結社譚禪的活

〔註15〕 袁宗道，〈李卓吾〉，《白蘇齋類集》（台北：偉文圖書公司，1976年），頁443
～444。

〔註16〕 同註15，〈李宏甫〉，頁473～474。

〔註17〕 陶望齡，〈奉劉晉川先生〉，其一，《歇庵集》，頁2198。

〔註18〕 丁元公，〈會稽雲門湛然澄禪師行狀〉，《會稽雲門湛然禪師語錄》卷八，收錄
在《禪宗集成》（台北：藝文印書館，1968年），頁15474。

〔註19〕 董其昌，《畫禪室隨筆》，（台北：新文豐出版公司，1982年），卷四，頁13。

動也受到一些人士的側目，陶望齡在寫其弟的信中說到：「此間諸人，日以攻禪逐僧爲風力名行，吾輩雖不掛名彈章，實在逐中矣，一二同志皆相約攜手而去。」〔註20〕面對這種處境，他在二封給其弟的信中，透過評論李卓吾的事情，表達出他辭官的意圖，他說：

> 卓吾先生雖非真悟正見，而氣雄行潔，生平學道之志甚堅，但多口好奇，遂搆此禍。當事者處之太重，似非專爲一人，卓老之不宜居通州，猶吾輩之不宜居官也。〔註21〕

另一封則說：

> 卓老之學，似佛似魔，吾輩所不能定，要是世間奇特男子，行年七十六，死無一棺，而言者猶曉曉不已，似此世界尚堪仕宦否？〔註22〕

也因此隔年（乙未），陶望齡就以生病爲由，請告歸鄉。

到了萬曆二十六年（戊戌），陶望齡父親因病去世，故服丁憂喪三年。到萬曆二十九年（辛丑），再次回到北京，此時的人事變遷頗大，以結社譚禪一事來說，由於紫柏達觀的入京，使得京中人士相趨於其下，譚禪氣氛爲之一變。沈德符（1578～1642）記其事曰：

> 己亥、庚子間，楚中袁玉蟠太史同弟中郎與皖上吳本如、蜀中黃慎軒，最後則浙中陶石簣，以起家繼至，相與聚談禪學，旬月必有會，高明士夫翕然從之。時沈四明柄政，聞而憎之，其憎黃尤切。至辛丑，紫柏師入都，江左名公既久持瓶缽，一時中禁大璫趨之，如真赴靈山佛會，又游客輩附景希光，不免太邱道廣之恨，非復袁陶淨社景象，以故黃慎軒最心非之。初四明欲借紫柏以擠黃，既知其不合，意稍解，而黃亦覺物情漸異，又白簡暗抨之，引疾歸。時玉蟠先亡，中郎亦去，石簣以典試出，其社遂散。未幾，大獄陡興，諸公竄逐，紫柏竟罹其禍，真定業難逃哉！〔註23〕

此記事在相當的程度上說明當時的情況，但沈氏說紫柏真可與袁黃陶諸人不合，則未必如此，因爲陶望齡在〈紫柏和尚像贊〉中，說道：

> 予久向紫柏師，辛丑入北都，而師住西山，忻然欲以瓣香見之，會

〔註20〕陶望齡，〈甲午入京寄君奭弟書〉，其九，《歇庵集》，頁2359。
〔註21〕同註20，其三，頁2353。
〔註22〕同註20，其四，頁2355。
〔註23〕沈德符，〈釋道・紫柏禍本〉，《萬曆野獲編》（北京：中華書局，1997年），頁690～691。

同學數友，皆短師，心疑而止。後讀其言，審其生平，眞證密行，深慈高節，一時叢林踞師席者，誠罕其比，然人猶惜師不蚤去，終以及禍，非明哲之道。……紫柏視眾人爲佛，不得不度；眾人視紫柏爲狂，不得不死，於乎何足恨哉！〔註24〕

另外，丁元公也曾記道：

壬寅入京，值達觀大師應劫，禪林有嚴色，師（湛然澄）以平易推重一時，黃、袁、陶諸公卿皆及門請教，冠蓋傾都市，而師（湛然澄）決不以爲意。一日，達觀大師同月川法師、陶石簣、黃愼軒兩太史、左心源、曾仲水、米友石諸公，嘉興寺酞月次。〔註25〕

而袁黃諸人結社的瓦解，譚禪並非其主因，主要還是政治因素居多。例如袁中道〈答蘇雲浦〉云：

馬元龍有字來云：「黃愼軒已擬司成，爲省中所彈，今改用人矣！其彈狀大約爲其結社譚禪也。」〔註26〕

沈德符也記云：

黃愼軒輝以宮僚在京時，素心好道，與陶石簣輩，結淨社佛，一時高明士多趨之。而側目者亦漸眾，尤爲當途所深嫉。〔註27〕

因此，陶望齡在寫給周汝登的信中說道：

此間舊有講會，趙太常、黃宮庶、左柱史主之，王大行繼至，頗稱濟濟，而傍觀者指目爲異學，深見忌嫉，然不虞其禍，乃發於卓老也，七十六歲衰病之身，重罹逮繫，煩冤自決，何痛如之，嗟嗟！儒者所宗尚莫如程朱二先生，而今所謂正宗者，即當時所攻爲偏學者也。古今談學者眾矣，其誰不偏之，然則貪名逐利，敗度圯族者，乃稱眞乎？〔註28〕

陶氏認爲旁人以「異學」之名來抨擊，只是一藉口，眞正的原因乃是「名利」的爭奪，而無關於學術的異同。陶奭齡在其兄的〈行略〉中也曾記云：

辛丑，奉太夫人補官京師。值熹朝以東宮出閣講學，文簡應推講官第一人，力以疾辭。無何復請告奉太夫人歸，而當時言官私有所擁

〔註24〕陶望齡，〈紫柏和尚像贊〉，《歇庵集》，頁 2065～2066。
〔註25〕同註12，頁 15475。
〔註26〕袁中道，〈答蘇雲浦〉，《珂雪齋前集》，頁 2146～2147。
〔註27〕同註23，〈詞林・黃愼軒之逐〉，頁 270～271。
〔註28〕同註24，〈與周海門先生〉，其五，頁 2167～2168。

戴，忌文簡名，恐其復進，乃橫口詬詈，疏中有攔門鷹之語。〔註29〕
故往後不論是「妖書」事件的發生，或是陶氏因其師李庭機之故而被暗糾
〔註30〕，政治上的紛擾與干涉，對陶望齡乃至當時士大夫的思想都產生一定
的影響。而由於結社譚禪活動有招致政治迫害之虞，陶望齡及其諸友的佛教
活動也有一些的改變，其中有一些轉而趨向淨土念佛，例如創立放生會。陶
望齡對此出了不小的力，例如雲棲袾宏就曾爲此事寫信給陶望齡，希望陶氏
能爲此出面說項，信中云：

> 新春放生於戈山，諸上善人雲集，勝西湖之會遠矣！前王雲來南都
> 之役，其心蓋爲佛法，本無他意，偶爾搆難，而越地物論交作，王
> 甚病之，居士人望或能一言爲解，則其謗漸平矣。庶雲來不退轉融
> 光修，造功德也，故爲此懇乞留心焉。幸甚！幸甚！〔註31〕

從以上的敘述中，可以看到陶望齡輩參研佛學的過程，而此過程也受到不少
的阻擾與關注，但是他們這些人對佛學的熱忱，卻並未消退，只是在方向上
有一些改變，這顯示出他們對佛學的看法，並非如同一般俗人要求消災解厄
及求福報，如此而已，而應是有更重要的信念存於其中，才能夠支撐他們的
行動。

二、「以禪銓儒」心態的建立

如前所述，陶望齡對佛典的啓發乃是因董懋策之故，而其研讀的時間則
是在中進士之後，從陶氏自身的文集中，我們只能了解其參禪的行爲及活動，
但是卻不知其爲何要透過佛典來理解聖賢之道？其心態爲何？其作法爲何？
這是因爲其文集之不足，如袁中道說：

> 近閱陶周望祭酒集，選者以文家三尺繩之，皆其莊嚴整栗之撰，而
> 盡去其有風韻者。不知率爾無意之作，更是精神所寄，往往可傳者
> 托不必傳者以傳，以不必傳者易于取姿炙人口而快人目，斑馬作
> 史，妙得此法。……石簣所作，有遊山記及尺牘，向時相寄者，今

〔註29〕 陶奭齡，《小柴桑喃喃錄》，卷上，頁 59。

〔註30〕 「陶居家最久，丁未年以房師李晉江故，忽被暗糾，云：『座主復推座主，門
生復及門生。』人皆疑駭，既而知其由來，蓋一御史受指詞林，爲掃除前輩
地也。陶尋轉祭酒，終不出，至己酉而卒於里第。」見同註23，〈科場・己丑
詞林〉，頁 421。

〔註31〕 雲棲袾宏，〈答會稽陶石簣太史〉，《雲棲大師遺稿》卷二，《大藏經補編》（台
北：華宇出版社，1984 年），頁 33。

都不在集中，甚可惜，後有別集未可知也？此等慧人從靈液中流出
片語隻字，皆具三昧，但恨不多，豈可復加淘汰，使之不復存于世
哉！〔註32〕

故筆者採取透過其友人的文集說法，間接地來了解其心態與作法。袁宗道說
到：

> 三教聖人門庭各異，本領是同，所謂「學禪而後知儒」非虛語也。
> 先輩謂儒門澹泊，收拾不住，皆歸釋氏，故今之高明有志向者，腐
> 朽吾魯鄒之書，而以諸宗語錄爲珍奇，率終身濡首其中，而不知返。
> 不知彼之所有，森然具吾牘中，特吾儒渾含不洩盡耳！眞所謂淡而
> 不厭者也，間來與諸弟及數友講論，稍稍「借禪以詮儒」，始欣然舍
> 竺典而尋求本業之妙義。〔註33〕

而袁宗道從「學禪（佛）知儒」的心態到「以禪銓儒」的作法，其中的改變
因素爲何呢？其三弟袁中道在爲其歿後所立的傳中，詳細地說其兄爲學過程
的變化，以此也可看出當時陶望齡輩的心態，他寫道：

> 丙戌遂舉會試第一，年甫二十七耳！先生官翰院，求道愈切，時同
> 年汪儀部可受、同館王公圖、蕭公雲舉、吳公用賓，皆有志于養生
> 之學，得三教林君艮背行庭之旨，先生勤而行焉〔註34〕。已丑，焦
> 公竑首制科，瞿公汝稷官京師，先生就之問學，共引以頓悟之學，
> 而僧深有（無念）爲龍潭（李卓吾）高足，數以見性之說啓，先生
> 乃遍閱大慧中峰〔註35〕諸錄，得參求之訣。久之，稍有所豁，先生
> 於是研精性命，不復譚長生事矣！是年，先生以冊封歸里，仲兄與
> 予皆知向學，先生語以心性之說，亦各有省，互相商證，先生精勤
> 之，甚或終夕不寐。逾年，偶于張子韶與大慧論格物處有所入，急呼
> 仲兄與語，甫擬開口，仲兄及躍然曰：「不必言」，相與大笑而罷。
> 至是，始復讀孔孟諸書，乃知至寶原在家內，何必向外尋求，吾試

〔註32〕 袁中道，〈答蔡觀察元履〉，《珂雪齋前集》，頁 2297～2298。
〔註33〕 袁宗道，〈說書類〉，《白蘇齋類集》，頁 503～504。
〔註34〕 黃宗羲云：「一時勝流袁宗道、蕭雲舉、王圖、吳應賓皆北面稱弟子。」見沈
　　　　善洪主編，〈林三教傳〉，《黃宗羲全集》第十冊（杭州：浙江古籍出版社，
　　　　1986 年），頁 546。
〔註35〕 大慧宗杲（1089～1163），俗姓奚，法字曇晦，號妙喜，寧國（安徽）人；中
　　　　峰明本（1263～1323），俗姓孫，錢塘（浙江）人，二人皆爲臨濟宗。

以禪詮儒，使知兩家合一之旨，遂著《海蠡篇》〔註36〕。〔註37〕

這段文字顯示出三個變化：一是袁宗道早年受林兆恩的思想影響而行「艮背行庭之旨」；二是受焦竑、翟汝稷、無念深有的影響得以受「頓悟之學」、「見性之說」；三是從佛典的研讀回歸到孔孟之道，並且提出「以禪詮儒」的方法，以達其「兩家合一之旨」的目的。

首先談林兆恩的艮背思想，此乃是其修練工夫中九個境界之首〔註38〕，乃為一養生之學，此艮背之旨後來也為焦竑所採，但其意則不同〔註39〕，而焦竑對袁宗道的影響是在於所謂的「性命之學」，決非為林兆恩的養生之學，也就是說「生死」的問題如何看待的問題，經過多年的參研，袁宗道最終認同孔孟之道即能解決此一生死問題。而此想法最明顯的例證，即是在萬曆二十年前後的一股學術風潮，在周汝登的〈南都會語〉中，許孚遠說到：

> 近時學者喜談禪理，惟求妙悟，浮慕朝聞夕死之境，而不循下學上達之規，甚則躬行疏略，私意叢生，而自謂見超上乘，了悟生死，惑也久矣！〔註40〕

由此可知當時學術的風潮，再對照時人的看法更可確知此一風潮的風行，如馮夢禎說：

> 而惓惓以竺乾聖人之學問津不佞，不佞媿非知津者，然足下於儒者之學，究心已深，或不惑於「朝聞夕死」之說，從此簡關頭打破，

〔註36〕 楊起元，〈葉龍老〉云：「伏承扎教云，此書稍雜禪家見解，豈不誠然乎哉？即謂之全禪，可也。」參見《太史楊復所先生證學編四卷首一卷證學論一卷第一卷》，《四庫全書存目叢書》（台南：莊嚴文化公司，1997年），子九十，頁314。

〔註37〕 袁中道，〈石浦先生傳〉，《珂雪齋前集》，頁1581～1582。

〔註38〕 鄭志明云：「林兆恩將『洗心退藏於密』、『艮其背』、『行其庭』等詞重新組合加入一些陰陽五行等修持內容，形成一套程序分明的修真養性之修行工夫，稱為『九序心法』又稱『艮背行庭心法』，作為其弟子修持上的憑藉，以協助他們去參贊本體以悟得本體，以開拓個體生明的明慧境界。九序的條目為：一曰艮背，以念止念以求心。二曰周天，效乾法坤以立極。三曰通關，支竅光達以煉形。四曰安土敦仁，以結陰丹。五曰採取天地，以收藥物。六曰凝神氣穴，以媾陽丹。七曰脫離生死，以身天地。八曰超出天地，以身太虛。九曰虛空粉碎，以證極則。」見鄭志明，《明代三一教主研究——林兆恩的人格與思想》（台北：學生書局，1988年），頁337。

〔註39〕 龔鵬程，〈攝道歸佛的儒者：焦竑〉，《晚明思潮》（台北：里仁書局，1994年），頁104～119。

〔註40〕 周汝登，〈南都會語〉，《東越證學錄》，頁132。

然後不疑竺乾聖人之學。〔註41〕

楊起元說：

> 傳曰：「道不遠人」，人之爲道而遠人，不可以爲道。死者人人所共怕也，聖人亦人耳！謂其不怕死可乎？佛學有脫離生死之說，即孔子「朝聞道夕死可矣」之說也。〔註42〕

管志道更認爲「儒者當究一大事因緣之義」，他說：

> 一大事因緣之義云何？天下之事，惟有「提眾生同出苦海」一節爲最大，君臣、夫婦、昆弟皆是生死苦海中因緣，非究竟之地。〔註43〕

焦竑也在回答門人之問時，說到：

> 問佛氏言超生死，儒門亦有此理否？先生曰：「『朝聞道夕死可矣！』『未知生，焉知死。』『原始反終』，故知死生之說，先師未嘗不言，學者自不察耳！」〔註44〕

袁宏道在與友人的信中，明白說此想法之緣由：

> 郢諸生張明教者，從沙門寒灰遊。過余柳浪，謬謂余知道者，以一大事爲訊。余告之曰：「夫二君子，皆儒而禪者也，佛氏以生死爲一大事，而先師云：『朝聞道夕死可』是亦一大事之旨也。今儒者溺於章句，縱有傑出者，不過謂士生斯世，第能孝能忠廉信，即此是道。然則使一世之人，朝聞孝悌之說，而夕焉蓋棺可乎？且七十子之徒，其中豈有不忠不悌其人者，而殆庶止於子淵，一貫僅及曾氏，是何說也？迨程朱氏出，的知有孝悌外源本矣，而又不知生死事大。夫聞道而無益於死，則又不若不聞道者之直捷也，何也？死而等爲灰塵，何若貪榮競利，作世間酒色場中大快活人乎？又何必局局然以有盡之生，事此冷淡不近人情之事也。是有宋諸賢，有未暢「朝聞夕死之旨」也。至近代王文成、羅旴江輩出，始而抉古聖精髓，入孔氏堂，揭唐虞竿擊文武鐸，以號叫一時之聾瞶，而世之

〔註41〕馮夢禎，〈報潘去華〉，《快雪堂集》，《四庫全書存目叢書》（台南：莊嚴出版社，1997年），集一六四，頁542。

〔註42〕同註36，〈答友人不怕死說〉，子九十，頁325～326。

〔註43〕管志道，〈儒者當究一大事因緣之義〉，《從先維俗議》，《叢書集成續編》六十一冊（台北：新文豐出版公司，1989年），頁745。

〔註44〕焦竑，〈古城答問〉，《澹園集》，《叢書集成續編》一八七冊（台北：新文豐出版公司，1989年），頁91。

> 儒者，疑信相參，其疑者固無足言。所謂信者亦只信其皮貌，以自
> 文其陋而已，故余嘗謂唐宋以來，孔氏之學脈絕，而其脈遂在馬大
> 師諸人，及於近代宗門之嫡派絕，而其派乃在諸儒。至於今所謂螟
> 蛉者亦絕，儒釋之統緒，不惟不見其人，兼亦不聞其語矣。〔註45〕

這顯示出在當時有一種明顯的看法，那就是將「聞道」與否和「了生死」問
題齊觀；而袁宏道認為此種想法，是因王陽明羅近溪二人的出現，才再次被
提出。陶望齡也認同這種看法，他說：

> 曾子易簀頃語「吾知免」。夫免何事？子張臨沒，謂申詳曰：「吾今
> 日其庶幾乎！」庶幾何道？此吾儒末後一大公案，鮮有得其解者。
> 圭峰老人曰：「作有義事是惺悟心，作無義事是散亂心，散亂繫情，
> 臨終被業牽，惺悟不由情，臨終能轉業，即名教語，豈有異邪？」
> 人世悠悠，臘月三十日一著子大難，措手三教，聖人努力聞道，正
> 恐夕間死未得耳！孔子曰：「未知生，焉知死。」莊周亦云：「善吾
> 生者，乃所以善吾死也！」所謂善生，不過以惺悟心作有義事而
> 已。……世之儒者多以談生死歸諸禪，而世無石人，誰有不屬於生
> 死者，宣聖「朝聞」之旨，似難置不論耳！〔註46〕

又說：

> 儒者之闢佛久矣！最淺如昌黎者，深如明道者，既昌言闢之矣，即
> 最深如陽明、龍溪之流，恐人之議其禪也，而亦闢之，又何怪今之
> 俗士哉！然必如明道而後許其闢，何者？以其名叛而實近也。如陽
> 明、龍溪而後許其闢，何者？以其陽抑而陰扶也。使陽明不借言闢
> 佛則儒生輩斷斷無佛種矣！今之學佛者，皆因良知二字誘之，明道
> 雖真闢佛而儒者之學亦因此一變，其門人亦遂歸於佛矣。二先生者
> 真有功於佛者乎！吾輩只是無真參默識之力，不能一刀兩段，決了
> 骨網，為可愧恨，人言奚足惜耶！〔註47〕

陶望齡的說法，不正是袁宏道的翻版嗎！都認為「聞道」必定與「生死」相
連的，也就是說能聞道即能了生死；也都認為此種看法皆因王陽明、王龍溪、
羅近溪等人，才再次地被提出。所以陶氏說：

〔註45〕 袁宏道，〈為寒灰書冊寄郿陽陳玄郎〉，《袁中郎隨筆》，《袁中郎全集》（台
　　　　 北：世界書局，1990年），頁11。
〔註46〕 陶望齡，〈蕭澗松先生夕可卷跋〉，《歇庵集》，頁2038～2040。
〔註47〕 同註46，〈甲午入京寄君奭弟書〉，其十，頁2361～2362。

> 世人終日誦聖賢書，不知聖賢爲何等人？學是何等事？反以資助利
> 欲，掩飾過愆，今得遇哲人，知功名富貴外，別有一項正經事務，
> 所謂般若有經耳之緣。今日聞熏〔註48〕，即他日成聖成賢之本，如
> 一星火種，斷有燎原之日，莫自輕也。〔註49〕

將聖賢之成，建立在佛典參求上的看法，頗合於楊起元「儒者當究一大事因
緣之義」的說法。

　　從以上的敘述中，顯示出兩種看想法，一是所謂的「以禪詮儒，使知兩
家合一之旨」，就是認爲儒家的「朝聞道夕死可」之說，是與佛家的脫生死一
大事相通的。二是，儒者讀聖賢書所爲何來？乃是得道而已，也因此「朝聞
道夕死可」的涵義至此有了新的解釋，那就是一個人聞道與否？端看此人是
否能勘破「生死」，也就是說，當一個人能正視「生死」，即是得道。袁宏道
即曾說：

> 世之苦而不樂者，莫甚於生死之關。……生如死，死亦如生，所以
> 出生即所以出死，此所以並欲無生，無生政所以無死。一念無生死，
> 即萬劫無生死，此釋氏之所謂可以敵無常、超生死者也。孔子所謂
> 「朝聞道夕可死者」也，夕死可矣者，言其聞道後胸次然也，若破
> 此關，何關不破。〔註50〕

所以對「生死」的參求，即爲此「聞道」的目的，例如：袁中道給友人的信
中說到：

> 陽明近溪諸老，悟處如百鍊精金，未易窺測。鄧定宇之定也，陶周
> 望之淡也，參求之眞切，皆眞爲生死者也。在大根大器者，自宜鄙
> 而笑之，如弟輩，自當服膺以爲師法，決不敢開張大口，目謂過彼
> 也。〔註51〕

故「了生死」即是學道人的「一大事」，陶望齡與其弟談到其對「一大事」研
求收穫及感想時，他說：

> 吾近與袁伯修先輩及同好三四人，遊從甚密，雖未能了當大事，而

〔註48〕這所謂的「聞熏」，筆者疑此看法來自《大乘起信論》的「熏習」理論。參見
　　　　高振農校釋，〈序言〉，《大乘起信論校釋》（北京：中華書局，1996 年），頁
　　　　13。
〔註49〕同註46，〈復爾質任〉，頁 2332～2333。
〔註50〕袁宏道，〈喜禪問答〉，《中郎隨筆》，《袁中郎全集》，頁 38。
〔註51〕袁中道，〈答雲浦〉，《珂雪齋前集》，頁 2211。

> 受益不淺，且消釋拘累，共逃於形骸禮數之外，可謂極樂。此事大
> 段近時時於腳跟下體究，必有曝然、崒然之日，若向外馳求與自生
> 退屈，豈有長進？袁公亦言：「尚有不疑之疑，須於虛空中，大踏一
> 步，方繞淨盡。」此豈世俗儱侗禪耶！此事不屬知，不屬不知，知
> 是情解，不知是無記，故謂之向上一路，不通凡聖，豈是難是易，
> 進得退得的。〔註52〕

劉宗周也曾憶道：

> 余年二十六（1603）從德清許恭簡公遊，黽黽問學於今，頗有意於
> 「朝聞」之説，每見佛氏談生死不甚契，輒以挽淑人，而淑人不顧。
> 乃今淑人所得於生死之際如是，真有學儒所不能者，且有學佛所不
> 能者，終媿余之恍恍而生，恍恍而死也。〔註53〕

雖然「兩家合一之旨」已確知為「生死」問題的超脱，但是要如何「以禪詮
儒」呢？其作法為何呢？而在此要説明的是，所謂的「兩家」，關於「儒家」
方面自然是以王陽明羅近溪的思想為主，而關於「禪教」方面，又是所指為
何呢？在第二章的部份，筆者已談到周汝登的《學的教衡》一書已然招到管
志道的質疑，管氏認為周汝登拿那宗門不正之王畿的思想為標準，來與王陽
明相提並論，有待商榷！同樣的，當陶望齡等人在作此事時，也遇到了同樣
的問題，究竟要以什麼樣內容的佛教思想來詮釋儒家思想呢？用管志道的説
法，就是佛教的「正法眼藏」為何？學者釋聖嚴《明末佛教研究》一書將明
末的佛教發展分成禪宗、淨土宗、唯識宗及居士四大方面來討論，一方面顯
示出明末佛教的鼎盛，而另一方面也顯示出佛教思想在此時期紛雜的情形。
陶望齡身處此境，一開始對何謂「正法眼藏」並非有其定見，他對佛教思想
的定見是由同學道者的帶領及相互反覆論辯參研而逐漸形成的。在談陶望齡
的佛教思想前，必須先談當時北京學術界所流行的佛教思想，筆者在此無法
一一析論各種佛教思想在明末的發展，而是以陶望齡輩們所採用的為主。

三、對佛典的參研

　　大致而言，他們研讀的方向可以以下三書為主:《華嚴經》、《宗鏡錄》、《大
慧宗杲語錄》。

〔註52〕陶望齡，〈甲午入京寄君奭弟書〉，其五，《歇庵集》，頁2350。
〔註53〕劉宗周，〈劉子暨配諡封淑人孝莊章氏合葬預誌〉，《劉宗周全集》（三下），頁
　　　　912。

首先談《大慧宗杲語錄》，這部書在當時的學術界相當流行，評價很高，如前面談及袁宗道就因參研此書而悟入，而曾官南京國子祭酒的馮夢禎在寫給其友人的信中說到：

> 《大慧語錄》一部計六冊，奉寄，十九卷以後爲法語書問，差易通曉，足下政暇，幸深心一觀之。內典浩煩，若欛柄不在手，如入海算砂，亦如數他家寶無了時，亦無干涉，用心此一書足矣。〔註54〕

馮氏視此書爲研讀佛典的「欛柄」，只要用心此書就足夠了。而袁宏道則是高度的肯定此書，袁宏道在給陶望齡的信中說到：

> 弟學道至此時，乃始得下落耳，非是退卻初心也，此道甚大，今人略得路，便云了事，此實可笑。……〈妙喜與李參政書〉，初入門人不可不觀。書中云：「往往士大夫晤得容易，便不肯修行，久久爲魔所攝。」此是士大夫一道保命符子，結論中可證者甚多，姑言其近者：四卷《楞伽》，達摩印宗之書也；龍樹《智度論》，馬鳴《起信論》，二祖師續佛慧燈之書也；《萬善同歸》六卷，永明和尚救宗門極弊之書也。兄試看此書與近時毛道所談之禪，同耶？否耶？〔註55〕

從此可知，袁氏所認爲的「正法眼藏」爲大慧宗杲之書，而信中云的《楞伽經》、《智度論》、《大乘起信論》及永明延壽的《萬善同歸》等書，則表達出袁氏「禪淨雙修」〔註56〕的思想。陶望齡基本上是認同大慧宗杲的，他在給其弟的信中說到：

> 大慧老人斷不欺我，吾輩心火熠熠，思量分別，殆無間歇。行而不及知，知而不及禁，非心體本來如是，蓋緣無始時來，此路行得太熟耳。今以生奪熟，以眞奪妄，非有純一不已之功，何異杯水當輿薪之火哉！然所謂工夫者，非是起心造意，力與之爭，只是時時念念放下去，放不得，自然須有著到。一句無義語，時時提起即是念念放下之妙訣也，愚近日依而行之，深信舍此無法，亦甚覺省力，

〔註54〕同註41，集一六四，頁543。
〔註55〕袁宏道，〈答陶石簣〉，《袁中郎尺牘》，《袁中郎全集》，頁60。
〔註56〕釋聖嚴說：「即如永明延壽，他被視爲禪淨雙修的鼻祖，他卻將淨土法門分作：(1)『定心』修的『定與觀』；(2)『專心』修的『但念名號』。『定心』修者，上品上生，『專心』修者，僅成末品。由於定與觀，屬於禪觀行，而與禪宗混合相稱，結果以爲上根人宜修禪，中下宜念佛。」見釋聖嚴，《明末佛教研究》（台北：東初出版社，1987年），頁152～153。

此是三教中了心性的第一神丹，一超直入的秘旨。〔註57〕

將大慧之書稱之爲「三教中了心性的第一神丹，一超直入的秘旨。」由此可見可見其對大慧之深信。

再談永明延壽《宗鏡錄》，馮夢禎在其日記有云：

（萬曆丁亥六月）十九，閱《宗鏡錄》九十九、一百卷，自四月初四至今，共四十五日而終，但粗閱一過，尚期歲內再閱至三至四，以盡其妙，不令空手入寶山也。〔註58〕

馮氏以「寶山」來看待此書，而其在給友人的信中也說道：

虛懷《宗鏡》一書，和融鹽苦辛酸，盡爲上味，長途遊戲，此一書足矣！他則《大慧》、《中峰》二錄，解粘釋縛，亦有不思議之力，惟足下參覽之。世途大是險惡，失脚便墮業活坑中，非鐵漢大宜著眼。〔註59〕

又說：

《宗鏡錄》一部奉寄，此書宗教關鈐，丈政事之暇能留心此書，築著磕著，忽見本來面目，便不負弟千里外一點相爲至情，時寒珍重！〔註60〕

而董其昌在中進士前就曾讀此書，陳繼儒曾記曰：「（董其昌）間獨好參曹洞禪，批閱永明《宗境錄》一百卷，大有奇悟。」〔註61〕董其昌並以此書來評價袁宏道，他說：

邇見袁中郎手摘永明《宗鏡錄》與《冥樞會要》，較勘精詳，知其眼目不同往時境界矣！〔註62〕

袁宏道並曾作《宗鏡攝錄》一書。而陶望齡受其友朋（湛然圓澄）的影響，也曾研讀此書，在給周汝登的信中說道：「《宗鏡》雖再閱，未曾契入，與不看同，遵教即當細覽之也。」〔註63〕但是往後經過與友朋的參研，陶氏也曾作「《宗鏡廣刪》十卷」〔註64〕。這顯示出此書在當時學術圈的流行，而袁陶二

〔註57〕陶望齡，〈與我明弟〉，《歇庵集》，頁2257～2258。
〔註58〕同註41，《快雪堂日記》，集一六四，頁667。
〔註59〕同註58，〈與孫子貽〉，頁625。
〔註60〕同註58，〈與鳳陽守李友龍〉，頁595。
〔註61〕陳繼儒，〈容臺集敘〉，董其昌，《容臺集》，頁5～7。
〔註62〕同註61，《容臺別集》卷三，頁1799～1800。
〔註63〕陶望齡，〈與周海門先生〉，其九，《歇庵集》，頁2172。
〔註64〕張廷玉等，《明史》，頁2454。

書也爲當世所知，明末和尙通門說到刪簡永明延壽《宗鏡錄》一書的情形：

> 然古今隨其所好，剔繁就簡，錄其要妙，有四家焉。初黃龍庵晦堂禪師曰《冥樞》；後會稽陶石簣先生廣之曰《廣樞》；楚之袁中郎先生者曰《攝錄》；近有海虞陸子平叔者曰《節錄》。〔註65〕

而明末士人錢謙益更指出：

> 竊謂宗家綱要，無如永明《宗鏡》，即心即佛，遮表二詮。華首印證，若合符契。以儒典論之，永明則洙泗也，寂音則孟荀也。……近閱《宗鏡》，至即心即佛章，恰與華首宗旨，兩鏡交光，聊復饒舌及此，未知和上一點頭否？〔註66〕

將此書作者比喻爲儒家的程朱，可見此書在當時評價之高了。

而關於《華嚴經》〔註67〕，有相當多的人因此經而悟入，如王元翰謂：

> 不佞腳蹤遍天下，每遇大心耆宿，未嘗不神往心折，以爲夫夫能割恩愛，發明心地，步步向上，視我輩何如人哉！及閱《華嚴經論》，則又豁然曰：「此豈獨出家子事哉！」〔註68〕

而管志道也曾說：

> 隆慶己巳，脣周宗師少魯先生拔貢赴京，遊西山碧雲寺，暇索《華嚴經》閱之，不半餉，豁然若亡其身，與太虛合照，見古往今來，一切聖賢，出世經世，乘願乘力，與時變化之妙用，大概理則互融，教必不濫，順而相攝。〔註69〕

管氏不僅因此書悟入，也精通此經，如馮夢禎就說：「管志道先生，其人通華嚴宗，某石交也。」〔註70〕而焦竑也因此書而悟，他說：

> 我聖祖獨稟全智，大闡儒風，而玄宗釋部並隸禮官，若無少軒輊焉者。嘗疑而深求之，取其書而研味之。始也讀首《楞嚴》，而意儒遜

〔註65〕 通門，〈宗鏡節錄序〉，《嫩齋別集》，《禪門逸書》第九冊（台北：明文書局，1980年），頁28。

〔註66〕 錢謙益，〈復天然昱和尚書〉，《牧齋有學集》（上海：上海古籍出版社，1996年），頁1391。

〔註67〕 關於明末華嚴宗的問題，有學者釋滿貴〈明末華嚴宗法脈傳承之考察〉一文，惜筆者未能寓目，故不知其內容爲何？見《諦觀》第八十四期（1996），頁159～206。

〔註68〕 王元翰，〈與野愚僧〉，《凝翠集》，頁201。

〔註69〕 管志道，〈奉復先生見咎音問稀闊書〉，《管子惕若齋集》，卷一，頁26～27。

〔註70〕 同註41，〈蓮池師〉，集一六四，頁473。

於佛；既讀《阿含》而意佛等於儒，最後讀《華嚴》而悟，乃知無
佛無儒，無小無大，能小能大，能佛能儒，而聖祖之爲意淵哉廣
矣！〔註71〕

故此經的論疏也受到當時人的重視，憨山德清說道：

> 切念華嚴一宗，爲吾佛根本，法輪清涼，爲此方著作之祖，其疏精
> 詳，眞萬世宏規，但鈔文以求全之過，不無太繁，故使學者望洋而
> 退，士大夫獨喜《合論》〔註72〕明爽，率皆雠視，而義學亦將絕響
> 矣！〔註73〕

這說法顯示出當時對經論的喜好不同〔註74〕，而士大夫卻獨鍾南唐李通玄的
《新華嚴經論》，焦竑云：

> 南唐嘗寫論四十部，并圖長者像，頒之境內，其書世不甚傳。獨金
> 陵殷宗伯秋溟家有宋淳祐刻本，趙大洲學士見而奇之，屬五臺陸公
> 梓於嘉興，語人曰：「此性命之極談，擬以衰殘身命供奉，總持不自
> 計其根莖之大小矣！」遇學者輒以此告之，蓋篤好如此。〔註75〕

而焦竑自己也是讀此書，他說：

> 余以謂能讀此經，然後知六經語孟無非禪，堯舜周孔即爲佛，可以
> 破沉空之妄見，糾執相之謬心。……若夫方山長者之論，至矣！盡
> 矣！〔註76〕

李贄也說：「《華嚴合論》精妙不可當，一字不可改易，蓋又一《華嚴》也。」
〔註77〕而陶望齡也跟隨著湛然圓澄習此經書，《會稽雲門湛然禪師語錄》記
道：

> 陶石簣居士問：「師在此作麼？」答曰：「看《華嚴合論》。」曰：「師
> 在室中著此小小境界，當看是論。」曰：「不然，卻是室外者更當看

〔註71〕 焦竑，〈贈吳禮部序〉，《澹園集》，頁 688～689。

〔註72〕 此書乃是釋志寧以李通玄之《新華嚴經論》合《華嚴經》，故謂之《華嚴合論》。

〔註73〕 憨山德清，〈答吳觀我太史〉，《憨山大師夢遊集》（台北：新文豐出版公司，1973 年），頁 980。

〔註74〕 此時對華嚴經的論疏的爭辯，可參考雲棲株宏與曹魯川間的論辯，見株宏，〈答蘇州曹魯川邑令〉，《雲棲大師遺稿》（台北：華宇出版社，1984 年），頁 8～15。

〔註75〕 焦竑，〈華嚴新論序〉，《澹園集》，頁 786～787。

〔註76〕 同註75，〈刻大方廣佛華嚴經序〉，頁 183。

〔註77〕 李贄，〈又與從吾孝廉〉，《焚書》（台北：漢京文化，1984 年），頁 257。

也。」曰：「何謂也？」曰：「居室者，必知室外有空，空外更有空，可謂小不迷小，大不著大，內外該融，小大相入。只恐在室外者，迷此六合之一總之空，不復知空外有空，界外有界，豈知華嚴法界中十方各具不可說不可說佛刹微塵數世界外，更有不可說不可說佛刹微塵數世界耶，故當看也。」居士曰：「多知！多知！」〔註78〕

也因此，陶望齡也開始參研此經，有詩為證：

禪心端合一生休，偈價真堪萬死酬。虛有身形似腰鼓，愧無手指發箜篌。謾縑小本《華嚴論》，為送初涼葉落秋。頂髮欲斑除未得，祇應枯瘦擬比丘。〔註79〕

也因參研李通玄的《新華嚴經論》而悟入，陶奭齡〈行略〉記云：

（萬曆乙未後）三日，上剡溪謁海門周子，嗣是，咨請扣擊，往來靡聞，然每自指膺曰：「吾此中終未穩在！」一日讀方山《新論》，手足忭舞，趨語奭齡曰：「吾從前真自生退屈矣！」〔註80〕

由此可知陶望齡是以此經論為其說。

第三節　良知了生死

一、對「良知說」的看法

要談「良知了生死」前，則先必須了解這些人是如何來理解王陽明的「良知說」。筆者在前面曾引述袁宏道描述其兄袁宗道的參學過程，這當中曾說到袁宗道從焦竑及瞿汝稷那裏知曉「頓悟之說」，又從李卓吾的徒弟那裏得到「見性之說」，此後才開始參研佛學，故要理解這些人參研佛學的動機，則須從「頓悟之說」及「見性之學」說起。

「頓悟之說」雖無確切的內容，但從焦竑及瞿汝稷的師承，可窺一二。焦竑師承羅近溪與耿天臺二人，而瞿元立（汝稷）則受業於管志道〔註81〕，故

〔註78〕同註18，頁15419。

〔註79〕陶望齡，〈讀華嚴合論〉，《歇庵集》，頁203～204。

〔註80〕陶奭齡，〈先兄周望先生行略〉，陸夢龍選《歇菴先生集選》，明萬曆末年刊本，頁5～6。

〔註81〕《居士傳》：「瞿元立，名汝稷，蘇州常熟人。……元立受業於管東溟，學通內外，尤盡心於佛法。時經山刻大藏，元立為文導諸眾信，破除異論。」見彭紹升，《居士傳》（江蘇：廣陵古籍刻印社，1991年），頁603。

此「頓悟之說」應是佛教理論。雖說「見性之說」乃因無念深有而啓，但筆者更重視其師李卓吾，故李卓吾的思想應對袁宗道有一啓發與影響。可是由於李卓吾並未有一明確的師承，故其理論很不明確，但筆者認爲此「見性之說」的主要依據應是王龍溪與羅近溪的理論，但主要是王龍溪的理論，因爲他說：

> 慈湖雖得象山簡易直截之旨，意尚未滿，復參究禪林諸書，蓋眞知生死事大，不欲以一知半解自足已也。至陽明而後，其學大明，然非龍谿先生緝熙繼續，亦未見陽明先生之妙處，此有家者貴於有得力賢子，有道者所以尤貴有好得力兒孫也。心齋先生之後，雖得波石，然實賴趙老，篤信佛乘，超然不以見聞自累。近老多病怕死，終身與道人和尚爲侶，日精日進，日禪日定，能爲出世英雄，自作佛祖而去，而心齋先生亦藉以有光焉故耳。故余嘗謂趙老、羅老是爲好兒孫以封贈榮顯其父祖者也，王龍谿先生之於陽明是得好兒子以繼承其先者也。〔註82〕

李卓吾認爲從楊慈湖到王陽明、再到王龍谿，其思想脈絡是一致地，而他比較「二溪」的意同，差別在於羅近溪雖然有功於陽明學，但卻不能繼承王陽明，唯有王龍溪才是陽明的眞傳。而從大的範圍來看袁宗道所接受到的思想，雖說是陽明學，但仔細分殊一下，卻可發現其主要的傳承應是王龍溪的學說，這可從其自身的說法中得知，他曾言道：

> 「良知」二字，伯安（王陽明）自謂從萬死得來，而或者謂其借路葱領。夫謂其借路，故非識伯安者，然理一而已，見到徹處固未嘗有異也。余觀《宗鏡》所引圭峰語，謂達磨指示慧可，壁觀之後復問：「渠莫成斷滅否？」答：「雖絕諸念，亦不斷滅。」問：「何以徵驗？」答：「了了常知，言不可及。」師即印曰：「即此是自性清淨心，更勿疑也。」……伯安所揭良知，正所謂了了常知之知，眞心自體之知，非屬能知所知也。或曰：「伯安以知善知惡爲良知，將無與眞心自體之知異乎？」余曰：「知善知惡彼爲中下根權說耳，王汝中所悟無善無惡之知，則伯安本意也。」〔註83〕

由此可知袁宗道認同王陽明的「良知說」，乃是尊循著王龍溪的解釋脈絡，而

〔註82〕李贄，〈與焦漪園太史〉，《續焚書》（台北：漢京文化，1984 年），頁 28。

〔註83〕袁宗道，〈說書類·讀大學〉，《白蘇齋類集》，頁 508～510。

其對良知的看法有二：一是「了了常知」，即「雖絕諸念，亦不斷滅」，是王龍溪所謂的「無善無惡之知」；二是「知善知惡的知」是爲中下根人的權說。所以他在解釋「止於至善」時說道：

> 夫善何以至也，住於惡固非善，住于善亦非至善，善惡兩邊，俱不依，是何境？所謂至善也。但起心動念便不是止，起心動念便屬惡邊，便不是至善，息機忘見，便是止于至善。又須知天下皆息機忘見者，盡天下無一人起心動念者，所恨不知耳！故下文遂有「知止之說」。〔註84〕

這種說法是來自王龍溪的看法，也就是將大學之道歸因於「一念之微」，袁宗道說：

> 此性互古互今，不動不變，本自無生，又寧有死，生死有無，係乎「一念」迷悟間耳！……故孔子曰：「朝聞道，夕死可矣！」夫聖人者，豈不知本無生死，隨順迷人情見，權說爲死耳；又豈不知古今始終不移當念，展縮在我，延促俱妄，亦隨順迷人情見，權說爲朝夕耳！〔註85〕

故袁宗道認知到「良知」要能「了生死」，其關鍵就在於「一念之微」的迷與悟，而這種將「念」與「生死」相連的看法，爲時人的共識，如無念深有就曾說到：

> 要明生死源頭，只在「一念」未起處，看得破，方省未發之中消息，到此「朝聞夕死之說」，了了分明。〔註86〕

馮夢禎寫信給憨山德清時說：「所謂『了』，不異人意不起於座而親到那羅延窟，師寧許之不？」〔註87〕焦竑也說：

> 夫生死者，所謂生滅心也。《起信論》有「眞如」、「生滅」二門，未答眞如之門，則「念念遷流」，終無了歇。……不捐事以爲空，事即空；不滅情以求性，情即性，此梵學之妙，孔學之妙也。〔註88〕

稍後的密雲圓悟也說：

〔註84〕 同註83，頁505～506。

〔註85〕 同註83，〈說書類・讀大學〉，頁516～517。

〔註86〕 無念深有，〈復陳少卿石泓〉，《黃檗無念禪師復問》，《大藏經補編》（台北：新文豐出版公司，1987年），頁723。

〔註87〕 同註41，〈答憨山禪師〉，集一六四，頁580。

〔註88〕 焦竑，〈答耿師〉，《澹園集》，（北京：中華書局，1999年），頁82。

> 若真要「了生死」，須向「一念未生」時，看行也、看住也、看坐也、
> 看臥也，看看到臥不是臥、坐不是坐、住不是住、行不是行，乃至
> 語默動靜，了不可得，則一念未生，全體自現。〔註89〕

從以上各家的說法可以確定的是，從王龍溪的「一念之微」的理論，到了袁
宗道輩已轉化爲結合儒佛兩家宗旨的中樞，也因此如要「了生死」就必須於
此念上照看，如何能「一念未生」是這些人修養工夫所在處。

二、看話禪與華嚴禪

　　登進士後（1589），陶望齡追循著袁宗道等人的腳步，也開始參研大慧宗
杲的《語錄》。學者開濟認爲大慧宗杲的思想特色有二：本體論的「華嚴禪」
與方法論的「看話禪」〔註90〕，而陶望齡對大慧宗杲的認識則是以方法論方
面來入手的，也就是採用「看話禪」的方法來參禪，其中心內容爲「疑」與
「信」。大慧云：「欲學此道，須是具決定信。逢逆順境，心不動搖，方有趣
向分。」〔註91〕而此決定信之來須於疑中求，所謂「千疑萬疑，只是一疑，
話頭上疑破，則千疑萬疑一時破。」〔註92〕湛然圓澄在面對人問如何參禪時，
也說到：

> 古人云：「欲參禪者，須發三種大心，必獲妙悟，成就不疑。三種者
> 何？一者發大信心，二者發大勇猛不退心，三者發大疑情。」信者
> 信自心與十方諸佛無二無別，生死涅槃無二無別，菩提煩惱無二無
> 別，無明佛性無二無別，既皆無二，諸佛已證，我等當證直下信得
> 及、把得住、行得穩，如未能證得，盡此一生，曾無二念，決此一
> 信到頭，天曉分明，方知成佛久矣！所以云：「信爲道元功德母」，
> 長養一切，諸善根當知諸佛道圓無上德等恒沙，證此一信字也！……
> 「靈雲見桃」，悟此一信字，「香嚴擊竹」，了此一信字，故知若聖若
> 賢，自始自終，說法轉輪，成道利生，皆不出一信字耳！子能發此
> 信心，必須起大勇猛，……令胸中虛豁豁地去，冷冰冰地去，如喪

〔註89〕密雲圓悟，〈復袁道婆〉，《密雲禪師語錄》，《禪宗全書》（台北：文殊出版社，
　　　　1987年），頁447。

〔註90〕開濟，《華嚴禪——大慧宗杲的思想特色》（台北：文津出版社，1996年），頁
　　　　12。

〔註91〕大慧宗杲，〈示無相居士〉，《大慧普覺禪師語錄》卷二十，《禪宗語錄輯要》
　　　　（上海：上海古籍出版社，1992年），頁400。

〔註92〕同註91，〈答呂舍人〉，頁436。

考妣去，如忘至寶去，然後起大疑情去。何謂疑情？但于古人悟道
因緣、或對機示眾、或經論差別、或意識不及義解不行，如是種種
因緣，著實參扣，不管得與不得，奮勇直進，莫生退屈，挨拶不行，
若銀山鐵壁，此時可名到家消息也。〔註93〕

而湛然的「參禪三心」之說，第一心即是信自己與佛同；第二心爲要致此
「信」，須發此不退心，使自己的心中澄然無物，而後再於此心起大疑情，周
而復始，使至意識不及、義解不行的境界，此即爲「到家消息」。而一般常行
之法即大慧宗杲的「看話禪」，故陶望齡常參古佛的話頭公案，周汝登就曾以
「疑情」之斷與否？詢問陶望齡，他說：

我丈腳跟素穩，諒日來愈見得力，但何日疑情今得永斷，方爲眞實
下落，不知果何如耳？〔註94〕

而湛然的破疑的工夫則與大慧看法一致，大慧云：

所謂工夫者，思量世間塵勞底心，回在乾屎橛上，令情識不行，如
土木偶人相似。覺得昏怛沒巴鼻可把捉時，便是好消息也。莫怕落
空，亦莫思前算後幾時得悟，若存此心，便落邪道。〔註95〕

而「疑情」要斷，就必須「情識不行」，但陶望齡剛開始是不得其法的，袁宏
道寫給其兄的信中曾記此事，他說：

前陶石簣兄弟見訪，自言爲聞見所累。弟謂靈雲見桃，此亦見也；
香嚴擊竹，此亦聞也，聞見安能累人哉！因語及永明壽，次弟謂永
明見地未眞，陶曰：「何以知之？」弟謂永明一向只道此事是可以明
的，故著《宗鏡》一書，極力講解，而豈知愈講愈支，愈明愈晦乎！
陶亦豁然有深省處。陶生死心切甚。〔註96〕

所謂「靈雲見桃」及「香嚴擊竹」皆爲古來著名的話頭公案，袁宏道認爲陶
望齡爲心外之物所累，是因他將心與心外區分開來，也就是說陶氏存有「未
悟」與「悟後」的觀念，以大慧宗杲的標準來說，此是「便落邪道」。這是陶
望齡初參禪時的心態，他總要將「禪」參個明白，袁宏道寫給陶望齡的信中
就說到：

得來扎，知兩兄在參禪，世豈有參得明白的禪。若禪可參得明白，

〔註93〕同註18，頁15504。
〔註94〕周汝登，〈與陶太史石簣〉，《東越證學錄》，頁848。
〔註95〕同註91，〈答呂舍人〉，頁437。
〔註96〕袁宏道，〈伯修〉，《袁中郎尺牘》，《袁中郎全集》，頁18。

> 則現今目視耳聽、髮豎眉橫皆可參得明白矣！須知髮不以不參而不
> 豎，眉不以不參而不橫，則禪不以不參而不明，明矣！〔註97〕

而袁宏道也以此標準來評論永明延壽的《宗鏡錄》，他認為永明延壽將「悟」
一事講得太多，反而顯得支離，反而顯示永明延壽的見地不真，他說：

> 永明入處廉纖，欲於文字中求解脫，無有是處。後來念佛淨土，皆
> 因解脫不出，心地未穩，所以別尋路徑，今《宗鏡錄》中所商者甚
> 多，一見當知之。〔註98〕

也因此，陶望齡初參永明此書時，未能契入，也是在意想之中。袁宏道即對
友人說到：「陶周望是真實參禪人，雖未入手，然其進不可量也。」〔註99〕故
陶望齡常與友朋討論此書的內容，例如袁宏道在給陶望齡的信中，說道：

> 石簣寄伯修書云：「近日看宗鏡錄，可疑處甚多，即如三界唯心，一
> 切惟識二語，三歲孩兒說得，八十歲翁行不得。」又問伯修「此事
> 了得了不得？」……但既云「唯心」，一切好惡境界，皆自心限量
> 也，更何須問行與不行，此何異牛肚中蟲，計量天地廣狹長短
> 哉！……了事不了事，此在當人。……孔子曰：「道不遠人，人之為
> 道而遠人，不可以為道。」所為遠人者，遠人情也，知人情之道，
> 則知兄之證聖與一切人之為聖人久矣，又安問了不了哉！〔註100〕

於此，袁宏道指出陶望齡的問題，即是既稱「一切唯心」了，何須再問「行
與不行」或「了不了得」？因為一個人得「悟」與否？是其自身才能了解的，
所謂「自證自悟」的，一切歸諸於自心。冉雲華論說《宗鏡錄》的宗旨時，
談到此「唯心」說，他說：

> 《宗鏡錄》中的唯心哲學，最大的突破點，就是「一心」理論的建
> 立。……在這個體系中，延壽一再說明，客觀及主觀事物，一切皆
> 依於心。心即是性，也是一切事物的根源。從這一根本到現象世界
> 的萬象繽紛，有它的必然之理：一心二義（真與妄），一心作三界（客
> 觀事相及主觀境界，皆由心起），心與現象世界的關係可以用性相、
> 體用、本末、相即等範疇詮釋。這種關係充滿動態，如水之漩洑，
> 起落變化，真妄相即，性相交映，只能通過華嚴思想中的「十玄」

〔註97〕同註96，〈答陶石簣編修〉，頁37。
〔註98〕同註96，〈南屏〉，《袁中郎遊記》，頁16。
〔註99〕同註96，〈王則之宮論〉，頁67。
〔註100〕同註96，〈答陶石簣〉，頁38。

哲學架構，才能意會這種複雜而不可思議的關係。〔註101〕

這說的是華嚴的「一心」包涵著真心與妄心，而皆為心之所造，如果內心有任何的分別存在，即不是此「心」。以憨山德清的話來說即為一段「光景」，他說：

> 即如大慧專教人看話頭，下毒手，只是要你死「偷心」〔註102〕耳！……今人參禪做工夫，人人都說看話頭，下疑情，不知向根底究，只管在話頭上求，求來求去，忽然想出一段「光景」，就說悟了，便說偈呈頌，就當作奇貨，便以為得了，正不知全墮在妄想知見網中，如此參禪，此不瞎卻天下後世人眼睛。〔註103〕

這表達出陶望齡參禪的問題所在，即是有「偷心」，他在給其友的信中，自謂道：

> 齡根器惡劣，「偷心」未忘，雖信慕頗堅而參尋之力覺，屢為世樂所移，近以病歸田間，亦無朋友之助，恐遂淪落。〔註104〕

故而陶望齡對其自身工夫的看法為「去偷心」，如在周汝登的〈越中會語〉記云：

> 先生與石簣陶公及諸友二十餘人游於戈山，隨飲張久及宅，酒闌一友曰：「我輩學問頭腦雖一，方便不同，連日講論已多，亦從人受用，各各當有下手用工處，試言之！」諸友隨有所陳，陳畢。請問陶公，曰：「去偷心」，又請問先生，曰：「孝弟」。〔註105〕

也因大慧及永明書中的「唯心」思想的影響，故陶望齡常說「吾此中終未穩

〔註101〕冉雲華，《永明延壽》（台北：東大圖書公司，1999年），頁144～145。釋聖嚴也同意此看法，他說：「《宗鏡錄》乃是繼承華嚴宗的思想，主唱以一心為終始，以一心圓攝一切法，兼容禪教，融會性相。以一心為宗，統收一切經教，不論生死或涅槃，八識或四智，妄境與真如，均在唯一真心之內，所謂心、佛、眾生，三無差別，僅是為了眾生的根器有利有鈍，所以分別說出相和性。」見釋聖嚴，《明末佛教研究》，頁227。

〔註102〕何謂「偷心」呢？釋聖嚴引靈源惟深的看法說：「靈源惟深禪師主張：『今之學者，未脫生死，病在甚麼處？病在偷心未死耳。然非其罪，為師者之罪也。』又云：『古之學者，言下脫生死，效在甚麼處？效在偷心已死，然非學者自能爾，實為師者，鉗鎚妙密也。』此中所謂『偷心』，便是計較心、分別心、攀緣心、執著心，也就是生死心，死去生死心，始能脫生死。」見釋聖嚴，《明末佛教研究》，頁72。

〔註103〕憨山德清，〈示參禪切要〉，《憨山大師夢遊集》，頁289～290。

〔註104〕同註79，〈奉劉晉川先生〉，其一，頁2198。

〔註105〕周汝登，〈越中會語〉，《東越證學錄》，頁261。

在！」可看出他沒有得到所謂的「道」，而直到陶氏參研南唐李通玄的《新華嚴經論》後，發出「吾從前真自生退屈矣」的感嘆時，相信他是因此而悟入的。魏道儒曾歸納李通玄此書的思想特色，他說：

> 李通玄在多方面繼承了智儼、法藏的華嚴思想，他的獨創學說，集中在三個方面：其一，對《華嚴》經文組織的諸種分類；其二，以《周易》釋《華嚴》；其三，以三聖一體釋佛菩薩的關係。〔註106〕

其中又以第二點及第三點為要，以《周易》釋《華嚴》對陶望齡而言是有其親近性，因為陶氏出自易學名家之門，所以在理解時，較易領會。而所謂「三聖一體」則是李通玄的獨創，魏道儒解釋道：

> 李通玄把三聖並列，要說明三點：其一，三聖代表佛教的全部；其二，文殊與普賢相對於佛是完全平等的；其三，它們各有分工，共同組成一個整體。〔註107〕

「三聖」指的是毗盧遮那佛（根本智）、文殊菩薩（法身智）、普賢菩薩（差別智），而李通玄的華嚴觀即是以文殊菩薩為體，以普賢菩薩為用，此一體用又形成另一相對於毗盧遮那佛的用，也就是說當法身智與差別智合而為一時，即可得到代表佛果的根本智。用王陽明的理論話來說，毗盧遮那佛（根本智）代表「道」、文殊菩薩（法身智）代表「知」、普賢菩薩（差別智）代表「行」。一般的《華嚴經》都以普賢菩薩排位於文殊菩薩之後，而李通玄的作法則將此二者與毗盧遮那佛同列，這表達出三者的重要性是一致的。這顯示了兩個意義：一是抬高「修行」的重要性；一是不論從「行」或從「知」的角度來出發，皆可得「道」。筆者認為這破除了陶望齡心中所存的「分別心」，也使其在修養工夫上，更能圓融而無礙。這可從以下的質疑與回答中看出，如周汝登質疑說：

> 記觀中曾論遷善改過，若明得人，正好用工，尊教所示，豈不諦當。但作止是病，而遷之、改之，何以別於作止，古人立論種種不同，如：嫩安說牧牛，一回入草去，驀鼻拽將回。大慧亦云：「學道人制惡念，當如嫩安牧牛，起時急看，精彩拽轉頭來。」張拙秀才則云：「斷除是病，趨向是邪，拽轉與斷除，能隔多少靈山，會上廣額屠兒立地成佛，獻珠女子彈指成正等覺，此外更有何事。」而圭

〔註106〕魏道儒，《中國華嚴宗通史》（南京：江蘇古籍出版社，1998年），頁163。
〔註107〕同註106，頁177。

峰則云：「眞理即悟，而頓圓妄情息之而漸盡，則是屠兒女子當有未盡之妄情。」牛頭問四祖於境起時，心如何對治？四祖云：「汝但隨心自在，無復對治。」薦福云：「頓明自性與佛同儔」，一云故須對治，將以何語爲是。夫於前語一一明了，方自遷改不差，觀中未盡究竟，乃再伸此問。〔註108〕

周汝登所提出的問題是針對歷來古宿禪師對修養「工夫」的看法，不一而衷，究竟要以那一種「工夫」爲準呢？陶望齡回答說：

竊聞華嚴十信〔註109〕，初心即齊佛智，佛智者，無待之智也，何階級之可言哉！……是故道人有道人之遷改，俗學有俗學之遷改，凡夫於心外見法，種種善惡執爲實有，如魘人認手爲鬼，稚子怖影爲物，遷改雖嚴，終成壓伏。學道人善是己善、過是己過、遷是己遷、改是己改、以無善爲善，故見過愈微；以罪性本空，故改過甚速。顏子有不善，未嘗不知，知之未嘗復行者是也。……大慧亦言：「道學人須要熟處生，生處熟，如何生處，無分別處是。如何熟處，分別處是。到此則過是過，善亦是過，分別是習氣，饒你不分別亦是習氣，直得念念知非，時時改過，始有相應分是眞遷改、是眞改過，是名隨心自在，亦名稱性修行。」先代聖賢所有言說，總不出此，尚何置同異於其間哉！然僕今日之病，則在悟頭未徹，疑情未消，解處與行處、說處與受用處，未能相應。……以此惻惻，

〔註108〕周汝登，〈與陶太史石簣及石梁文學〉，《東越證學錄》，頁 795～797。
〔註109〕所謂「十信」是菩薩五十二位修行中的第一階段十信位，此十信位包括有十種心：信心、念心、精進心、慧心、定心、不退心、護法心、迴向心、戒心、願心。根據楞嚴經的解釋，這十種心的内涵是這樣的：(1)信心：信心是發自圓妙眞心之中，恒常而在，能減盡其他一切相反的妄想雜念或疑心，中道純眞，是名信心。(2)念心：由於信心眞實懇切，不受五蘊，十二處，十八界之隔礙，過去無數世的生生死死，凡所有一切習氣皆重現在眼前，自己能憶念過去世所發生的事。(3)精進心：既然無始以來的習氣能夠通一精明，那麼以此精明繼續用功趨向眞淨之地。(4)慧心：心精現前，純是智慧。(5)定心：此心周遍寂湛，寂妙而常凝。(6)不退：由於定力堅固，使明性能深入發展，只進而不退。(7)護法心：此心能精進不先，與十方諸如來互相交接，互相輔助。(8)迴向心：此心覺明，能再假藉妙力使光影相對，重重相入，反光無盡，如雙鏡相對之反照作用。(9)戒心：安住無爲世界中，一切得無遺失。(10)願心：住戒自在，能遊十方，一向來去隨願而無礙。轉引自開濟，《華嚴禪——大慧宗杲的思想特色》（台北：文津出版社，1996 年），頁 181～182。

居心不寧，老丈何以救之？〔註110〕

陶望齡主要是引用華嚴「理事無礙」的理論，認為硬性規定何種修養工夫為是的看法是錯的，因為每一種工夫即有其本體，所以這可以是「隨心自在」的，也可以是「稱性修行」的。他談所謂的「工夫」：

> 吾輩心火熠熠，思量分別，殆無間歇。行而不及知，知而不及禁，非心體本來如是，蓋緣此路行得太熟耳。今以生奪熟，以真奪妄，非有純一不已之功，何異杯水當輿薪之火哉！然所謂工夫者，非是起心造意，力與之爭，只是時時念念放下去，放不得，自然須有著到。〔註111〕

他說一般人的心中有「思量分別」在，所以無法返回心之本體上去，所以所謂工夫者，並不是要去起一了悟之心、造一了悟之意，而是將所有的念頭皆放下，則總有一天能達此境界。而他給焦竑的信中說到：

> 古人所謂絕學無為者，正功夫最緊密處耳！提話頭、做鈍功，亦是為知，有人設若全不知有，恐日用中亦提掇不起也。知事理不二，即易；欲到背塵合覺，常光現前，不為心意識所使，即不易。伊川、康節臨命時俱得力，若以見解論，恐當代諸公儘有高過者，而日逐貪瞋，已不免縱任，求生死得力，不亦難乎？〔註112〕

「絕學無為」，即是他所說的「非是起心造意」，即為工夫，但一個人在日常生活中不可能完全無知，但只要知道外在的現象與絕對的理，是無分別的，就很容易作此工夫，但是要想達到不為心意識所左右則很難。而陶望齡雖從華嚴思想中了解到「事理不二」的理論，但是他仍有被「心意識所使」的困擾，他在給周汝登的信中說到：

> 向在京師，時苦諸色工夫間斷難守。忽一日，覺得此心生生不息之機，至無而有，至變而一，自幸以為從此後或易為力矣。中亦屢覺知寂知，知古人所訶即此意，純一亦落是中。曾以問蔡槐庭，渠云：「以楔出楔做工夫，人少不得如此。」然亦不能純熟私念，竊謂初習路生耳！繼以專翕之功，庶有進步，近亦屢察其纖曲，不若無義話之直而意中，已稍慣每提撕便現前，持話冷淡，易此甚難。又念

〔註110〕陶望齡，〈與周海門先生〉，其一，《歇庵集》，頁2158～2161。
〔註111〕同註110，〈與我明弟〉，頁2257。
〔註112〕同註110，〈與焦弱侯年兄〉，其十二，頁2383～2384。

陽明先生語「學者能時時當下，即是善學。」做此工夫，覺得直下
便是無從前等待之病，但虛懷不作意即工夫，熾然念慮萌動，乃覺
間斷。故妄謂「生盲人，拄杖一時難放。」此意少便，即是明知故
犯，權以爲拄杖耳。大教深切，敢不痛領，但全體放下，令眞妄二
見，毫髮不生，恐非紛擾心意一時所及，常人聖人且不敢較，而年
過四十，心地未開，每清夜夢回，即慚惶無地；日用間稍失正念，
便手足無措。每羨愚夫愚婦，人人勝我，其舉動念慮，各各輕鬆，
百倍於我。〔註113〕

雖然知道「絕學無爲」的工夫，但是仍然爲心意識所使，故有間斷的情形發
生，對於如何能達到「全體放下，令眞妄二見，毫髮不生」的境界，直至陶
氏四十歲時仍然無法做到。也就是說陶氏對於達此境界的「工夫」如何施爲，
如何時時「保任」此「眞妄二見不生之心」，仍然沒有悟入？他在寫給周汝登
的信中說到：

蒙指示安心的訣，雖粗浮之氣，不能便爾得力，而近亦稍知省力，
一番尋常，妄意以隨順眞心，任諸緣之並作爲行持，觀萬法之自無
爲解脫，自覺頗爲省便，而往往亦致疲勞，豈將心用心，其所謂易
簡者乃煩難耶？抑習之未久，生處不熟耶？舍此又似無所持循，其
持話、持名諸法，又不若此之便不知無大誤否？終年逐逐，幾過半
生。〔註114〕

雖然知道「觀萬法之自無爲解脫」的道理，但仍不能做到，又不知道該用何
法，遂有「終年逐逐，幾過半生」之嘆！

三、念佛持戒

陶望齡對友人說：

常欲求一極便宜、極省力者學之，而便宜莫如學道，省力莫如念佛，
雖行業未純，知解未徹，而此志則堅若石、大若天，萬劫不可磨，
百物不可換矣。〔註115〕

又馮夢禎記曰：「太史（陶望齡）留意宗門而不廢禪誦，每日課彌陀千聲。」

〔註113〕同註110，其二，頁2162～2164。
〔註114〕同註110，其七，頁2170～2171。
〔註115〕同註110，〈與焦弱侯〉，頁2183。

〔註116〕陶望齡也作詩曰:「淨土與醉鄉,相去不盈尺。應多混俗禪,亦遇逃禪友。有士處其間,無非無非是。」〔註117〕但「念佛」如何能「去偷心」呢?憨山德清說:

> 參禪要離想,念佛專在想,以眾生久沉妄想,離之實難,若即染想而變淨,是以毒攻毒,博換之法耳。故參究難悟,念佛易成,若果為生死心切,以參究心念佛,又何患一生不了生死乎!惟此淨土法門,世人以權目之,殊不知最是真實法門。〔註118〕

而湛然圓澄也說:

> 古云:「心迷則生死始,心悟則輪迴息。」子為生死發心,當知參禪為修行之要,其餘不待辨而釋然矣!何則?念佛者,念此心也;看教者,辨此心也;持咒者,護此心也;參禪者,參此心也。〔註119〕

兩位禪師都認定「念佛」也可「了生死」,其目的為「心悟」,而後超脫輪迴,了生死。「參禪」與「念佛」二者,看似為兩種教法,但放在明末「禪淨雙修」的潮流中,則皆視為「了生死」的方便法門,例如:而曾著有《淨土決》一書的李贄就說:

> 或問世間人別執公案,只期參禪悟道,不願往生淨土,何如?答:參禪不礙念佛,念佛不礙參禪。……嗟乎!初心信淺,非他力難以進修,我佛願深,但有緣悉皆攝受,諸仁者從上佛祖立教,開示念佛法門,何況今之禪流,不信往生淨土。凡修淨土者,不礙于參禪,何參禪者乃薄淨土而不修也?〔註120〕

陶望齡曾從李贄那裏得到此書〔註121〕,而明末四大師之一的雲棲袾宏也說到:

> 禪宗淨土,殊途同歸。所謂「參禪」,只為明生死,「念佛」惟圖了生死,而要在一門深入。近時性敏者喜談禪,徒取決於口吻;而守鈍念佛者,又浮念不復觀心,往往雙失之。高見蓋灼然不惑矣,今

〔註116〕同註41,《快雪堂日記》,集一六五,頁6。
〔註117〕同註115,〈題集慶寺僧卷〉,頁134。
〔註118〕憨山德清,〈示西印淨公專修淨土〉,《憨山大師夢遊集》,頁418。
〔註119〕圓澄,《湛然禪師宗門或問》,《會稽雲門湛然禪師語錄》,收錄在《禪宗集成》,頁15478。
〔註120〕李贄,〈宗本答問〉,《淨土決》,收錄在《淨土全書》十六冊(台北:臺灣印經處,1972年),頁495~496。
〔註121〕李贄,〈復陶石簣〉,《續焚書》,頁7。

惟在守定而時時切念勿忘也。〔註122〕

因此，陶望齡也持此「淨業」，並且廣爲推行，如他在〈淨業要編序〉云：

> 予游燕時，有客過其舍，盛色昌辭，排淨土之妄。予曰：「今天地萬
> 物，森羅昭列，子信謂有乎？」曰：「然。」曰：「記有言：『人者，
> 天地之心』，則今所謂世界者，豈非吾心爲之耶？」曰：「然。」曰：
> 「心土一也，心淨土淨，心穢土穢，如形俯影有曲直，子信現境之
> 有，□來報之無，執穢界之實，指樂邦之虛。譬病傳知影曲，而不
> 知其直也。」又有客疑持名爲未足者也！予曰：「古佛所垂，一一方
> 便，皆如神丹。虛實寒熱之病，靡不療；攻治補瀉之法，靡不攝。
> 隨信一門，皆可直入。夫淨業者，又丹中之九轉也，子如導之以信
> 願，加之以純固，則六度萬行，參求觀練，悉具是矣！」二客皆以
> 爲然。〔註123〕

陶氏也於雲棲株宏座下受「菩薩戒」〔註124〕，此種方法的提倡應與永明延壽
的思想有關〔註125〕，而他也參與了雲棲株宏所倡的放生活動〔註126〕。故此
「念佛持戒」的行爲，普遍爲陶望齡輩所採行，如陶氏在給焦竑的信中，引
黃輝言說到：

> 慎軒書來云：「丈（焦弱侯）近來皈淨業，極其精勤，慎軒亦受戒持
> 誦甚力，弟雖未受戒而行業略如之，可謂異地一心矣！在他生爲親
> 近之津梁，在今日爲助發之資具，願交勉焉！」〔註127〕

而這「念佛持戒」的行爲也與當時的「狂禪」之盛有關，例如袁中道云：

> 然近日狂禪熾盛，口譚現成一切無礙者，頂背相接，與其豁達空，
> 以撥無因果，眞不如老實修行念佛持戒之爲妥當也。〔註128〕

〔註122〕株宏，〈答袁滄孺治中廣晏〉，《雲棲大師遺稿》，頁31～32。

〔註123〕陶望齡，〈淨業要編序〉，《歇庵集》，頁337～338。

〔註124〕黃輝云：「陶周望同年眞兄弟，今復作法門畏友。……得親寶所，受持菩薩大
戒。」同註122，〈答四川黃慎軒太史〉，頁17。

〔註125〕見冉雲華的討論，《永明延壽》，頁178～190。

〔註126〕放生的活動實與其「了生死」有關，如袁宗道說其參與之由：「若果于此一大
事了卻，糞艸堆頭拾得無價寶，世間苦樂，何足道哉！吾比來亦切此事，但
參話頭工夫難得純一，又念世間浮解，恐無益于將來，更作小小功德。……
黃慎軒、蕭玄圃諸公亦相倣效，每月朔望，放生不可勝紀。」見袁宗道，〈寄
三弟〉，《白蘇齋類集》，頁489～490。

〔註127〕同註123，〈與焦弱侯年兄〉，其七，頁2376。

〔註128〕袁中道，〈創立黃柏庵田碑記〉，《珂雪齋前集》，頁1668。

關於所謂「現成無礙」的意思，焦竑說道：

> 近世一種談「無礙禪」〔註129〕者，一知半解，自謂透脫，至其立身
> 行己，一無可觀，畢竟何益！此正小人而無忌憚者。〔註130〕

由此可知其內容。袁宏道更詳細描述當時的參禪現象，他說：

> 禪有兩種：有一種狂禪，於本體偶有所入，便一切討現成去。故大
> 慧語李漢老云：「此事極不容易，須生慚愧始得，往往利根上智
> 者，得之不費力，遂生容易心，便不修行，多被目前境界奪將去作
> 主宰，不得日久月深，迷而不返，道力不能勝業力，魔得其便，定
> 爲魔所攝持，臨命終時，亦不得力。」……此病近於高明者，往往
> 蹈之。又有一種不求悟入，唯向事上理會，以念佛習定爲工課，纔
> 見人提起向上一著子，便要抹去，見執法修行者，則讚歎。見心上
> 乾乾淨淨，灑然不掛一事者，反以爲不修行，而疑之、謗之，此等
> 雖外面無綻可摘，其實心火熠熠，如欠二稅，百姓相似，至于遮障
> 宗乘害佛慧命，亦終爲地獄種子而已。蓋凡近于沈潛又往往坐此病
> 也。余游天下所見者，大都不出此二種，而執法修行不求悟入一
> 病，尤爲近來無靈根者之所脫逃。〔註131〕

袁氏指出當時的禪法有兩種：一是重悟不重修，另一種重修不重悟。而「狂
禪」即是第一種，而此看法，陶望齡雖未直接提及但也有相似之論，他說：

> 萬曆丁酉（1597），余與吳令袁中郎游天目，禮三祖師塔，徘徊幻住
> 開山之間，信宿而去，因相與歎，宗風墜地，佛祖正令不行於世，
> 深心正定之士蓋鮮，一二淺薄者，初獲相似解，纔若電光，而狂蕩
> 四走，誤己賺人，名曰：「提持」，實爲五宗蟊賊。……生死大事，
> 佛祖大機，祇供癡兒戲劇，道之不明，未有如今日者。〔註132〕

〔註129〕此「無礙禪」應是「華嚴禪」，如鮑性泉說：「乃今之稱圓頓者，無事亦無
理，不持戒念誦，亦不習定觀空，不斷煩惱無明，亦不達萬法根本，一解千
從，茫無實證。傚乎『事事無礙』，實乃放縱六情，見脩持勤苦者笑爲有
漏，遇觀空習定者斥爲小乘，恣行貪慾，謬飾大乘，不避因果，駕稱『無』
礙，以持戒行善爲凡小，則破戒行惡反爲菩薩矣！恐圓頓未必如是也！」見
鮑性泉，〈事理融通乘戒兼急〉，《天樂鳴空集》，《大藏經補編》（台北：華宇
出版社，1984 年），卷中，頁 660。

〔註130〕焦竑，〈古城答問〉，《澹園集》，（北京：中華書局，1999 年），頁 736。

〔註131〕袁宏道，〈論禪〉，《黃檗無念禪師復問》，《大藏經補編》（台北：新文豐出版
公司，1987 年），頁 751。

〔註132〕陶望齡，〈聯峰上人荊庵疏〉，《歇庵集》，頁 1837～1838。

此論也描述出當時「禪」法修行的問題，顯示出當時佛教的流弊。故針對「狂禪」之盛的問題，就有一些著作的出現來矯此弊病，如袁宗道說：「《西方合論》（1599）弟中郎箴諸『狂禪』而作也。」〔註133〕袁宏道說其作此書之由：

> 今之學者，貪嗔邪見，熾然如火，而欲人解縛，何其惑也？余十年學道，墮此狂病，後因觸機，薄有省發，遂簡塵勞，歸心淨土。禮誦之暇，取龍樹、天台、長者、永明等論，細心披讀，忽爾疑豁，既深信淨土，復悟諸大菩薩差別之行，如貧兒得伏藏中金，喜不自釋。會愚庵和尚與平倩居士，謀余裒集西方諸論，余乃述古德要語，附以己見，勒成一書，命曰《西方合論》。〔註134〕

從此可知，袁宏道早年也有此「狂禪」之病，後來才歸心淨土，又鮑性泉的《天樂鳴空集》（1610）之作，也受此書的影響，明末四大師之一蕅益智旭即說：

> 爾來禪門僭濫，不忍見聞，無論果證絕響，雖路頭端正者，亦不易得。每每中夜痛哭流涕，故獨於袁石公之《西方合論》，深生隨喜，謂之空谷足音。……（鮑性泉）復肆志于華嚴合論、大乘止觀、傳燈宗鏡諸錄，併與湛然禪師往還，乃皈依雲棲大師，坐脫超登蓮土。……其立論大約以行解合一為宗，以悟後修行為正，蓋深得《合論》之旨，肩悟《宗鏡》之門，堪與末世狂禪為頂門針，無怪乎狂禪惡其害己，反謗為別一路頭耳！〔註135〕

而陶望齡雖未對當時「狂禪」之盛有其直接的看法，但從其對「悟（證）」與「修」的看法中略知其想法，他在〈證修社會跋語〉說：

> 耳聽目覽之謂證，手持足運之謂修；耳目不以不證而不明，手足不以不修而不利。然非修而證，則未虧聽覽，而有聾瞽之虞；非證而修，則未廢持行，而抱痿痺之病。然則證者證無證，修者修無修，未嘗剋證而言無證，未契真修而言無修者，狂與惑也。……夫世之以修疑證，以有修有證疑無修無證也，久矣！〔註136〕

〔註133〕袁宗道，〈雜說類〉，《白蘇齋類集》，頁700。

〔註134〕袁宏道，《西方合論》，蕅益大師選，《淨土十要》（高雄：佛光出版社，1980年），頁468～469。

〔註135〕蕅益智旭，〈天樂鳴空集序〉，鮑性泉，《天樂鳴空集》，《大藏經補編》，頁629。

〔註136〕陶望齡，〈證修社會跋語〉，《歇庵集》，頁2040～2041。

「未契眞修而言無修者，狂與惑也。」指得就是「狂禪」，也就是說陶氏也認同袁鮑諸人的看法。在當時不僅「狂禪」盛行，還有更嚴重的現象，那即爲「小根魔子」的存在，袁宏道在給陶望齡的信中說到：

> 近有小根魔子，日間挨得兩餐饑，夜間打得一回坐，便自高心肆臆，
> 不惟白蘇以下諸人遭其擯斥，乃至大慧中峰亦被疑謗。此等比之默
> 照禪，尚隔天淵，若遇杲公，豈獨唾罵喝叱而已。弟往見「狂禪」
> 之濫，偶有所排，非是妄議宗門諸老宿，自今觀之，小根之弊，有
> 百倍于狂虛者也。〔註137〕

袁宏道談到當時有比「狂禪」更加嚴重的現象，那就是說有所謂「小根魔子」的存在，而這些人的特色即爲靜坐參禪、呵斥佛祖，就說已悟入，比一味只求悟入，不重修行的狂禪，更令人厭惡。也因爲袁陶諸人對於「修行」的看法，趨於禪淨雙修，故他們批判只重悟入的修行態度，其中包括其師友，如袁中道對李卓吾就有批評，他說：

> 與雲浦論學，大約頓悟必須漸修，陽明所云：「吾人雖漸悟自心，若
> 不隨時漸修工夫，蝕骨凡胎無由脫化。」是眞實語，卓吾諸公，一
> 筆抹煞，此等即是大病痛處。〔註138〕

而對專重「淨土」者也有批評，如袁中道在其兄袁宗道傳記云：

> 當是時海內譚妙悟之學者日眾，多不修行，先生深惡圓頓之學爲無
> 忌憚之所托宿，益泯解爲修，同學者矯枉之過，至食素持珠，先
> 生以爲不可，曰：「三教聖人根本雖同，至于名相施設，決不可相
> 濫。」〔註139〕

袁宗道認爲雖說儒佛根本爲一，但是其教法則不可相濫，這也顯示出當時佛教的風氣盛行於儒者之間。

在「良知了生死」的目標下，陶望齡輩用「以禪銓儒」的方法，提出「華嚴禪」的本體論與「看話禪」的方法論。但這種「禪」法的修行，引起了「狂禪」之弊，故陶望齡輩在方法論中，又加入「念佛」的法門，期望以此矯此狂病，而此參禪不礙念佛、念佛不妨參禪的「禪淨雙修」論，是一種「上乘」兼修「中下乘」的想法。陶望齡在其過世前時，看到王時槐寫給楊起

〔註137〕袁宏道，〈答陶周望〉，《袁中郎尺牘》，《袁中郎全集》，頁69。
〔註138〕袁中道，《遊居柿錄》（上海：上海遠東出版社，1996年），卷八，頁195。
〔註139〕袁中道，〈石浦先生傳〉，《珂雪齋前集》，頁1583～1584。

元的信時，說此信「是可爲學鵠」，由此也可窺知陶氏的最後定見爲何？信中云到：

> 第精義微言，則友朋中時有攜尊刻而垂示者，亦幸莊誦而私淑其萬一矣！惟老先生卓見道體，洞徹先天，信手拈來，盡情透露，使後學一聞指誨，果信得及，則宿障頓開，一種扭捏纏縛舊習，當下解脫，眞可謂太陽銷冰金鎞刮翳之神力矣。顧鄙劣尤有慮者，以人性雖善，而宿生垢染，誰則無之，且畏難樂徑，亦常情使然，倘其間聞教不善領會，或未免掠虛爲悟，動以準繩爲桎梏，修證爲下乘，此在高明之士乃有此失，甚至毀戒潰防，妄稱妙用，即於世道不無可憂，不識老先生亦可以上乘兼修中下之說，預塞其流弊否？〔註140〕

觀信中所言，即是陶望齡輩所採行「上乘兼修中下乘」的教法，故亦可以此確定陶望齡的最後定見即爲此。

第四節　文學：「以禪詮儒」的表達

　　袁宗道曾著有《海蠡編》，來「以禪詮儒」，以合兩家之旨，但陶望齡則無此類著作，然而陶望齡對是以「文學」的型式，來表達他「以禪詮儒」的想法，故筆者透過他對「文學」的說法來說明他的作法。但在進入「文學」內容的探討時，筆者要先說明陶望齡對王陽明「良知說」的看法，因爲這是他往後論說文學的基礎。

　　陶望齡對「良知說」的看法，表達在以下兩文，他在〈重修勳賢祠碑記〉文中說道：

> 道之不明於天下也，事事而道道也。事事則道妨事，道道則事妨道，於是有去、有就、有伸、有絀，賓實擯虛，交瘉而迭勝。不知事者道之事，道者事之道，道之外必無事，事之外必無道，不可二也。是道也，堯謂之中，孔謂之仁，至陽明先生揭之曰良知，皆心而已。中也，仁也，心之徽稱乎！詔之以中而不識何謂中，詔之以仁而不識何謂仁，故先生不得已曰良知。良知者，心之圖繪也，猶不識火而曰炎也，不識水而曰涇也，體用內外，理事道器，精粗微顯，皆

〔註140〕王時槐，〈答楊復所大司成〉，《塘南王先生友慶堂合稿七卷補遺一卷》，《四庫全書存目叢書》（台南：莊嚴文化公司，1997 年），集一一四，頁 190～191。

> 舉之矣。……先生躬挺上智，窮微極深，豁然頓獲本心於憂患艱貞
> 之際，其道以「不學不慮」爲宗，故千變萬容而常虛，以格物爲用
> 故寥焉，無一事而常實，明此之謂「道德」，抒此之謂「詞章」，舉
> 而措之天下之民謂「事業」。〔註141〕

陶望齡用華嚴「理（道）事無礙」的理論，來闡釋所謂的「道」，即是王陽明
的「良知」，又說此「良知」即是「心」；而認定王陽明的宗旨是「不學不慮」，
如能了解此「不學不慮」的宗旨，並且抒發之就是「詞章（文學）」。於此，
可以知道陶望齡對文學的看法，是以王陽明「良知說」爲標的的。而他在〈重
修陽明先生祠碑記〉文中，則說到何謂「良知」，他說：

> 夫自私用智，生民之通蔽也。自私者，存乎形累；用智者，紛乎心
> 害；此未達於良知之妙也。混同萬有，昭察天地，靈然而獨運之謂
> 知；離聞泯睹，超絕思慮，寂然而萬應之謂良；明乎知而形累捐矣，
> 明乎良而心害遣矣，「良知」者所以爲人而遠禽與鬼之路也。〔註142〕

他說明乎知則不自私，明乎良則不用智，也就是說「良知」之妙，即是「情
識不行」的境界，即爲「無思無爲」的境界，符合王陽明「不學不慮」的宗
旨。也因此他對友人說道：

> 弟臆說耳，然深信百姓日用處，即聖神地位處；聖神地位處，即學
> 者入手處。何者？無思無爲，不容有二也。〔註143〕

綜而言之，要得「道」，即要此「良知」「無思無爲」，即是「情識不行」的意
思。換句話說，也就是得「道」，就是要「心」達到一種「真妄不生」的境
界。換句話說，陶望齡認爲文學即是要表達此「無思無爲」、「情識不行」的
境界，而他採用的方式，即是透過明代最盛行的文體──古文詞，來闡述他
的想法。

一、型式：古文詞

《明史·文苑傳》說道：

> 弘正之間，李東陽出入宋、元，溯流唐代，擅聲館閣。而李夢陽、
> 何景明倡言復古，文自西京，詩自中唐而下，一切吐棄，操觚談藝
> 之士翕然宗之。明之詩文，於斯一變。迨嘉靖時，王愼中、唐順之

〔註141〕同註136，〈重修勵賢祠碑記〉，頁896～897。
〔註142〕陶望齡，〈重修陽明先生祠碑記〉，《歇庵集》，頁906～907。
〔註143〕陶望齡，〈與幼美兄〉，其四，《歇庵集》，頁2261。

輩，文宗歐、曾，詩倣初唐。李攀龍、王世貞輩，文主秦漢，詩規
盛唐。王、李之持論，大率與夢陽、景明相倡和也。歸有光頗後
出，以司馬、歐陽自命，力排李、何、王、李，而徐渭、湯顯祖、
袁宏道、鐘惺之屬，亦各爭鳴一時，於是宗李、何、王、李者稍
衰。〔註144〕

以上大致說明了明代中後期「復古運動」〔註145〕的發展，在此復古運動的背
景下，陶望齡年十七時，即與外兄謝開美研讀古文詞，不過所謂中原前後七
子的復古文論則非其所好。而陶望齡的文章早在其登第前，即以名於世，其
座師李庭機在〈陶君制義序〉謂：

已而，得寓目其平日制義，大都風骨如南宮牘。蓋君之舉乙酉，亦爲
義經第一人。居恒有吐必奇，文辭非六經兩漢語不道也，同行之士推
爲先。登長安中，諸公未放榜時，則人人前矛會稽陶生矣。〔註146〕

而陶氏登第後，「時同館中詩文推陶望齡，書畫推董其昌，輝詩及書與齊名。」
〔註147〕馮夢禎也稱其制義爲「後來之秀」〔註148〕，而究竟爲何其所爲詩文制
義會得此高名呢？於此，必須先瞭解當時士人對詩文制義的看法，當時士人
于愼行（1545～1608）有云：

學術不可不純也，關乎心術；文體不可不正也，關乎政體。今之文
體當正者三，其一，科場經義爲制舉之文〔註149〕；其一，士人纂述
爲著作之文；其一，朝廷方國上下所用爲經濟之文。制舉著作之文，
士風所關，至於經濟之文，則政體污隆出焉，不可不亟圖也。然三
者亦自相因，經濟之文由著作而敝，著作之文由制舉而敝，同條共
貫則一物也。……故欲使經濟之文一出於正，必匡之於制作，欲使
著作之文一出於正，必端之於制舉，而欲使制舉之文一出於正，反

〔註144〕張廷玉等，《明史》（北京：中華書局，1995年），頁7307。
〔註145〕「在中國文學發展史上，明確以復古爲口號的文學思潮有四次，即唐初陳子
昂倡導的詩文復古運動；中唐韓愈柳宗元倡導的古文運動；北宋梅堯臣、歐
陽修等倡導的詩文復古運動及明代的復古運動。」見廖可斌，《復古派與明代
文學思潮》（台北：文津出版社，1994年），頁1。
〔註146〕李庭機，〈陶君制義序〉，《李文節集》（台北：文海書局，1970年），頁1540
～1541。
〔註147〕張廷玉等，《明史》，頁7394。
〔註148〕同註41，〈答費學卿〉，集一六四，頁602。
〔註149〕此制義又稱時文，見鄺健行，〈明代唐宋派古文四大家「以古文爲時文」
說〉，《香港中文大學中國文化研究所學報》第二十二期（1991），頁219。

之於經訓而後可也。〔註150〕

這顯示出詩文的標準溯源至「制義」時文上，而其內容爲何呢？錢謙益（1582～1664）曾把此制義時文分成三種：「舉子之時文」、「才子之時文」、「理學之時文」，陶望齡被其歸類於「舉子之時文」中，錢謙益謂：

> 何謂舉子之時文？本經術、通訓故，析理必程、朱，遣詞必歐、蘇，規矩繩尺，不失尺寸。開闔起伏，渾然天成。自王守溪以迄於顧東江、汪青湖、唐荊川、許石城、瞿昆湖，如譜宗派，如授衣缽。神聖工巧，斯爲極則。隆萬之間，鄧定宇、馮開之、蕭漢沖、李九我、袁石浦、陶石簣諸公，壇宇相繼，謂之元脈。〔註151〕

由此可知，制義時文的內容是以經書爲本、道理尊程朱，其形式則是以歐陽修、蘇東坡的標準爲規矩。學者郭紹虞曾提出一看法，他認爲：

> 在明代的復古潮流中，又有學者主持之復古與文人主持之復古。……至文人主持之復古，再有秦漢與唐宋之分，但無論宗秦漢或宗唐宋，要之都重在文章形貌的方面。惟學者主持之復古，則文以唐宋爲歸，學以義理爲宗，形式之外兼及內容。〔註152〕

綜而言之，陶望齡的文學趨向，應可歸爲學者主持之復古一派。而其古文詞基礎則來自於家學，他說：

> 陶氏世受《春秋》，而自吾曾大父以還獨傳《易》。……今科舉之文既於古體相遠，繩墨維繫，不可少轉動，而《春秋》義獨稍別爲一格，能者得自恣爲奇，誅褒鍛鍊，離合歙張，有筆得以盡其險健嚴峭之致，其文尤近古而易善。然才弱者愈不可勉強而至，則又難矣！余同年豫章劉幼安精康侯之說，每以余不素習爲恨，顧余豈能而不爲者乎？余族人之受《春秋》者，其尤謇拙不能強記，往往去而徙業，若余者，正得全其拙耳！〔註153〕

雖然陶望齡謙虛地說其自拙，但這也多多少少打下他文學的基礎，否則他的文名不會早盛。而當其登第後，對於文學的關注點仍是在制義時文上，他曾觀察到說：

〔註150〕于愼行，〈詩文〉，《穀山筆塵》（北京：中華書局，1997年），卷八，頁84。
〔註151〕錢謙益，〈家塾論舉業雜說〉，《牧齋有學集》（上海：上海古籍出版社，1996年），卷四十五，頁1508。
〔註152〕郭紹虞，《中國文學批評史》（台北：明倫出版社，1972年），卷下，頁142。
〔註153〕陶望齡，〈春秋義小引〉，《歇庵集》，頁2026～2027。

予自通籍來，經生制舉之文略巳再變。壬辰戊戌（1592～1598）之
間，文士務極才力，旁摭廣騖，庶幾乎浩瀁無涯涘之觀；而佹法毀
方，浮濫不泚，往往有之。至辛丑（1601）後，其能者率刊華吐腴，
相高以理，相矜以態，其流又纖儉寒弱，不復振舉，人第見夫潦水
清爲可愛歆，不知繼以消縮，且趣於竭也。今之經義，猶古之詩歌
也，其盛衰皆足以觀世。……是故言文體，今日宜振其弱態，以強
其神幹，有是人焉，世運將賴之。〔註154〕

強調「經義時文」的好壞，關乎於一國的盛衰，這也是「文以載道」的觀念。
而現今的時文的型式及內容已不符其標準，陶望齡的標準則是以「六經」爲
基礎，故他說：

所言即所用，所用即所明，施之成務而即謂之道，語之成文而即命
之經，道德政事文章之塗，常出於一，取之有要故不煩，爲之有方
故一成，而後世無以尚焉。……明典一以經術設科，而帖括俳偶所
詣彌下，弘正間，修詞家蔚起，吐棄故爛，更命古學，於是古文經
義之文，又判然爲二矣。然唐宋巨家，取法庬材，皆元本六籍，金
陵眉山輩，雖名爲文章士，而精討創構其勤過於老宿，以故，其所
著醞涵浩博，往往可誦。近之君子，其爲經義高雅而已，古業剗攘
而已，其專不及漢儒，以博又遠遜唐宋，當治精既不暇古業，爲古
業又不暇求本於六經，闌市集潦，積薄流淺，佻而鄙儉，蓋經術藝
文之道，至此而交受其敝。〔註155〕

他說明古之「道」是表達在「經」中，而明代雖以「經」設科，但是到了弘
正期間，興起了復古運動，但這卻把「古文」與「經義」判分爲二。也就是
說這運動雖有古文的外在型式，卻丟棄經義爲其內容的基礎，而一味地抄襲
古文的型式罷了，「道」的意涵已經不見了。陶望齡認爲唐宋八大家雖說不是
以經義取勝，但是他們的爲文的立論基礎，卻都以六經爲主，仍有「道」的
存在。而六經的重要性在於它非爲「有意之言」也，陶望齡說：

夫六經語孟，非有意之言也。所謂經生者，證之吾心而已。離心而
求之章句則遠；離章句而求之傳註則又遠；繫之以格法而傳註又遠；
蕩佚於子史古文以爲詭而格法又遠；手捫耳訛公相傳蹈而古文又

〔註154〕陶望齡，〈《戴太圓制義》序〉，《歇庵集》，頁441～442。
〔註155〕同註154，〈《潛學編》序〉，頁364～366。

遠，持此五遠而欲以觀文考質，不亦難耶！〔註156〕
故從以上可知陶望齡對制義時文的看法：一是時文之好壞關乎時代盛衰；二是時文的好壞應取決於其內容而非外在型式；三是他對當時的文壇提出重本的呼籲，也就是強調內容的重要性；四是他提倡以唐宋八大家文章為標準，因為此八大家的文章皆本之六經而發，而六經是非「有意之言」。而這四點的焦點，事實上皆集中於文章的「內容」上，而陶望齡對內容的看法是與其理學思想相關的，陶氏尊循王陽明「不學不慮」的良知說來作為其立論的基準而此「不學不慮」的宗旨，即是為文須出於「無意」，也就是非有意、非刻意。

二、內容：無意之意

在對內容的重視及對型式的批評方面，陶望齡認為任何的型式皆要以其內容為準，也就是說不管型式為何，重要的是必須能充份地表達「己意」為第一考量。而此「意」則必須出於自然，出於「不學不慮」，無任何的刻意之心，這就是「無意之意」。陶氏對此旨的表達是以批判「型式」問題來展開的，他在題門人稿時說：

> 予生平喜人讀古書而憎襲其語，每誚之曰：「女食生物不化耶！」然學者安其陋，更相誤以為新奇而文體日下。……夫士習不可挽，文體不可正者，何哉？下不明而上不信也，上所謂勦襲庸熟，而下反謂奇，禁之則曰：「黜奇」。有所取而不能無所略，則曰：「上固好也。」而謬我不知彼所指者，主司固嘗譽之，而特不可棄耳！吾願從事斯文者，開胸探腸，一一己出，毋徒寄人廊廡下，食其唾，其為平與奇，且勿論焉！〔註157〕

對於當時人注重「古典型式」而不注重其「內容」，反而認為能用「古典型式」為文為「新奇」，故士人競相學習模仿，對於「內容」則不注重。陶望齡對此提出「內容」須是「一一己出」的看法，也就是強調文章內容的重要，所以他對當時論文章時採取「奇平」二路來分好壞的看法，提出其看法：

> 今人不曉作文，動言有奇平二轍，言奇言平，詿誤後生。吾論文亦有二種，但以內外分好惡，不作奇平論也。凡自胸膈中陶寫出者，

〔註156〕陶望齡，〈吳越菁華錄序〉，《歇庵集》，頁 427～428。
〔註157〕陶望齡，〈題門人稿〉，《歇庵集》，頁 2015～2016。

是奇是平爲好；從外剽賊沿襲者，非奇非平，是爲劣。……自古不新
不足爲文，不平不足爲奇，鎔范之工歸於自然，何患不新、不古、
不平、不奇乎！〔註158〕

文章的好壞應取決於「內容」是否來自己意？也因此陶氏批評當時文人一
味盲目地追求「復古」，而忘記作文的眞正目的。所以他提出孔子「辭達」之
說：

儒者論文宜折衷孔子，孔子曰：辭達而已矣。夫意鬱而不宣，而後
有辭，辭取達意而止，此萬世脩詞宗旨也。六經之文炳焉與日月並
懸，寧獨以辭工哉？……夫惟以達意爲主，則雖欲不棄古，而有所
不能，故爲文而型古，求其戶牖明而塗徑近，舍八家無由也。……
夫八家於秦漢子史，其工否吾不能知，顧其所據者經，其所傳者六
藝之遺旨，而其體裁事情於今時爲近也。夫諸子詭而不經，吾以爲
不如八家之正也；左國史漢敍而少議，吾以爲不如八家之備諸體也。
子史之至今傳者，以其能達意，今至於無意可達，而徒剽其詞，吾
以爲舉世之癖，非沈潛八家弗療也。〔註159〕

在此文中陶望齡不但說明其對「文意」的重視，也以此解釋他爲何要提倡唐
宋八大家的原因：「夫惟以達意爲主，則雖欲不棄古，而有所不能，故爲文而
型古，求其戶牖明而塗徑近，舍八家無由也。」這說明了作文章須以「達意」
爲第一考量，不論是否以「古文」爲其型式，而唐宋八大家的文章就符合此
標準。當然陶氏並非一開始就認同唐宋八大家的看法，在陶氏初登進士第
時，與其弟書中言到：

吾向時爲流俗所註誤，意亦薄唐宋以下文，今略看之，多所賞愜，
以此爲小進益。吾弟讀古書能得其符會處，千花萬章，總出一杼，
則知白雲黃澤，即令山歌科斗，篆籀法同行草，尚何古文時義之別
乎？不通古而欲襲今，如拾人敗繪，可作錦段否？〔註160〕

而其對唐宋八大家的重視，可從其論文時常引其說看出，他說：

韓退之教人爲文必自己出，而歸本於養氣，其言曰：「氣猶水也，文
浮物也，水盛而物之巨細畢浮，文猶是也。」夫瀚焉而溢，氾焉而

〔註158〕陶望齡，〈登第後寄君奭弟書〉，其三，《歇庵集》，頁2338～2339。
〔註159〕同註158，〈八大家文集序〉，頁315～320。
〔註160〕同註158，其五，頁2343～2344。

> 浮者，是豈有爲之者哉？莫爲而爲之，此文之至妙，而退之所謂必
> 己爲者歟！〔註161〕

「莫爲而爲之，此文之至妙」這說的是不爲乃眞爲也，就是說作文章的重點
在於不刻意而爲，才是好文章。他也說道：

> 古人之爲文，其取夫稱心而卑相襲也皆然，己無契乎獨知，而古是
> 摹，雖程意襲矩，猶謂之盜，況翦翦文句之末哉！韓退之曰：「古之
> 爲詞必己出，降而不能迺剽賊。」嗚呼！何其陋也！且贈遺題目之
> 文非古也，自唐宋作者，尚或縱奪自持，降此其不附人而發者蓋鮮，
> 至今日靡靡矣，而輒宋駕唐奏漢自命者，何多耶！夫舍情與詞則無
> 文，剽古而依今，詞則歸諸古人，惜則傳諸流俗，己不一與焉，而
> 謂之文，吾且得信之乎？〔註162〕

引韓愈之言來突顯當時重型式之弊，而對其他諸家又曾言到：

> 南宋有陸放翁者，山陰人，其詩在高岑之間，雖不及蘇歐，自餘宋
> 人，舉無其敵，平生作萬首詩，今所傳渭南集，不過十一，雋永道
> 拔，七言尤爲勝絕。蕞爾之地，前有務觀，後有文長，亦云盛矣。
> 然今人尚不知有陸，況於徐耶！〔註163〕

對陸游的重視，不但從此文可以得知，陶氏還作有《批選陸務觀表啓》一書。

由於對「文意」的重視，故任何能充份表達此「文意」的型式，陶氏認爲皆
可採用，他說：

> 文有意到，有語到，古之人蓋亦有意至而語未至者矣。夫瞭然於心
> 胸之間，而詞不能宣，故繁而不約，偏而不圓，繁似博，偏似奇，
> 凡博與奇者，亦古人之病也而其善不在焉。今之效爲古詞者，烏能
> 詞哉？詞者，意之極，而淡者，詞之極也。其入深者，其出必淺，
> 其造端也甚難，其成章也似易，不知者率然而讀之，未能知其工
> 也。〔註164〕

爲古文詞的最高境界是「淡」，而此「淡」之來，須「意之極」，當然此「意」
須是「無意之意」。故他曾說：

> 文之平淡者，乃奇麗之極。今人千般作怪，非是厭平淡不爲，政是

〔註161〕同註158，《羅澄溪制義》序〉，頁438～439。
〔註162〕同註158，〈方布衣集〉序〉，頁390～392。
〔註163〕同註158，〈與袁六休〉，其二，頁2181～2182。
〔註164〕陶望齡，〈湯君制義引〉，《歇庵集》，頁2029～2031。

不能耳！來書云：「心厭時弊，思力洗之。」甚喜！但不可失之枯寂，
恐難動人目，此是打門瓦子，亦不可大認眞，切忌舍奇麗而求平淡，
奇麗不極則平淡不來也。〔註165〕

這裏的「奇麗」即是說文章的型式，陶望齡認為文章的型式如果是出乎無意
而為，卻又能表達出奇麗的外貌，即是好文章，因為此外貌下為一「平淡」
的心。也因此陶望齡常以奇怪的型式來作文章，例如他曾提出「偏至」之說，
他說：

劉邵志《人物》嘗言：「具體而微謂之大雅，一至而偏謂之小雅。」
蓋以詩論人耳，予嘗覆引其論以觀古今之所謂詩辭，求其具體者不
可多見，因妄謂自屈宋以降，至於唐宋期間，文人韻事大抵皆小雅
之流，而偏至之器。惟人就其偏而後詩之大全出焉！……吾觀唐之
詩，至開元盛矣，李、杜、高、岑、王、孟之徒，其飛沈舒促，濃
淡悲愉，固已若蒼素之殊色，而其流也，抑又甚焉元、白之淺也，
患其入也；而郊、島則惟患其不入也；韋、柳之沖也，患其盡也；
而籍、建則惟患其不盡也；溫、許之冶也，患其椎也，而盧、劉則
惟患其不椎也；韓退之氏抗之以為詰崛；李長吉氏探之以為幽險。
予於是歎曰：詩之大至是乎！偏師必捷，偏嗜必奇。諸君子者殆以
偏而至，以至而傳者，與眾偏之所湊，夫是之謂富有；獨至之所造，
夫是之謂日新。……蓋望齡之持論夙如此。〔註166〕

引用唐宋諸家的文章來立論，他認為為詩必偏而全，這是因為他們為文都以
表達己意出發，對於外在型式則不同於當時，也因此造就他們的詩文都獨豎
一格，無模仿之弊。

　　由於理學思想的影響，陶望齡承襲王陽明「不學不慮」之旨，故透過古
文詞來表達他的文學觀，而此古文詞的採用，一方面來自他的家學與環境的
影響，一方面則是因當時復古運動的流弊。在當時士人競相模仿抄襲古文詞
的型式，而其內容卻是矯偽虛飾，故他用王陽明的思想作為他對文學內容的
詮釋來源，他認為文章須出己意，而此意則是出乎自然、出乎無意，而此「無
意之意」的範本即為唐宋八大家，因為他們的文章不但都是出乎己意，文論
基礎也奠基於六經，仍有「文以載道」的意涵，於世道有益。而為了表達此

〔註165〕同註164，〈甲午入京寄君奭弟書〉，其一，頁2344。
〔註166〕陶望齡，《《馬曹稿》序》，《歇庵集》，頁372～377。

「無意之意」，他對任何行古文型式都是以能表達此「無意之意」為標的，故他提出「偏至說」，來作為其作古文詞的想法。但是此「偏至說」也導致其文章之誨澀難讀，如王夫之說：

> 比閱陶石簣文集，其序記書銘，用虛字如蛛絲冒蝶，用實字如屐齒黏泥，合古今雅俗，堆砌成編，無一字從心坎中過，真莊子所謂：「出言如哇」者，不數行，即令人頭重。〔註167〕

儘管如此，在當時陶望齡的文學成就，仍然有很高的評價，袁中道就說：

> 陶公二文附看，令人抄出，仍完來換他作，本朝古文詞至石簣先生方入細，看他板題活弄，可以發機。〔註168〕

時人黃汝亨也說：

> 陶子於文有史漢，有騷雅，而長於序記，其譚道證性，略物綜事，炯如也；於詩為陶為柳，間為長吉，而品置泉石，嘯洴煙雲，超如也；其才不敢謂出秦漢諸文人上，而取理出新，不為宋人之掩，學陽明子而不為辨說，得禪之深，而一秉鐸於孔氏，無跡踐形摹而虛靈之所契，追琢成文，游戲成解，結撰成法，篤古而耦時，卓乎為陶子之文，行千載無疑也。〔註169〕

不過也有不同的評價，如黃宗羲引其師說：

> 先夫子曰：「……歇庵之文，昌明博大，一洗勦襲模倣之套，蓋宗法陽明者也。但陽明出之無意，歇庵出之有意，所謂大而未化，累棋至頂，正不易耳！」〔註170〕

其中所說的「一洗勦襲模倣之套」，即是對一味地套用古文型式提出批判，而其師法的對象則為王陽明。但說到陶望齡的內容是「出之有意」的評價，依筆者之意，這有兩種解釋：一是認為陶望齡的「偏至說」的用法，容易予人一種刻意的印象，故說其出之有意；另一種解釋是陶望齡「率爾無意」之作（引袁中道語），劉宗周等人並未見到，故有此論。但不管如何，從陶望齡的文學觀中，可以看出王陽明思想對他的影響。

〔註167〕王夫之，《薑齋詩話》（北京：人民文學出版社，1998年），頁179～180。
〔註168〕袁中道，〈示祈年〉，《珂雪齋前集》，頁2309～2310。
〔註169〕同註166，黃汝亨，〈歇菴集序〉，頁1～8。
〔註170〕黃宗羲，〈擬與友人論文書・陶望齡〉，《明文授讀評語彙輯一卷》，沈善洪主編，《黃宗羲全集》十一冊（杭州：浙江古籍出版社，1986年），頁168。

第五節　小　結

　　明中葉以後，整個學術圈有了極大的變化，這個變化來自王陽明的良知說，而經過「二王」到「二溪」的流播，良知說與佛學的關係有了進一步的結合。到了萬曆二十年左右，在學佛知儒的心態下，尋求儒佛合一之旨，也是一必然之勢，故有「良知了生死」風潮的出現，因而士大夫們爭相研習佛學，立講會，與友朋參研，只爲「了生死」一目地，王元翰曾評論當時士大夫參禪的景況，他說：

　　　　愼軒石簣事佛皮毛，中郎小修等官性命，五岳不退世態炎涼，性海
　　　　承植天資樸魯，卓吾識地高超。……或服儒而誓了生死。〔註171〕

從王氏的說法中更加可以了解這些士大夫的心態與作法，王元翰對陶望齡「事佛皮毛」的評價，則與黃宗羲「其於禪學皆淺也」的評價相同。當然，即便如此，對陶望齡的評價，還是應從其對「良知了生死」的附和與傳播來看，例如陶望齡死前能否「了生死」，即是當時文人所注意的問題，如如周汝登在其祭文中說到：「兄於『朝聞夕可』之學，密證深研，死生到頭，應自脫然。」〔註172〕其「朝聞夕可之學」，說的就是「了生死」之學。同年焦竑也說：「石簣未勘破而歿，直是可惜。」〔註173〕袁中道也說：

　　　　昨日聞陶周望即世，懷抱惡甚，道侶雕零乃爾，人世孰可把玩！憶
　　　　壬寅別時，欷歔恐不相見，今果然矣。兄書前得陶兄書，似有所得，
　　　　不審臨化得力與否？〔註174〕

至於對陶望齡的評價，焦竑有一確語，他說：

　　　　君勤於道而志未了，孝於親而莫嗣，顯其身而願未伸，豐於財而用
　　　　未試，問譽空長，聲容難跂，獨留文章照耀天地。〔註175〕

這說明了陶望齡身後，唯一留下的只有文章可作爲代表。

　　而陶望齡對後世的影響，乃在於他「學佛知儒」心態，黃宗羲說：

　　　　明初以來，宗風寥落，萬曆間儒者講席遍天下，釋氏亦遂有紫柏憨
　　　　山因緣而起，至於密雲湛然，則周海門陶石簣爲之推波助瀾，而儒

〔註171〕同註12。
〔註172〕周汝登，〈祭石匱陶太史文〉，《東越證學錄》，頁1111。
〔註173〕焦竑，〈答王仔肩〉，《澹園集》，頁863。
〔註174〕袁中道，《遊居柿錄》，卷四，頁84。
〔註175〕同註173，〈祭陶司成文〉，頁1120。

> 釋幾如肉受串，處處同其義味矣！昔人言「學佛知儒」，余以爲不然，
> 學佛乃能知佛耳？然知佛之後，分爲兩界，有知之而允蹈之者，則
> 無垢、慈湖、龍溪、南皋是也；有知之而反求之六經者，則濂洛、
> 考亭、陽明、念菴、塘南是也。〔註176〕

從此可以看出陶望齡輩對佛教的援引，是其被批判的主因，而這是因其有「學
佛知儒」的心態所致，但如果仔細研討陶望齡的文學思想，黃宗羲對「學佛
知儒」的分別中，陶望齡應該是屬於「知之而反求之六經」者。

〔註176〕同註170，〈張仁菴先生墓誌銘〉，十冊，頁443。

第五章　陶奭齡

第一節　生　平 [註1]

　　陶奭齡（1571～1639），字君奭，又字公望，號石梁，晚年號小柴桑老人
[註2]。家中排行第四，爲望齡之弟。少時聰慧與其兄齊名，袁宏道曾稱其個
性「爽朗軒豁」[註3]，與董懋中、徐如翰、陳治安等人號稱「曹山七老」
[註4]。萬曆三十一年（癸卯），舉於鄉，授吳寧教官，當時此地風俗澆薄，
故作正俗訓，使其風俗爲之易。而周汝登曾寫信給他說：「願丈出而振作此
會，爲後來作前導，爲吾道計無窮。」又周氏與望齡奭齡書說：「陽明書院之
會，望二丈儼然臨之，越中一脈，難令斷絕。」居家時惟讀書靜坐，非正論
格言不言語也，與陶望齡自相師友，唱和一堂，學者稱爲「二陶」。

　　由於陶奭齡未中進士，後因晉江李文清的推薦，任官廣東肇慶司理（判
官）。爲官期間，對於獄政極力改革，不准下屬索求紅包，而所平反的案件，

[註1]　本生平取自董清德輯《康熙會稽縣志》（台北：成文出版社，1989年初版），
　　　　頁520、508～509。及屠英等修，胡森、江藩等撰，《肇慶府志》（台北：成文
　　　　出版社，1989年），頁2308～2309。

[註2]　祁彪佳，「賜曲園」云：「陶石梁先生。以文成嫡派。究明心性之學。三刀纏
　　　　夢。掛冠長住。自稱小柴桑老人。恐淵明無此精諧也。園在陶堰府第中。小
　　　　軒曲沼。人以擬堯夫之安樂窩。」見《祁彪佳集》（北京：中華書局，1960
　　　　年），頁207。

[註3]　袁宏道，〈伯修〉，《袁中郎尺牘》，《袁中郎全集》，頁18。

[註4]　〈曹山七老詩序〉云：「其人爲陳邇道、張懋之、張孔時、董建叔、徐伯鷹、
　　　　陶君奭、謝簡之。」見陶奭齡，《賜曲園今是堂集》，《四庫禁毀書叢刊》集部
　　　　八十冊（北京：北京出版社，2000年），頁660。

堆積如山，當時的百姓極爲讚揚。後晉陞山東濟寧州知縣，但是並未就任。
返回家鄉後，作〈聖訓六條解〉，召族人以訓之。由於陶氏兄弟對於佛教經典
皆有研究，而陶奭齡尤多方外的朋友交，他嘗自謂說：「作官須得禪意」。崇
禎四年，與劉宗周講學陽明祠及古小學石簣祠，立證人社，那時劉宗周赴召，
陶奭齡曾致書說：「願先生安其身而後動，易其心而後語，俾天下實受其福，
若夫矜名節如鷗鶚橫秋，使人望而畏之，此小臣之所爲，務非大臣事也。」
劉宗周聽此言也憮然說：「此眞格人之言也。」奭齡又曰：「文成一良字，專
對考亭而發，吾輩但可言致知。」門人王朝杖、秦宏祐、徐廷玠等輯爲語錄。
歲丙子，劉宗周、王業浩曾聯名推薦陶奭齡任官，但未被錄取。將歿之夕，
猶講衛風一章，端然而逝。劉宗周曾率門人哭之，私諡曰：「文覺」，陶奭齡
著有《小柴桑諵諵錄》、《今是堂集》，子履肇、孫景且世傳家學。

第二節　學術思想梗概

　　明末士人沈國模至嵊縣求見周汝登時，周氏說：「吾老矣！郡城陶石梁、
劉念臺，今之學者也，其相與發明之。」〔註5〕由此即知，在明末時期越中的
大儒首推陶奭齡與劉宗周，而劉宗周（1578～1643）也說：

> 吾鄉自陽明先生倡道龍山時，則有錢、王諸君子並起爲之羽翼，嗣
> 此流風不絕者百年。至海門、石簣兩先生，復沿其緒論，爲學者師。
> 迨二先生沒，主盟無人，此道不絕如線，而陶先生有弟石梁子，於
> 時稱二難，士心屬望之久矣。〔註6〕

又說：

> 陶奭齡者，殆當世第一流人物也，本官清眞簡介，生而有近道之資。
> 少與其兄文簡公，屬志講王文成之學，至不憚旁參密證，以求向上
> 一路，人稱二難限於一。……林居六七載，鄉閭奉爲彦方，堯夫日
> 與士子商求性命，得之者無不人人如醍醐之灌頂，因而北面日眾，
> 遠近響應，文成學脈遂得丕振於東越。〔註7〕

由劉宗周的口中可知陶奭齡當時在越中地區的地位。陶奭齡的學術思想，則

〔註5〕邵廷采等編，〈沈聘君傳〉，《姚江書院志》，《中國歷代書院志》（南京：江蘇
　　　教育出版社，1995年），頁297。
〔註6〕劉宗周，〈會約書後〉，《劉宗周全集》（二），頁588。
〔註7〕同註6，〈薦陶奭齡公揭〉，（三上），頁347～349。

應從兩方面來理解：一是從周汝登及陶望齡的思想脈落中，來勾勒陶奭齡的思想承繼，這可從其書來探知；二是從「證人社」講會中，來理解陶奭齡的學術思想。

一、對周汝登與陶望齡思想的繼承：良知了生死

陶望齡在職京師時就嘗透過信件的往來教導其弟，不論是在思想、文學、做人、學道等方面，皆有論及，這可由陶望齡文集留存大量的信件中可資佐證。即使陶望齡里居家中時，也帶著陶奭齡參加各地的文人聚會，袁宗道說：「家弟亟口讚嘆令弟，今秋倘得俊偕入都，可得晤談矣！」〔註 8〕又曾言道：「賢伯仲閉門參禪，精進勇猛，令我媿歎，不知此時參得如何？」〔註9〕由此可知陶望齡對其之提攜。而二陶也與周汝登來往密切，周氏與憨山德清的信中說到：

> 石簣公于此事甚切，不似近時學佛以名者，亦云會過，禪師時時念
> 之。乃弟石梁信力亦深，可稱蘇氏弟兄。僕近挾此二難，一開笑口，
> 不然死貓頭從何面前呈示哉！〔註 10〕

而陶望齡歿後，陶奭齡與周汝登的往來愈加密切，故他的《小柴桑喃喃錄》常常引用周汝登的話來告戒子孫，他也自言道：「偶閱海門子雜言，意與余合，因備錄之。」〔註 11〕從以上的描述中，可以確知周汝登與陶望齡「良知了生死」的思想，必定也傳承給陶奭齡，也就是說陶奭齡也有在此的目標下，所衍生出來的思想與作法。舉例而言，在「學佛知儒」的心態方面，陶奭齡曾說到：

> 世儒疑出世之士，未免遺棄倫物，不知學得出世法，纔能入世。莊
> 生有言：「若夫沒人則未嘗見舟，而便操之也。」夫出世之士，沒人
> 也，於涉世乎何有？〔註12〕

「出世」與「入世」一般都視為佛儒之分的標準，陶奭齡此言即為學得佛法才能行儒法，也就是「學佛知儒」的心態。而對於「朝聞道夕死可」之說與「生死」問題的看法，他曾引用周汝登的說法：

〔註 8〕　袁宗道，〈陶編修石簣〉二，《白蘇齋類集》，頁 456。
〔註 9〕　同註8，〈答陶石簣〉，頁 475。
〔註10〕　周汝登，〈答憨山清公〉，《東越證學錄》，頁 863～864。
〔註11〕　陶奭齡，《小柴桑喃喃錄》卷下，頁 39。
〔註12〕　同註11，卷上，頁 33。

> 海門先生曰:「學問須從生死起念方眞,而儒者一言生死,便詆爲禪
> 學,不知『朝聞道,夕死可矣。』是聖門了生死七字眞訣。」〔註13〕

從此即可看出其與周陶之間的傳承。

基本上,陶奭齡對周汝登陶望齡思想的繼承,在本體論方面,也就是強調王陽明的「不學不慮」、王龍溪的「無善無惡」及「一念之微」、陶望齡的「無意之意」,亦即在強調自然的重要性;而在工夫論則是「參禪念佛」與「遷善改過」並進。首先談其本體論方面,陶奭齡對「良知」的看法,他說:

> 程子曰:「天理二字,是我自家體認出來。」陽明先生曰:「某於良
> 知二字,從百死千難中得來。」蓋世儒每以安排爲理,聞見爲知,
> 二子之學用力久而一旦恍然有悟,知夫理之不屬安排,而知之不屬
> 見聞也,故於理上加一天字,知上加一良字,皆就其自然而然者言
> 之耳!〔註14〕

這可看出他是以「自然而然」來理解良知,此知不假安排、不屬見聞。而劉宗周曾說道:

> 晚而吾黨始奉先生(陶奭齡)登致知之堂,揭良知之說以示學者,
> 曰:「大學言致知,必先言知止。止在何處?」一時聞者汗下,而或
> 疑先生學近禪,先生固不諱禪也。……先生靈心映發,無意相遭於
> 千載之下,至微窺岸略,獨於知止一著工夫,終自謂過之。知止,
> 斯眞止矣;眞止,斯眞聖矣。儒可不立,況於禪乎?〔註15〕

強調《大學》之道言致知必先言「知止」,此「知止之說」是承襲王龍溪、周汝登而來,也就是承認此「止」爲「至善」,至善無善,故大學之道爲知「無善無惡說」,也就是「四無說」。所以當陶奭齡重提此論時,劉宗周等會驚駭不已,也因此懷疑陶氏學近禪。由此也可以看出其思想脈絡。而他對王龍溪的「一念之微」的看法,他說:

> 與友人論學,余曰:「當熾然生滅時,正是當人無念時也。」友人深
> 不謂然,引楞嚴「以生滅心爲因,終不能得生滅性,及生滅滅已,
> 寂滅現前。」等語爲證,云必念盡,然後名爲無念。不知此正阿難
> 迷處,阿難認念爲心,不知全體虛妄,將妄覓眞,寧有得理,既明
> 是妄又何待滅,滅妄求眞,仍不是眞滅,生滅時仍是生滅,不可不

〔註13〕 陶奭齡,《小柴桑喃喃錄》卷下,頁37。
〔註14〕 同註13,頁41。
〔註15〕 同註6,〈陶石梁今是堂文集序〉,(三下),頁763~765。

辨。〔註16〕

他認爲惟有將「眞心與妄心」一起放下，始爲無念，又曾說道：

> 古人學道起念，爲了生死，今人學道起念，欲求名利。起念時便剌
> 頭入世界中，卻學出間事，何翅北轅適越，趨而愈遠也。立志誠如
> 古人就令坐破七個蒲團，未得一念相應，春五斗米熟，答不得一轉
> 語，不消著，終有到家日在。〔註17〕

他認爲古人學道是爲了了生死，而今人路頭錯走，乃因其初所立之「志」不
確所然，故他也強調「立志」的重要性，與周汝登持相同的看法。因此陶奭
齡也採看話禪的方式，例如他談「疑」與「信」時說到：

> 或疑妄想自無始以來，不知經歷多少時劫，何緣一日便得破除？曰：
> 「正惟是妄想，所以一日便可破除。」譬如有人憑空捏造事端，後
> 來傳虛襲響至百千萬代，我從最後一人破其虛妄，即併最初俱破，
> 何以故？以其事原虛故。此意永明曾及之，更爲拈出。〔註18〕

這便是大慧宗杲所說的「千疑萬疑，只是一疑，話頭上疑破，則千疑萬疑一
時破。」而其對「信」的看法，引永明延壽之說：

> 《宗鏡錄》云：「一切不信，眾生邪見外道，徒生厭離，枉自妄求究
> 竟，一心位中，未嘗暫出。」〔註19〕

強調「信」爲修行的重要法門，這與其兄所受之學一樣。雖說陶奭齡有採看
話禪的工夫，但因當時的佛教界的流弊甚多，故他對在參禪與念佛兩方面是
偏向於淨土念佛的。當時佛教的流弊，謝肇淛《五雜俎》云：

> 今之釋教殆遍天下，琳宇梵宮盛於黌舍，唪誦咒唄，囂於絃歌。上
> 自王公貴人，下至婦人女子，每談禪拜佛，無不灑然色喜者，然大
> 段有二端：血氣已衰，死生念重，平全造作罪業，自知無所逃竄，
> 而藉手苦空之教，冀爲異日輪迴之地，此一惑也。其上焉者，行本
> 好奇，知足索隱，讀聖賢之書，未能躬行實踐，厭棄以爲平常，而
> 見虛無寂滅之教，聞明心見性之論，離合恍惚，不著實地，以爲生
> 平未有之奇，恒代不傳之祕，及一廁足，不能自返，而故爲不可摸
> 捉之言以掩之，本淺也，而深言之；本下也，而高言之；本近也，

〔註16〕同註14，卷下，頁6。
〔註17〕同註14，頁54。
〔註18〕同註14，卷上，頁52。
〔註19〕同註14，頁53。

而遠譬之；本有也，而無索之。如中間一條大路不行，卻尋野徑崎嶇，百里之外，測景觀星，而後得道自以爲奇，此又一惑也。先之所惑，什常七八，後之所惑，百有二三，其於釋氏宗旨，尚未得其門戶，況敢窺其堂奧哉！至於庸愚俗子，貪生畏死，妄意求福，又不足言矣！〔註20〕

謝氏指出當時的流弊大概有二一是企圖透過佛教來滅清罪孽，求果報，而不是眞爲了生死；另一種則是修行無檢束，不切實行，只是逞口舌之能。而謝氏以前者弊端爲最，陶奭齡對這兩種弊病也有相同的看法，先談後者，他對奉爲師的湛然圓澄，也提出建言：

識心達本之士，即一言一動，皆須簡束。内既以固其所學，外亦可起人信心，使其教易行。昔雲門湛師不拘繩簡，頗有少叢林之目，余嘗規之。……《易》曰：「默而成之，不言而信，存乎德行。」師首肯之，然亦終不能改也。〔註21〕

這是他對修行無檢束的批評，但更多的是他對當時修淨土的批判，他說：

吾輩皈心釋氏，原以祛練神明，非規福利。而世俗兒女子之見誦一經，禮一懺，施一物與僧尼，即求果報，不應便行毀謗，謂佛道無靈，此殊可笑。〔註22〕

又說：

世人眼光短，見善惡急於得報，若一時未有其驗，便謂因果無徵，不知報之遲速，不出四五十年，此數十年在無窮中，直一瞬耳！昔人有言：「此老無急性，有記性。」人但辦一片忍耐心、長遠心，打大筭盤歸除到底，久久定不錯也。〔註23〕

故陶奭齡再三地強調淨土念佛，其重點乃是在念自心，而不是在求福求利，他說：

愚人不達，惟心願東願西，誠爲深惑。然正惟惟心，故願東竟當得東，願西竟當得西，佛言：「汝欲淨土，當淨其心。隨其心淨，即佛土淨。」繫心求生，亦是淨心之一法，不可不知也。〔註24〕

〔註20〕 謝肇淛，《五雜俎》（上）（上海：中央書店，1935年），頁332～333。
〔註21〕 同註20，頁33。
〔註22〕 陶奭齡，《小柴桑喃喃錄》，卷下，頁34。
〔註23〕 同註22，卷上，頁32。
〔註24〕 同註22，卷上，頁7。

這也意謂著陶奭齡深信淨土因果之學的，所以他極力舉揚此「因果之學」，甚至爲其辯護，他曾說：

> 世惟不明於死生之說，故凶人力爲不善，以傲聖賢，曰：「彼亦豈能長留於世，百年之後，同爲塵土耳！」後儒又復力排「因果」，以助其驗，良可歎憫。慈湖《先訓》曰：「人皆有一死，而實不知有死，如知之，誰敢爲不善。」嗟夫！聖賢所以孜孜爲善，政爲死耳。〔註25〕

他引楊慈湖的話來立論，主要反駁的重點有二：一是因果的有無。不信因果者，可能是因因果無驗，另一是人死後無知，故可爲不善。陶氏認爲因果的證驗，不一定是馬上看的到的，但一定會有。而人死後究竟有知無知？陶氏認爲如果人能知道死後的事情，誰敢爲不善。二是儒者的批判。他認爲古來聖賢之所以爲善，正是爲了了此生死之事，而非要求福報，也就是說聖賢是相信因果的。也因此其《小柴桑喃喃錄》書中記錄著不少有關「因果報應」的事情，與友朋間的討論，他也在談此「因果之說」，如在祁彪佳的日記中就曾說到：

> 初四日，季太常長公持乃翁書來晤，別即以小舟入城，至九曲間，講會仍在白馬山，移舟去，諸友畢集，遲午，陶石梁方至。時沈求如以「人須各知痛養」爲言，王金如因申習知眞知之辨，石梁稱說因果。有陳生者闘其說，求如爲言：「過去現在未來，刻刻皆有，何疑于因果？」〔註26〕

由此可知，陶奭齡對「因果」之說的深信。

二、證人社

崇禎四年（辛未，1631）三月初三，劉宗周與陶奭齡會同志於陶石簣祠，「證人社」之會自此始，而此會成立，對了解陶奭齡學術思想有一正面的意義。在進入討論此會的內容時，筆者先要釐清兩個問題：一是時間地點的問題，二是「白馬山房」的定位問題。關於時間地點的問題方面，《姚江書院志略》云：

> 辛未，劉子（劉宗周）家居，徵士（王朝式）與祁中丞彪佳、文學

〔註25〕同註22，卷下，頁67。
〔註26〕祁彪佳，《歸南快錄》，《祁忠敏公日記》，《祁彪佳文稿》（北京：書目文獻出版社，1991年），頁1035～1036。

> 王毓蓍、秦宏佑等，啓請於上巳主學會名「證人」，月之日如之。
> 巳復請四日爲證人小會，與及門最親近者細商訂，越中講會之盛自
> 此始。〔註27〕

由此可知，「證人會」分大會小會，大會時間爲每月初三，小會則爲隔日。而地點則大小會皆有不同，就以大會而言始於陶石簣祠（1631）、後有古小學（1632）、王文成祠（1635）等，主要是以古小學爲其地；而小會則有九曲、白馬山房，寓山等，主要以白馬山房爲主。而「白馬山房」一地，陶劉兩人皆曾於其地講學，如祁彪佳說：

> 白馬山在戢山東北，越城八山之一也。陳太一公於山之陽構爲堂，
> 名函三館。構亭於巔，而以複道接之，規度甚佳，惜眺覽不出籬落
> 外耳。近爲劉念臺、陶石梁兩先生講學地，生徒集者常百餘人，絃
> 誦之聲徹里巷，不復以眺覽爲勝矣！〔註28〕

也就是說白馬山房是隸屬於證人社會的一支，而證人社的人員中有些也是往後「放生社」、「藥局」、「掩骼會」等之社員。

陶奭齡與劉宗周二人雖說共主「證人社」，但其二人對學術宗旨自始即爲不同，從其對何須「證人」的理由即可看出，陶奭齡曰：

> 夫學以學爲聖人也，人不聖即不可爲人，故學以爲人也。孔子曰：
> 「道二，仁與不仁而已矣！」吾亦曰：「人二，聖人與非人而已
> 矣！」〔註29〕

又說：

> 證人無他道，復吾心而已矣。心復即人全，心虧即人□。耳目四體
> 一不□，命曰不成人，虧吾心而號人於曰人也，果人也與哉？雖
> 然，無患耳。耳目四體一不具，吾無法以具之也。心雖虧故在，一
> 日而憬然悟焉，卓然有以自樹焉。昔之日與禽獸不遠，今之日與堯
> 舜合轍矣。夫一日亦忽然耳，俄而心復，俄而人全，俄而堯舜合
> 轍，而曰：『我不能』，非不能也，不爲也。孟子曰：『自謂不能者，
> 自賊者也。』有目而自薰之，有耳而自窒之，有四體而自戕之，曰

〔註27〕 邵廷采等編，〈王徵士傳〉，《姚江書院志》，收錄在《中國歷代書院志》（南京：江蘇教育出版社，1995年），頁310。

〔註28〕 「白馬山房」，祁彪佳，《祁彪佳集》，頁186。

〔註29〕 陶奭齡，〈證人社題辭〉，收錄在劉麟長，《浙學宗傳》，《四庫全書存目叢書》（台南：莊嚴文化公司，1997年），史一一一冊，頁141。

　　『自賊』。有心而自虧之，而曰：『非自賊也』，得乎？自賊吾耳目四
　　體，形雖殘，心故無恙。自賊吾心，耳目四體徒具，亦委形耳。昔
　　人謂：『哀莫大乎心死。』孟子亦曰：『放其心而不知求，哀哉。』
　　夫形死則哀之，心死而不自哀，吾見舉世之大迷也。念臺子署其社
　　曰：『證人』，誠哀夫世之自賊者眾，而欲舉而生全之，令其求所以
　　自證，意甚盛也。欲自證焉，亦求諸心而已矣。」〔註30〕

陶氏主要提出此「心」與聖人同，識得此心，人即爲聖。故「欲自證焉，亦
求諸心而已矣。」而劉宗周則說：

　　《中庸》言「道不遠人」，其要歸之子臣弟友，即吾夫子猶以爲歉焉，
　　學者乃欲遠人以爲道。子又曰：「仁者，人也。」蓋曰人之所以爲人
　　也。仁則人，不仁則不人，仁不仁之際，正須急開眼孔在，此學以
　　證人旨也，諸君子亦人而已矣。〔註31〕

劉宗周則強調要爲「人」，須先爲「仁」，故以求「仁」爲要。從此也看出兩
人對學術的不同見解，陶氏強調以先識認本體爲主，本體識得，工夫即是；
而劉宗周則認爲作得「仁」者之工夫，無本體可說。〈會錄〉記云：

　　陶先生曰：「學者須識認本體，識得本體，則工夫在其中。若不識本
　　體，說甚工夫？」先生曰：「不識本體，果如何下工夫？但既識本體，
　　即須認定本體用工夫。工夫愈精密，則本體愈昭燦。今謂既識後遂
　　一無事事，可以縱橫自如，六通無礙，勢必至猖狂縱恣，流爲無忌
　　憚之歸而後已。」〔註32〕

又記云：

　　秦弘祐謂：「陶（奭齡）先生言識認本體，識認即工夫，惡得以專
　　談本體少之？」曰：「識認終屬想像邊事，即偶有所得，亦一時恍
　　惚之見，不可便以爲了徹也。且本體只在日用嘗行之中，若舍日用
　　嘗行，以爲別有一物，可以兩相湊泊，無乃索道於虛無影響之間
　　乎？」〔註33〕

劉宗周認爲如果專以識認本體爲主，那麼當未能識得本體時，工夫如何施
爲呢？而這「本體」與「工夫」的論辨，一直是「證人社」中的討論焦點，

〔註30〕陶奭齡，〈證人社語錄・題辭〉，《劉宗周全集》（二），頁 650〜651。
〔註31〕同註 30，頁 650。
〔註32〕同註 30，〈會錄〉，頁 600。
〔註33〕同註 30，頁 601〜602。

例如：

> 先生（劉宗周）曰：「沈溺於聲色貨利，在吾輩也少，至於喜怒哀樂
> 之中節，卻不易得。吾輩喜怒還不甚關係，如握事權者，倘一過當，
> 便流禍無窮矣。」陶先生曰：「若從喜怒哀樂上做工夫，卻極難。須
> 理會無喜怒哀樂空空洞洞底，體得了他纔好。」先生曰：「謂無喜怒
> 哀樂，似失之無；謂有喜怒哀樂，又著於有。此處做工夫，是即喜
> 怒哀樂求之？是離喜怒哀樂求之？須自體當。」〔註34〕

陶奭齡主要強調「理會」的重要性，劉宗周則質疑要如何「理會」呢？而這
種對識認「本體」的強調，一直是陶奭齡的特色，故陶氏在講會中常常提出
此點來回答，當然這也會引起會友對「本體」方面的詢問，如有會友問到「天
命之謂性」：

> 劉先生曰：「看此章便可悟人道之大全。從上梢言之，則原本於天；
> 從下梢言之，則推極於天地位、萬物育，分明寫出一箇完人來看。」
> 陶先生曰：「天地位，萬物育，且莫說得太遠，吾輩須向此中討箇合
> 下承當處，聖賢立言設教，決不強人以難。曰『性』、曰『道』、曰
> 『教』、曰『中和』，亦是當時現成語。他人紛紜詮釋之，子思子切
> 近指點之耳！」〔註35〕

陶奭齡認為談太多皆為無用，只須於此「中」，討箇合下承當處，又認為聖
賢所謂的性、道、教、中和等，皆為方便語而已。例如他在給劉宗周的信中
說到：

> 講學如指路，先要頭路清，頭路不清，將令行者迷所適從，未免失
> 足於坑塹，打入葛藤窠矣。先正所以只提一字，或心、或性、或良
> 知等，不多著字面，以知即是心，心即是性，推而至於百千萬種名
> 色，總是一物，隨從一處入，皆可到家。〔註36〕

陶奭齡提出所有的名目說法，總是一物，從任何一處入，皆可到家；而此種
說法即為華嚴「理事無礙」的說法。由於對「本體」的看法不同，劉陶二人
對「工夫」的施為，也有不同的意見，〈會錄〉記云：

> 先生曰：「吾輩只指點得面目，若淘汰工夫在諸人自用。」陶先生曰：

〔註34〕劉宗周，〈會錄〉，《劉宗周全集》（二），頁603。
〔註35〕同註34，〈證人社語錄〉，頁669。
〔註36〕同註34，〈證人社語錄・附陶先生與劉先生書〉，頁671。

「人人是精金美玉，只是不肯認帳。」先生曰：「亦不廢淘汰，但非
一時能盡，必遷善改過，精進始得。」陶先生曰：「遷改如掃地，掃
地是作家日用事，遷改是學者日用事。但得良知，自能遷改。如作
家人既成了一分人家，則去塵滌垢，自罷手不得。」先生曰：「遷改
固是家嘗事，但人沈蔽已久。如屋爲糞土所封，初入門必須著力掃
盪一番，此時較難爲力。」〔註37〕

陶奭齡認爲「但得良知，自能遷改。」重點仍是要時時刻刻識得「良知」，自
能「遷改」，而劉宗周仍是強調工夫施爲的重要性。當然，於此必須要注意的
是，陶奭齡並非反對「工夫」的施爲，就以其得之於周汝登與陶望齡二人思
想中，也都重視工夫的施爲。

劉宗周對「遷善改過」的看法，具體地表達在其反對陶奭齡輩對「功過
格」的採行，他說：

袁了凡先生有《功過格》行於世，自言授旨於雲谷老人，甚秘，及
其一生轉移果報事，皆鑿鑿可憑，以是世人信之不疑，然而學道人
不以爲是也。近聞人顏壯其氏刻有《迪吉集》，大抵本之了凡而頗盡
其類，其說漸近於學人。友人有歎賞之者，因有有所爲而爲善之說，
夫亦有激乎其言之也。〔註38〕

陶奭齡曾爲秦宏祐撰寫〈遷改格序〉，也曾經撰寫〈功過格論〉，故其對此種
「遷善改過」的方法並不反對，而此法也與其思想並無衝突。例如有人質疑
他說：

既曰：「『唯心』，則祇應從事於心，又奚事賓賓於遷改之跡爲也？」
答曰：「正唯心耳！吐之于口，謂之言；設之躬，謂之行；舉而措之
天下之民，謂之事業。遷與改，皆心也，無心外事，無事外心。」
疑者又曰：「無善無惡心之體也，還吾無善惡之初而已竟。遷改如金
屑，恐適足爲吾目瞖也。」答曰：「遷善改過正以還吾無善無惡之體，
風雷鼓動，雲霧廓清，而太虛之體復矣！」〔註39〕

從陶奭齡的說法中，可以看出其對「遷善改過」的看法，與周汝登的說法一
致，正是「爲善去惡始得無善無惡之體」。

〔註37〕劉宗周，〈會錄〉，《劉宗周全集》（二），頁 604。
〔註38〕同註 37，〈初本證人小譜序〉，（三下），頁 719。
〔註39〕同註 29，〈遷改格敍〉，史一一一冊，頁 140。

　　陶奭齡在此會中除了強調識得「本體」即是「工夫」的觀點，另一則是對「良知」的功用爲何，提出其看法，如〈會錄〉記云：

> 先生曰：「大抵發心學問，從自己親切處起見，即是良知。若參合異同、雌黃短長，即屬知解。」陶先生曰：「雌黃參合，亦是良知。如一柄快刀子，能除暴去兇，亦能逞兇作盜，顧人用之何如耳。」先生曰：「恐良知之刀止能除盜，不能作盜。」〔註40〕

陶奭齡對「良知」功用的看法，自然承襲陶望齡與周汝登的看法，也就是「良知了生死」，例如〈會錄〉記云：

> 友以生死爲問，陶石梁先生取《繫辭》「精氣爲物，遊魂爲變」，及「原始反終」之道，娓娓言之。〔註41〕

強調臨終之時能否坦然的看法，是與陶望齡輩的看法相同的，即是端視此人能否正視「生死」？故而陶奭齡在此會有〈知生說〉：

> 學何事？窮理、盡性、致命焉已矣。窮理者，知生死者也；盡性者，善生死者也；致命者，無生死者也。吾命原無生死，而何以忽有生死，此理之不可不窮也；吾命原無生死，而究竟不免生死，此性之不可不盡也。窮理而后知吾身與天地萬物之皆妄，有終始而實無去來；盡性而后知吾身與天地萬物之皆眞，無住而不遺利濟。窮理盡性以至於命，而後知天地之惟吾範圍，萬物之惟吾曲成，而吾身與天地萬物之晝夜惟吾通知。所寄似有方，而吾之神實無方也；所托似有體，而吾之易實無體也。有方故有往來，有體故有成壞。無方無體者，無往來無成壞，而又何生死之有？明乎此，而后識吾身與天地萬物始終於吾命，而吾命不隨吾身與天地萬物爲始終，迴然無對，超然獨存，至尊至貴，無首無尾，此吾儒生死之極談，無事假途於蔥嶺者也。〔註42〕

將儒學的終極意義歸之於超脫生死，實是「良知了生死」宗旨的明證，劉宗周也同意此說，他說：

> 子曰：「朝聞道，夕死可矣」是也。如何聞道？其要只在破除生死心，此正不必遠求百年，即一念之間一起一滅，無非生死心造孽。既無

〔註40〕劉宗周，〈會錄〉，《劉宗周全集》（二），頁603。
〔註41〕同註40，頁596。
〔註42〕陶奭齡，〈證人社語錄‧知生說〉，《劉宗周全集》（二），頁687。

起滅，自無生死。……學者時時生死關難過，從此理會得透，天地
萬物便在這裏，方是聞道。〔註43〕

雖說都承認良知能了生死，但是方法則不同，陶奭齡採取其兄「去偷心」方
法，而劉宗周則是「急嚴義利之辨」的方法，〈會錄〉記云：

祁世培（彪佳）問：「人於生死關頭不破，恐於義利關尚有未淨處。」
曰：「若從生死破生死，如何破得？只就義利辨得清，認得真，有何
生死可言？義當生則生義，當死則死，眼前止見一義，不見有生死
在。」〔註44〕

由以上諸比較可知，陶奭齡的學術思想處處與劉宗周不同，只有在「良知了
生死」的想法上，才能找到共識。而這種思想上的分歧，也致使證人社分裂
成陶劉二派，黃宗羲說：

晚雖與陶石梁同講席，爲證人之會，而學不同，石梁之門人皆學佛，
後且流於因果。分會於白馬山，羲嘗聽講，石梁言一名臣轉身爲馬，
引其疾姑證之〔註45〕，羲甚不然其言。退而與王業洵王毓蓍推擇一
輩時名之士四十餘人，贊先生門下，此四十餘人者，皆喜闢佛，然
而無有根柢，於學問之事，亦浮慕而已，反資學佛者之口實。先生
有憂之，兩者交譏，故傳先生之學者，未易一二也。〔註46〕

由此可知，在當時陶奭齡在此會上倡揚因果之說，而此佛家之學也是兩派人
馬分裂的原因。陶奭齡死後（1639），證人社雖仍然存在，但實際上是名存實
亡了，另一方面陶奭齡門下弟子則在姚江成立了「姚江書院」，頗有接續證人
社的意思，但因明朝的滅亡，此書院的功能也就停止了。

第三節　小　結

　　陶奭齡的學術思想價值，須從劉宗周的理學思想上才能彰顯，因爲劉宗
周在當時所對話的對象，並不單單是陶奭齡，而是陶氏因果說背後的那一套

〔註43〕同註42，劉宗周，〈證人社語錄·附說〉，頁686。
〔註44〕同註42，〈會錄〉，（二），頁596。又杜春生輯〈遺事〉云：「初稱贊蕺山，自
　　　　言：『默察生平，惟生死未能脫然！』蕺山告以急嚴義利之辨，義利辨則死生
　　　　明矣。」見祁彪佳，《祁彪佳集》，頁242。
〔註45〕見〈年譜〉「萬曆二十五年」條。
〔註46〕黃宗羲，〈忠端劉念臺先生宗周·蕺山學案〉，《明儒學案》（下冊），頁36。

思想，尤其是理學思想，而這從楊慈湖、王陽明、王龍溪、周汝登傳承下來的思想，一直是劉宗周所批駁的思想主線，如劉氏說：

> 慈湖宗無意，亦以念爲意也，無意之說不辨，并夫子毋意之學不明，慈湖只是死念法。禪門謂之心死神活，若意則何可無者？無意則無心矣。龍溪有「無心之心則體寂，無意之意則應圓」等語，此傳慈湖宗旨也。文成云：「慈湖不免著在無意上」，則龍溪之說，非師門定本可知。〔註47〕

將龍溪之說歸之於慈湖，認爲龍溪之說不是王陽明的本旨，又否定周汝登的說法，他說：

> 吾師許恭簡公，與周海門在南都有九諦九解，辨有辨無，可謂詳盡。而師論辭嚴而理直，凜乎日月爲昭。今即從海門作妙解，亦只是至善註腳，終脫不得善字。〔註48〕

從以上的說法，可以知道劉宗周基本上是否定陶奭齡輩的思想根源，當然也因此他想找出此脈王學理論的弱點，而其切入點就是「知止」之學，他在答友人書中說：

> 良知之說，本不足諱，即聞見遮迷之說，亦是因病發藥。但其解《大學》處，不但失之牽強，而於「知止」一關，全未勘入，只教人在念起念滅時，用箇「爲善去惡」之力，終非究竟一著。……陽明而禪，何以處豫章延平乎？只爲後人將「無善無惡」四字播弄得天花亂墜，一頓攛入禪乘，於其平日所謂「良知即天理」、「良知即至善」等處全然抹煞，安得不起後世之惑乎？陽明不幸有龍溪，猶之象山不幸而有慈湖，皆斯文之阨也。〔註49〕

從此更可看出劉宗周批評的重點——「知止」之學，也就是陶望齡輩學說的根源，而劉宗周的改革之法乃是從「意」字出發，將傳統「意是心之所發」的說法改爲「意是心之所存」，黃宗羲說：

> 先師之學在「慎獨」。……先儒曰「意者心之所發」，師以爲「心之所存」，人心徑寸間，空中四達，有太虛之象，虛故生靈，靈生覺，覺有主，是曰「意」。不然，大學以所發先所存，中庸以致和

〔註47〕劉宗周，〈學言中〉，《劉宗周全集》（二），頁499。
〔註48〕同註47，〈會錄〉，（二），頁643。
〔註49〕劉宗周，〈答韓參夫〉，《劉宗周全集》（三上），頁422。

爲致中，其病一也。……意是心之主宰，以其寂然不動之處，單
單有箇不慮而知之靈體，自作主張，自裁生化，故舉而名之曰
「獨」。……若云「心之所發」，教人審幾於動念之初，念既動矣，
誠之奚及？〔註50〕

黃宗羲的說法，更加證明劉宗周的對話者，就是陶奭齡背後的那一套思想脈
絡，而陶奭齡在世時，是掌控當時越中的學術界，而劉宗周的思想一直要等
到陶奭齡死後，才逐漸完成，由此也可知陶奭齡的地位之重要。

〔註50〕黃宗羲，〈先師蕺山先生文集序〉，沈善洪主編，《黃宗羲全集》十冊，頁 50
　　　～51。

第六章 結 論

　　明代自萬曆朝後，學術的風向已經起了很大的變化，其中陽明後學的發展尤爲顯著。從對王陽明「良知」的詮釋不同，導致了王學內部的分裂，而王艮、王畿、羅汝芳三人的崛起，又帶起了一「新王學」的風潮。而此風潮的主要特色，即是「佛教」思想的滲入，引領其門下弟子入佛教的殿堂。即使是羅汝芳晚年回歸儒家，但此「援佛入儒」的風潮卻不可遏止。

　　筆者從對王畿此脈下的周汝登、陶望齡、陶奭齡的研究上，發現此「援佛入儒」風潮在萬曆初年稱之爲「學佛知儒」，其意爲透過對佛典的研究，進而能理解儒家的聖賢之道。「未知佛，必不能知儒」，是這種心態的明亮口號，故在陽明後學中的二溪之學在此心態下，被視爲代表，也因此二溪的學術宗旨也深爲人知。而周汝登在其任官南京時，因此心態的影響下，並透過友朋的引領與接引，自然也吸收了二溪的論學宗旨。而他在萬曆二十年與許孚遠之間的「九諦九解之辨」，臺面上是針對王龍溪的「無善無惡說」爲焦點來論辨，但事實上，是對周汝登輩的「援佛入儒」、「儒佛不分」的心態與作法提出批判，當然這一次的辨論在學術圈中引起沸沸揚揚的討論，這對周汝登的名聲有很大的幫助，因而也確立了周氏的學術地位。而「學佛知儒」的心態在此時也有了更深的反省，因爲究竟學的是什麼的「佛」？此「佛」又能知什麼「儒」？而這個問題在周汝登的身上，並沒有得到解答。

　　但也幾乎在同時，陶望齡因中進士，而與當時瀰漫著佛學風氣的北京有了接觸，也因友朋的引領，具有「學佛知儒」的心態，但是此「學佛知儒」的風潮至此又更進一步地成爲「以禪詮儒」，其意爲用佛教的思想，來重新詮釋過去對孔孟之道的說法，並且尋找儒佛兩家共同的宗旨，而此宗旨在儒家

爲「朝聞道夕死可」之說、在佛教則爲「了生死」，也就是說「超脫生死」爲其合一之旨。至此，「學佛知儒」的心態有了實質的方向與內容，陶望齡輩所學的佛是大慧宗杲的看話禪與華嚴禪，而其內容則是華嚴的思想，而在「知儒」方面，則是採用王龍溪的「良知說」與「一念之微」的理論。

儒佛之間的會通，在於「一念」的克治上。從楊慈湖、王陽明到王龍溪都有對「意」的看法，而此看法在其各自的理論中有其重要性，楊慈湖主張「不起意」，王陽明主張「蓋心之本體，本無不正，自其意念發動，而後有不正，故欲正其心者，必就其意念之所發而正之。」王龍溪則說「無善無惡意之動」，而這一脈相承的看法到了陶望齡輩手中，被轉化簡約爲要「了生死」，則須此「念（意）」上觀照的思想。而由於相信此種方法可以了生死，故他們在佛教中找到大慧宗杲的看話禪來作爲修行的工夫，而隱含於看話禪中的華嚴思想，則提供了陶望齡輩對於良知本體的認知。在華嚴思想中的「理事無礙」法界，「一念」是無法存在的，因爲此無礙的境界，去除了人所存有的「分別心」，而當此分別心的消失，也就無善惡是非等對立性的想法之存在，也因此可以理解到「良知，無知，無不知」的境界。

所以在此解釋理論下，在那時興起了一股「良知了生死」的風潮，故當時的士大夫參研佛學的情況，非常普遍。不過目的不一定能否達成，卻已造成了一些流弊，其中最爲人所詬病的，就是是「狂禪」之風的盛行。這種只求悟入，不重修行的態度，盛行於當世，而這些人又以「理事無礙」或「事事無礙」的理論爲盾詞，即使陶周等人試圖透過「念佛持戒」、「遷善改過」等方法，意圖矯正此風，但是也使不上力。此風一直延續到明末，狂禪之盛也導致很多人不信儒也不信佛，視儒家「遷善改過」爲無用，視佛家「無因果」，而陶奭齡在當時就極力舉揚「因果」之學，來反駁此論。

不可否認的是，從二溪周陶以下，他們篤信的學術宗旨事實上也在社會產生不少流弊，如明末清出初士人邵廷采在給友人的信中說到：

> 陽明之學，爲二溪周陶相沿多弊，佛氏遂入而鼓其熾，今之攻陽明
> 者，無得于中，專藉先賢標榜取勝，固非天下眞學人，乃餘人猶沿
> 流守舊，妄以心意知物四無爲宗主，而所爲眞陽明者失矣！〔註1〕

由此可知，當時從二溪周陶所帶起的風潮其影響之廣大，但是它的影響深遠

〔註1〕邵廷采，〈復友人書〉，《思復堂文集》（台北：華世出版社，1977 年），頁644。

至清代乾隆時。學者陸寶千〈乾隆時代之士林佛學〉〔註2〕一文，以彭紹升、
汪縉、羅有高等人來作分析，而其所談的內容與明末時期的風潮大同小異，
這從「合一之旨」即可看出，彭紹升在〈讀論語別〉一文中說到：

> 子曰：「未知生，焉知死？」一知而已，本無生，安有死。……君子
> 上達，小人下達，輪迴之理信矣！朝聞道，夕死可矣，涅槃之路徹
> 矣！〔註3〕

強調「一知」，即是信奉王陽明的宗旨，又說「君子上達，小人下達，輪迴之
理信矣！」這與陶奭齡所認知的「因果說」相同，又說「朝聞道，夕死可矣，
涅槃之路徹矣！」至此，可知「良知了生死」的想法，在清中葉仍然有其信
徒。

〔註 2〕 陸寶千，《清代思想史》（台北：廣文書局，1978 年），頁 197～219。
〔註 3〕 彭紹升，〈讀論語別〉，《一行居集》（台北：佛陀教育基金會，1993 年），頁
128～129。

附　錄

附錄一：陶望齡、陶奭齡年譜

世宗嘉靖四十一年（壬戌）1562 一歲

七月二十二日，陶望齡生於江西九江府。

> 陶奭齡〈先兄周望先生行略〉：「先生諱望齡，字周望，人稱之石簣
> 先生。先生曰：『吾志學甚苦，其且有休歇者乎！』榜所居曰：『歇
> 菴』，故人亦謂之歇菴先生。系出潯陽，先進有仕於台者家焉，遂爲
> 台人，後自台徒越，居郡城之坊；又自坊徒堰，坊與堰，皆以陶
> 名。先生修《世本》曰：「吾傳其可信斷，自宗陽公而下，宗陽始居
> 堰者也。由宗陽公六傳至介庵府君，諱愫，業儒未仕，配金，實維
> 高祖考妣。七傳曰方塘府君諱試，配馬，實維曾祖考妣。八傳曰庸
> 齋府君諱廷奎，配商，實維祖考妣。曾祖泊祖俱以歲薦起家教職，
> 又俱以先大人貴贈工部右侍郎，曾祖妣、祖妣贈淑人。先大人曰泗
> 橋府君，諱承學，由丁未進士歷官南京禮部尚書，致政歸。以先生
> 史官秩滿，進階資德大夫，歿，贈太子少保，妣王贈夫人，臺封太
> 夫人。先大人二品秩□滿，後俱以先生貴加恩者也。自高祖者而下，
> 皆自有誌傳。方先大人之以憲副視兵九江也，太夫人夢雙鶴唳於庭，
> 覺而娩，遂舉巒子。先生長字之曰達、次曰適（高齡）焉。相者金
> 生來謁，先大人命持兩兒視之，曰：『長者貴，次未可知也。』後遂
> 不育。先生既貴復遇之贈以詩，有『四十江州夢裏程，逢君重問舊

啼聲』之句。先生生而岐，嶷弱不弄，進止皆有度，雖在孩楄，見
之者肅然。」〔註1〕

高攀龍（1562～1626）生。

世宗嘉靖四十五年（丙寅）1566 五歲

〈行略〉：「方五歲，未就塾也。人命以句曰：『中舉？中進士？』應
聲對曰：『希賢希聖。』人其雅尚，固爾不獨以敏慧稱也。」〔註2〕

按：徐開任編《明名臣言行錄》：「塾師客戲命以句曰：『中舉？中進
士？』應聲對曰：『希賢希聖。』人又問所親，曰：『吾欲爲聖人，
奚道而可所親？』曰：『學聖人必主敬。』曰：『主敬奚若？』曰：
『主敬必危坐，危坐者跪坐也。』公乃跪坐終日，不怠。」〔註3〕

穆宗隆慶二年（戊辰）1568 七歲

〈行略〉：「大人以左方伯之官河南，攜家自隨，族祖母王貧且寡，
誓不二庭。先大人絕憐重之，令太夫人視猶母，偕之官，中道病
亙，太夫人將與偕返，問先生曰：『若從父邪？從母邪？』時先生甫
七歲，拱而答曰：『男子固宜從父。』遂與仲兄虞仲（諱益齡，又字
虞望，1560～1581.3.23）行，時年亦九歲耳。」〔註4〕

穆宗隆慶四年（庚午）1570 九歲

過庭訓纂集《明分省人物考》：「九歲時，匡坐終日，與其兄虞仲問
答，皆世外語，讀書往往有超解。」〔註5〕

穆宗隆慶五年（辛未）1571 十歲

徐開任編《明名臣言行錄》：「自作文，字成文理，父師不知也；欲
應童子試，父師以其年幼不從。」〔註6〕

〔註1〕 陶奭齡，〈先兄周望先生行略〉，陸夢龍選《歇菴先生集選》，明萬曆末年刊
本，頁1～2，以後皆稱〈行略〉；陶望齡，〈亡兄虞仲傳〉，《歇庵集》（台北：
偉文圖書公司，1976年），頁1771～1776。

〔註2〕 陶奭齡，〈先兄周望先生行略〉，陸夢龍選《歇菴先生集選》，頁2。

〔註3〕 「祭酒陶文簡公望齡」，徐開任編，《明名臣言行錄》（台北：明文書局，1911
年），頁859。

〔註4〕 同註2，頁2～3。

〔註5〕 過庭訓纂集，《明分省人物考》（台北：明文書局，1911年），頁287。

〔註6〕 同註3，頁859。

陶奭齡（1571～1639）生，字君奭，又字公望，號石梁，又號小柴桑老人。〔註7〕

穆宗隆慶六年（壬申）1572 十一歲

陶望齡往京師。

> 〈壽趙老伯母尹太夫人序〉：「隆慶末，大人（望齡父）為太僕，獨望齡洎仲兄（與齡）從詣京師。……是時望齡年十一，兄年十三。」〔註8〕

陶望齡初見趙公雅。

> 〈貴州銅仁知府凝初趙公行狀〉：「予年十一，見公雅（諱淳卿，號凝初道人）於端肅公（諱錦，字元樸，1516～1591）京邸中。」〔註9〕

神宗萬曆二年（甲戌）1574 十三歲

陶望齡拜馮尚齋先生為師。

> 〈馮尚齋先生像贊〉：「年十三，從尚齋馮先生受經，負墻之敬，後先十載，善誘循循，言提其耳。」〔註10〕

神宗萬曆六年（戊寅）1578 十七歲

> 〈行略〉：「年十七，補邑弟子員，與外兄謝開美友，遂致力於古文詞，搜討百氏，力追先秦，所稱中原七子，非其好也。」〔註11〕

> 〈上政府〉：「齡年十七八，即有骨髓之病，生而疲薾，又服藥過差。」〔註12〕

劉宗周（1578～1643）生。

神宗萬曆八年（庚辰）1580 十九歲

陶望齡於北京結婚。

> 〈行略〉云：「年十九就婚於燕邸，時大理卿燕陽商（諱為正，字尚德，1527～1602）公，方以御史持節校士三輔，先生既處甥館，得

〔註7〕 何冠彪，〈晚清理學家三考〉，《明清人物與著述》（台北：商務印書館，1996年），頁37～38，關於其死期見筆者之考證。

〔註8〕 陶望齡，〈壽趙老伯母尹太夫人序〉，《歇庵集》，頁531～532。

〔註9〕 同註8，〈貴州銅仁知府凝初趙公行狀〉，頁1472。

〔註10〕 同註8，〈馮尚齋先生像贊〉，頁2057。

〔註11〕 陶奭齡，〈先兄周望先生行略〉，陸夢龍選《歇菴先生集選》，頁3。

〔註12〕 同註8，〈上政府〉，頁2141。

盡閱都人士所爲文，即燕爾之初，日弄文筆，浹旬遂成裘焉。族兄懋中，比部見之，嘆曰：『弟好學，何必遂邀東萊？』」〔註13〕

按：《小柴桑喃喃錄》：「先兄周望一生只知有父母兄弟，於妻子澹如也，一年入閨閣中不過數日，夜夜匡床相對，講論性命之理，或相與賞奇文析義，不知老之將至。」〔註14〕

拜黃洪憲（字懋中，號葵陽，嘉興人，1541～1600）、劉荊湖爲師。

〈登第後寄君奭弟書〉：「吾庚辰，從太倉劉師，受其繩削，及於痛哭。是冬，游京師諸名公，便爾相許，正吾弟之年也，勉知，勉之。」〔註15〕

過庭訓纂集，《明分省人物考》：「時大理卿燕陽商公，督學北平。就婚於燕都，受業於橋李葵陽、黃學士之門。」〔註16〕

神宗萬曆九年（辛巳）1581 二十歲

三月二十三日，陶望齡之兄陶益齡（虞仲）卒。

陶望齡與董懋策及其兄懋史、弟懋中共學相嗜慕。

〈董揆仲學庸序〉云：「予弱冠時，即與揆仲及其兄信伯、弟建叔共學相嗜慕。揆仲少子，性英敏獨絕過予甚遠，即其兄若弟亦自謂不如也。予時尤寡陋，而揆仲該贍，往往以古文詞及旁典道，予此時初不曉聖賢之學爲何等物也，既釋舉子業，益嗜讀所謂旁典者，顧稍稍心動，還以質幼所習，學庸諸書向所絕不解者，反謬謂能粗通之，以爲大學首明明德、中庸首天命，吾聖人第一義在是矣！不勝自喜，還以語揆仲，而揆仲乃不謂然，予是時亦不謂揆仲語然也。然予所見實粗淺，於知止明善之旨特影附響襲耳！而初不自疑，年既長，此念較切，驗諸日用踐履中，行解多迕，始大悔恨，日思所以遷善補過者，乃知揆仲眞不我欺也。」〔註17〕

按：《康熙會稽縣志》：「董懋策，字揆仲，文簡圯之曾孫，得家學眞傳，精於易理，學者稱爲日鑄先生，設帳於蕺山之陽，受徒講業，

〔註13〕陶奭齡，〈先兄周望先生行略〉，陸夢龍選《歇菴先生集選》，頁3～4。
〔註14〕陶奭齡，《小柴桑喃喃錄》，明崇禎間吳寧李爲芝校刊本，頁3。
〔註15〕陶望齡，〈登第後寄君奭弟書〉其一，《歇庵集》，頁2334～2335。
〔註16〕過庭訓纂集，《明分省人物考》，頁287～288。
〔註17〕陶望齡，〈董揆仲學庸序〉，《歇庵集》，頁429～430。

四方從遊者，歲踰數百人，學舍不足，皆僦屋而居。其月旦總課，必糊名易書列以等第，時人比之白鹿書院。遊成均大司成馮夢禎奇之，待以國士，與雲間張以誠齊名。兄懋史、弟懋中，皆相繼登第而策獨不售，太史陶望齡致書曰：『望齡倖成，是雍齒且侯也，兄何慮焉！』亡幾，病卒。其友提學副使張汝霖爲之私諡置祠，因作疏曰：『鳴呼！吾友揆仲，於癸丑正月之二十六日卒於正寢，其弟子凡三百數十人，相與啓手足而哭之，盡哀跣而出泣，相持而語曰：存不願豐，沒軀求贍，此吾夫子所爲全而歸者也。若乃表其遺行，宣其隱貞夫，非吾弟子邪！僉曰：願惟力是視以光夫子。於是奔號四境，觀者愴然，乃相載之巔謀置祠焉！曰：此吾夫子所聲鐸章教之地也。相嵩峰之陽，謀置塚焉！封樹期必親曰：此吾夫子所手定之壤也。既向余哭而謀私諡之曰：知管者，唯鮑非子邪！誰當諡夫子者？余哭失聲曰：吾揆仲，勁姿外卓，慧心內朗，生劭閱而彌恭歷，困場而能泰，千秋經術，一代人師。居恆恂如以退自命而談經論，事注若懸河，累擊隃蠡，百往不折。鳴呼！使效用當世，其必侃侃能風裁者矣。而僅乃嶽嶽一經，惜哉！按諡法寬和令終曰靖執一不遷曰介宜私諡曰：靖介先生，眾又哭相拜而置旌焉！鳴呼！孔北海屣屢造邑，請爲康成特立一鄉曰：鄭公鄉侯芭負土爲其師楊雄作墳，號曰：元塚孔子墓樹數百皆異種人傳，其弟子各持其國樹種之。揆仲兼致焉！難矣！鳴呼！鄭鄉崒兀，揚塚見恢，參差孔樹，實實枚枚，生不饗榮而沒有餘哀，非昔吾友孰得之哉！其著述甚富，惟大易床頭私錄《大學中庸講意》一書，其姪遑纂集行世，藝林寶之。」〔註18〕

神宗萬曆十年（壬午）1582 二十一歲

張居正（1525～1582）卒。

神宗萬曆十一年（癸未）1583 二十二歲

王畿卒。

神宗萬曆十二年（甲申）1584 二十三歲

〈行略〉：「復自燕返，補試於睦州，時閩儆庸（諱偕春，字孚元，

〔註18〕董清德輯，《康熙會稽縣志》（台北：成文出版社，1989 年初版），頁 518～519。

號敬庸，漳浦人，1537～1604）林公視學兩浙，有□□□，見先生
牘絕嘆賞，以爲浙士無兩□□□，遍索之。會先生已發去，乃檄冠
其先所試士子廩。」〔註19〕

神宗萬曆十三年（乙酉）1585 二十四歲

陶望齡與其兄陶奭齡皆中舉人於南京。

〈行略〉：「以第二人舉於鄉，時伯兄德望亦舉於留都，人相與慕羨
之，先生不屑也。」〔註20〕

按：《小柴桑喃喃錄》：「先兄（望齡）鄉試前元旦，課文宗祠，拈題
得『君子無所爭』一節，及將過武林就試，舟且發，忽復登岸，開
書簏，取原始錄中，『先輩爲高，必因丘陵』節文字，再三披誦，
乃行，同儕笑之。後闈中論孟兩題皆合，卷中亦頗用其語，此豈人
意想所及，直是天機偶動耳！」〔註21〕

按：《小柴桑喃喃錄》：「先文簡嘗夢謁梓潼，神案上有笥貯筆，先兄
就乞之，始授以一，曰：『未足耶！』又授以一，曰：『猶未足耶！』
再授以一筆差小，先兄意嫌之，神曰：『此雖小乃更佳。』後鄉試第
二，會試第一，殿試第三，所謂『雖小乃佳者也。』領鄉薦後，讀
書商氏土城山。一日，晨起語余（奭齡）曰：『吾已推卻一狀元矣！』
余（奭齡）問其故，曰：『昨夢與孫柏潭老師及諸南明羅康洲、張陽
和三先生共飲，諸公以骰盆見授，曰：今當是公改令。余曰：諸公
皆狀元，得四則諸公飲，得六則余飲，意似以六爲會元也。』後果
然亦奇。」〔註22〕

按：《祁彪佳集》：「山之南爲諟軒給諫園，有瑞蓮亭，大理卿燕陽公
所搆，昔陶周望讀書其中。沼蓮有並頭之瑞，周望旋以文章魁天下，
名亭以志其兆。」〔註23〕

〔註19〕陶奭齡，〈先兄周望先生行略〉，陸夢龍選《歇菴先生集選》，頁4。
〔註20〕同註19。
〔註21〕陶奭齡，《小柴桑喃喃錄》卷上，頁25。
〔註22〕陶奭齡，《小柴桑喃喃錄》卷上，頁24。
〔註23〕「土城山房」，祁彪佳，《祁彪佳集》（北京：中華書局，1960年），頁205
～206。土城山房又名西施山房，因土城山俗呼西施山。見「賚園」條，頁
205。

神宗萬曆十四年（丙戌）1586 二十五歲

春，陶望齡應禮部試落第。

〈西施山房〉序：「予讀書西施山房有年矣，今春落第，復來假館，
情境逾適，爲長歌以述之。」〔註24〕

按：陶元藻輯《全浙詩話》：「當萬曆丙戌，應禮部試被黜，主司題
其卷曰：『七藝平平』，公遂發憤，於門牗牆垣俱自書七藝平平四字，
刻意求警拔以變其初。」〔註25〕

神宗萬曆十五年（丁亥）1587 二十六歲

秋，七月，陶望齡作詩〈悲哉行〉。〔註26〕

神宗萬曆十六年（戊子）1588 二十七歲

萬曆戊子秋，九月二日，旴江近溪羅先生卒。〔註27〕

陶望齡作〈猛虎行〉。〔註28〕

仲冬，陶望齡作〈新城曉發〉。

〈新城曉發〉序云：「戊子仲冬望前一日，自新城發時，東方動色
矣，忽大晦以爲月初落耳，俄而遠近皎然，頭鬢衣帶車馬無不變白
者，夾道古柳萬株，垂垂映發若玉。樹林枝上厚者至盈寸，迺知是
霧氣所結，土人云時有之，余初見奇甚，馬上大叫，遂爲長歌，以
志歲月。」〔註29〕

陶望齡待試京師。

〈賀王老年伯母壽序〉：「戊子歲，望齡偕同年王晉伯（諱肯堂，字宇
泰，金壇人）待試京師。講業罷，相攜步游東城隅呂公堂中，因共咨
歎言：『家有老親，即僬寸錄幸甚！非然者，吾不忍老人之懟也。』
望齡曰：『子之二親視吾父十年以少，且伯父壯甚，可勿憂！』晉伯
曰：『不然，吾父雖幸健而老母室於床，自少時固已然矣。』」〔註30〕

〔註24〕陶望齡，〈西施山房〉，《歇庵集》，頁47。
〔註25〕陶元藻輯撰，《全浙詩話》（台北：廣文書局，1976年），頁1810。
〔註26〕同註24，〈悲哉行爲丁亥秋七月大風作〉，頁50。
〔註27〕王時槐，〈近溪羅先生傳〉，收錄於羅近溪，《近溪子集》附集卷一，明萬曆丁
亥建昌知府李膚刊本，頁8。
〔註28〕陶望齡，〈猛虎行〉，《歇庵集》，頁51～52。
〔註29〕同註28，〈新城曉發〉，頁77～78。
〔註30〕同註28，〈賀王老年伯母壽序〉，頁558。

陶望齡初見董其昌（字玄宰，號思白，松江華亭人，1556～1637）於京
師。

〈董玄宰制義序〉：「余髫時竊已讀玄宰所為制義，然不能知其為何
若人，而第見所裒集，名氏錯出於唐薛諸名公間，遂謬計以為其儕
矣！後薄游四方，遂益聞玄宰而甚怪其猶偃蹇諸生間。迨戊子，余
復偕計比來，則玄宰已領京兆荐，籍籍負厚名，愈欲望見之。而
不意得與並舉，瞻企既久，握手如舊識，喜可知也。嘗從容問曰：
『子有海內名，最久，顧久困阨，今迺捷得之，子自量當有異道
乎？』玄宰曰：『吾非以拙擯，非以巧售，雖然且必有巧拙者其時
耶！』」〔註31〕

按：陶元藻輯《全浙詩話》：「己丑闈中作遂極卓鍊凌瑣，以會元自
命，未發榜前數夕，赴正陽門關帝廟卜之，旁有人聞其禱語，大驚，
乃華亭董其昌也，其文亦以會元自許者，索觀公文，乃嘆服自謂不
如，及榜發，公果第一董第二。」〔註32〕

六月二十九日，陶望齡兄與齡之夫人陳孺人卒（年三十九）。〔註33〕

神宗萬曆十七年（己丑）1589 二十八歲

春，陶望齡初遇湛然圓澄於京師。

丁元公〈會稽雲門湛然澄禪師行狀〉：「春，望齡與朱金庭、張元濬
同游應天塔下寶林寺，至天王閣，聞鼾聲，聲使覺之，問曰：『何
人？』師曰：『無事僧也。』諸公與酬問數語，相謂曰：『語淡而味
永，高人也。』揖師問依止何所？師曰：『饑則化飯喫，倦則此地打
眠耳！』諸公共葺靜室以居。」〔註34〕

陶望齡登進士第。

《明史》：「舉萬曆十七年會試第一，殿試一甲第三，授編修。」

〔註35〕

〔註31〕 同註28，〈董玄宰制義序〉，頁 446～447。
〔註32〕 陶元藻輯撰，《全浙詩話》，頁 1810。
〔註33〕 陶望齡，〈德望兄暨配陳李二孺人墓誌銘〉，《歇庵集》（台北：偉文圖書公司，
　　　　1976 年），頁 1317。
〔註34〕 丁元公，〈會稽雲門湛然澄禪師行狀〉，《禪宗集成・會稽雲門湛然禪師語錄》
　　　　（台北：藝文印書館，1968 年），頁 15474。
〔註35〕 張廷玉等，《明史》（北京：中華書局，1995 年），頁 5712～5713。

〈行略〉：「以第一人舉於南宮，廷對擢第三人，授翰林院編修，與焦修撰弱侯，讀書秘館，朝夕相激發，於是專致力於聖賢之學，寓書爽齡謂：『向時迷陋，視一科名爲究竟地，正如海師妄認魚背謂是洲岸，弟聰明宜蚤悟，勿似而兄。』」〔註36〕

按：《小柴桑喃喃錄》：「功名浮物，非駐足地。先周望登第後，寓書與余謂：『向時迷陋，視一科名爲究竟，正如海師妄認魚背謂是洲岸，吾輩須大開眼目，提起此身在公卿大夫之上，勿令爲些小得意事壓倒，即前頭有無窮進步地矣。』」〔註37〕

與同年徐彥登（字允賢，號景雍，仁和人）相友愛。

〈山東道御史允賢徐公墓誌銘〉：「萬曆己丑，舉禮部，名第四，繼選爲庶吉士，與望齡同讀書院中。予性既淺拙，常欲求得闊疏者與之處，故與允賢相友愛，異甚！」〔註38〕

與同年王肯堂謁郭士吉之父郭豸（字子仁，號重齋）。

〈晉府左長史重齋郭公墓誌銘〉：「萬曆歲己丑，望齡偕同館生金壇王肯堂宇泰、南宮郭士吉希參，謁重齋先生於其家，皆父友也。既升堂，亂帙塞座間，時主人未出，相與竊視，皆手槁。遽讀一二，語鋒辯嚴，峻如從壁蟧窺武庫，既謁拜，灑然意斂，耳目皆新聳，以爲邃古之人，非世所嘗見也。」〔註39〕

與同年方大鎮（字君靜，桐城人）相善。

〈方布衣集序〉：「予與桐城方君靜同舉己丑春榜，相善，嘗出其尊公先生所爲〈連理樹賦〉示之，固知先生能善道其情者也。」〔註40〕

神宗萬曆十八年（庚寅）1590 二十九歲

陶望齡壽其師常居敬（字汝一，號心吾，江夏人）之母。

〈壽常太師母王老夫人序〉：「萬曆庚寅，吾師（常）心吾先生卿太僕，奉其太夫人京邸，時春秋六十有七矣。設幃之辰，其門下士羅應斗等若而人，咸得造梱內再拜望見上，邑酒爲壽，而望齡稱引詩

〔註36〕　陶奭齡，〈先兄周望先生行略〉，陸夢龍選《歇菴先生集選》，頁4。
〔註37〕　陶奭齡，《小柴桑喃喃錄》卷上，頁4。
〔註38〕　陶望齡，〈山東道御史允賢徐公墓誌銘〉，《歇庵集》，頁1166。
〔註39〕　同註38，〈晉府左長史重齋郭公墓誌銘〉，頁1181～1182。
〔註40〕　同註38，〈方布衣集序〉，頁392。

人松柏之義爲詞以獻。」〔註41〕

神宗萬曆十九年（辛卯）1591 三十歲

四月九日，陶望齡兄陶與齡（字德望，號石堂，1550.8.6～1591）卒。
六月一日，陶望齡聞其訃。

〈行略〉云：「四月初九，德望復棄世，先大人悲且病，先生聞訃，
請告亟歸以慰親。」〔註42〕

按：《湧幢小品》：「陶石簣之兄與齡，舉南都，蜀禮部尚書李工長春
實以諭德主試事。甲午，其子李生，自成都試罷，盛氣自得，中路
有道人迎馬笑語，謂：『生勿妄念也，解元某，子甲耳！』生怒捶之，
道人曰：『爾不識會稽陶與齡，而辱長者。』生茫然不能省，然耳熟
其名，怪其言，爲舍而去。歸以告尚書公，公歎曰：『噫！是余門生
而編修君兄也，死矣。何爲見之？』及放榜，言皆符，於是兩川皆
傳與齡實仙去，未曾死也。」〔註43〕

按：《康熙會稽縣志》：「陶與齡，字德望，號石堂，宗伯諡恭惠，承
學長子，望齡奭齡皆其弟也。爲人通敏沉默，酬答簡約，失得弗爲
悲喜，篤于孝友而淡于聲華。萬曆乙酉舉于鄉，出成都宗伯李長春
門。未幾即世。甲午，長春子雲卿自成都試還，盛氣自得，于龍象
山麓遇一道士，迎馬笑語謂：『生勿妄想，解元屬某矣。汝當以庚子
得雋，丁未乃成名耳。』雲卿怒欲捶之，道人曰：『我會稽陶與齡，
爲若翁門下士，特欲汝恬守，故來語汝，何辱我爲？』雲卿歸白其
父，久知與齡物，故訝之曰：『與齡殆登仙矣。』已而，所語皆驗，
蜀人盛傳其事，特建遇仙橋。書寄望齡，爲之作記。冢子履中任瑞
州知府，爲士民愛戴，入名宦祠曾與姑熟李一公同爲部曹，後一公
提刑四川，稽故老、搜郡乘，得實刻石于遇仙橋邊，取其境地佳，
與蜀獻王之遇三丰類也。詞曰：『吾聞八百里鑑湖，天水姻雲黏菰蒲，
華陽道侶多精廬，中有一人仙之臞，隱几手弄日月珠，飄然乘風遊

〔註41〕 同註38，〈壽常太師母王老夫人序〉，頁 543。
〔註42〕 陶奭齡，〈先兄周望先生行略〉，陸夢龍選《歇菴先生集選》，頁 4；同註38，
〈亡兄德望傳〉，頁 1765～1771。
〔註43〕 朱國禎，《湧幢小品》，《筆記小說大觀》（台北：新興書局，1987 年），頁
4971。

蜀都，一笑偶到山川隅，日暮道遠行人吁，馬首數語開靈符，仙影
一去山模糊，事奇語怪驚群愚，蜀山幽閟仙靈居，青城鸞鶴驂霞裾，
峨嵋古雪侵肌膚，先生倘在其來乎！』」〔註44〕

有壯火之疾。

　　〈上政府〉：「年三十，又有壯火之病，脈理煩瀇，醫謂不治，節嗇
萬端，幸延視息，然壯心已盡矣。」〔註45〕

七月，望齡告病回籍。〔註46〕

神宗萬曆二十年（壬辰）1592 三十一歲

回家途中經武林，其同年錢桓（號養廉）之父錢立（字守禮，號卓菴，
仁和人，1531～1593）探望陶望齡於旅社中。

　　〈廣西按察司副使卓菴錢公行狀〉：「望齡從公子工部主事某同舉南
省，病歸道武林，公從兩人肩皂布小輿顧望齡旅舍中。」〔註47〕

於家中作《章寧州詩集》序。

　　《章寧州詩集》序：「辛卯，僕以病退耕里中，先生子太學生某，
始以葛山人曉所葺詩一編示之，既竟讀益自愧歎，其居處之近而知
先生之晚，遂受而為序。」〔註48〕

壽其師常居敬於虎林。

　　〈賀大中丞常老師五十壽序〉：「當歲壬辰，壽我公於虎林也。」

〔註49〕

六月一日，陶望齡兄與齡之繼室李孺人卒（年二十）。〔註50〕

神宗萬曆二十一年（癸巳）1593 三十二歲

二月二十日，同年錢桓之父錢立卒。

六月，撰〈廣西按察司副使卓菴錢公行狀〉。〔註51〕

八月十六日，同年郭士吉父卒，屬望齡作銘。

〔註44〕董清德輯，《康熙會稽縣志》，頁 561～562。
〔註45〕陶望齡，〈上政府〉，《歇庵集》，頁 2141。
〔註46〕陶望齡，〈請告疏〉，《歇庵集》，頁 1677。
〔註47〕同註46，〈廣西按察司副使卓菴錢公行狀〉，頁 1460。
〔註48〕同註46，《章寧州詩集》序，頁 401～402。
〔註49〕同註46，〈賀大中丞常老師五十壽序〉，頁 478。
〔註50〕同註46，〈德望兄暨配陳李二孺人墓志銘〉，頁 1317～1318。
〔註51〕同註46，〈廣西按察司副使卓菴錢公行狀〉，頁 1471。

〈晉府左長史重齋郭公墓誌銘〉：「癸巳八月十六日，先生（郭重齋）卒，其治命以狀屬肯（王肯堂），銘歸望齡。」〔註52〕

十月，望齡與謝開美、汪見苓、吳雲從同遊雲巖，作〈雪巖四首〉。

〈雪巖四首〉：「萬曆癸巳十月十一日，夜坐雲巖天梯上，雲色瀁霽，四顧蒼然，悵不見月，偶述四絕，時同遊者謝開美、汪見苓、道士吳雲從。」〔註53〕

自越北上北京訪其師許少傅，並為其作〈題許少師冊四首〉。

〈題許少師冊四首〉：「吾師少傅公之歸也，望齡已得告返越，故餞送之言無與焉。癸巳冬十月，自越詣新都，恭謁我師於高陽里，出是冊示之且曰：『子不可無一言。』承命敬述四章，贅諸紙尾，抒懷頌德見于詞矣。」〔註54〕

神宗萬曆二十二年（甲午）1594 三十三歲

病痊，赴部仍補原官。〔註55〕

修國史，撰〈開國功臣傳〉。

〈行略〉：「奉命詣闕補原職，同修國史，撰〈開國功臣傳〉，會南充陳閣學（陳于陛〔註56〕，字元忠，號玉壘，南充人，1545～1594）卒於位，史局輟，遂弗竟厥緒。」〔註57〕

按：〈與焦弱侯年兄〉：「史事近已借得實錄檢出，冬底可下筆，屬草功臣傳，紀述似差易，若賦役則大難措手。所有會典、會計皆不足倚仗，蓋會計詳於數目而略於興除；會典尤草草，所據者實錄而其利病恐亦未多，及今且備訪各省通志，以相考證，不知能無大謬否？」〔註58〕

與董其昌、袁宗道、宏道、蕭雲舉（字允升，號玄圃，宣化人）、王衷白為禪會。

《容臺別集》：「甲午入都，與余復為禪悅之會，時袁氏兄弟、蕭玄

〔註52〕 同註46，〈晉府左長史重齋郭公墓誌銘〉，頁1182。
〔註53〕 陶望齡，〈雪巖四首〉，《歇庵集》，頁134～135。
〔註54〕 同註53，〈題許少師冊四首〉，頁136。
〔註55〕 同註53，〈請告疏〉，頁1677。
〔註56〕 談遷，《國榷》（台北：鼎文書局，1978年），頁4785。
〔註57〕 陶奭齡，〈先兄周望先生行略〉，陸夢龍選《歇菴先生集選》，頁5～6。
〔註58〕 同註53，〈與焦弱侯年兄〉其二十六，頁2398～2399。

圖、王衷白、陶周望數相過從。」〔註59〕

五月二十五日，望齡撰〈養蘭說〉。〔註60〕

神宗萬曆二十三年（乙未）1595 三十四歲

四月，陶望齡爲湛然圓澄校正其《宗門或問》一書。

陶望齡與黃輝（字平倩，一字昭素，四川南充人）及潘洙同爲會試考官，得湯賓尹（字嘉賓，號霍林，宣城人）、王爾康等名士。

〈行人王道安先生墓誌銘〉：「當萬曆乙未，予從黃庶子輝、潘吏部洙，偕爲會試同考官。潘君懷二牘視予曰：『此一取、一廢矣，君以爲何若？』予曰：『君所廢，其人佳士，不可失也。』潘君曰：『然業既裁定，當奈何？』復以視平倩，平倩益振袂言：『君可憚百反耶！吾二人助君。』爲請竟廢取者，取廢者，其人即道安也。」〔註61〕

按：《居士傳》：「王道安（1567～1604），名爾康，號性海居士，盧陵人。父育仁，終涪州知州之官，時攜家宿旅亭，夢大比邱入門，而生道安。道安生而淵默，兒時常樂趺坐，年十三，見案上圓覺經，竊觀之，父遇問曰：『解否？』應曰：『解！』時道安實未曉文義，父遽指經語曰：『試解之！』道安惶迫無以應，良久胸中豁然開裂，夙慧頓發，即爲父宣說其義。父駭之，退而博覽佛，皆如夙所習。萬曆二十三年，舉進士，授行人，先後奉詔冊封，諸王問遺無所受，遇名山輒留止。嘗習靜焦山，半歲乃出。初受戒於雲棲宏公，修念佛三昧。復參求宗要，用力精猛，一日輿行，幹折忽有省。及使唐時，又得旨於松杏老人。語人云：『吾至是始名舍兩臂矣！』居常行履純密，夕每端坐至曉，自謂不過彈指頃。陶周望善道安，問曰：『入道以何爲功？』曰：『道無功也。』周望曰：『無功何以進道？』曰：『司無功之功至矣。』既而復以書告曰：『直心易，深心難，有功之功易，無功之功難。』周望甚服之。二十九年謝病歸，居招提中，爲眾講起信論。著起信疏記。無何瘍生左足，日講楞嚴不輟。巳而右足又生瘍，漸劇，預知不起。捨田宅與僧，

〔註59〕董其昌，《容臺別集》卷三，收錄在《容臺集》（台北：中央圖書館，1968年），頁1798。

〔註60〕同註53，〈養蘭說〉，頁1720。

〔註61〕陶望齡，〈行人王道安先生墓誌銘〉，《歇庵集》，頁1197。

擇日爲券，其友請以十月朔後十日，道安曰：『吾不待也』易以
朔。謂其友曰：『後九日吾行矣！』及期，見□僧繞案有頃曰：『天
人至矣！』遂瞑。斂之夕，地震動，屋瓦盡鳴，卒年三十八。道安
在時，嘗止小樓，誦華嚴經，妻劉氏夢大日輪懸樓上，光彩煜然，
不可正視寤而言之，道安爲語佛法，欣然信受，屏屎葷血清淨自
居，先道安三歲沒，沒時了然若無事者。」〔註62〕

〈行略〉：「乙未，分校禮闈，得今庶子湯嘉賓等共十九人，皆一時
知名士。」〔註63〕

按：《小柴桑喃喃錄》：「宣城湯嘉賓，先文簡門人也。性簡傲，不避
嫌謗，失意家居，頗以聲色自娛，其門下遂假拖肆行，至誘奪子女，
嘉賓或不知也，士民皆忿恨。死，肉未寒，家不遺片瓦，聞者皆謂
嘉賓不自愛惜，負其師門。然嘉賓實負性耿介，有古烈士風。李文
介（李廷機）爲相，舉朝攻之，移居射所小廟，其門生故人無一人
敢闖其門者。應天甲午解頭，文介所取士，引爲詞林，亦過門投帖，
而嘉賓每一二日即攜酒相過劇談，數刻乃去。至庚戌闈中，所搜諸
卷皆素所賞識，士絕未嘗有所交私。憶丁未年，余上春官，嘉賓分
考，已得旨迴避。次日且入簾矣，嘉賓忽過余寓劇談久之，余飲之
酒至晡時始去，闈中命題多嘉賓所擬，其意欲以一二相授而余絕口
不及此，故難於發言而罷，此豈亦有所私，不過以生平交誼且謂余
亦可無參一第，故至此如嘉賓世爭詆訛之，不知其品行亦有末流所
不及者。」〔註64〕

陶望齡授經義於詹光仲。

〈壽詹母江恭人序〉：「萬曆乙未，予從史職居京師，詹生光仲以其
尊人觀察公命，來就予授經義。」〔註65〕

十月，復以疾賜告歸〔註66〕，途中經金閶與袁宏道飲，會中有洞庭之約；
後與潘洙會於會稽並相與遊靈隱。

〔註62〕彭紹升，《居士傳》（江蘇：廣陵古籍刻印社，1991年），頁501～503。
〔註63〕陶奭齡，〈先兄周望先生行略〉，陸夢龍選《歇菴先生集選》，頁5。
〔註64〕陶奭齡，《小柴桑喃喃錄》卷上，頁19～20。
〔註65〕陶望齡，〈壽詹母江恭人序〉，《歇庵集》，頁577。
〔註66〕同註65，〈請告疏〉，頁1677。

〈南關榷使潘公德政碑記〉:「萬曆乙未,望齡與鵬江子(潘洙)同役禮闈,既竣,鵬江子遂奉命來司關事。其冬,望齡亦得請歸,會稽再會之湖上,相與乘筍輿入靈隱,當高峰之巔,興酣弁敧,網上脫幾至髮。」〔註67〕

〈游洞庭山記〉:「歲乙未,予再以告歸,道金閶與友人袁中郎爲吳令,飲中語及後會,時方食橘,曰:『予俟此熟,當來遊洞庭。』」〔註68〕

〈行略〉:「交公安袁宮諭伯修、南充黃宮平倩,日相究竟,遂有詣入。乃與奭齡書言:『此事本非難搆,讀書人聰明聞見,自塞自礙耳。』又云:『吾近與袁伯修先輩及一二同志游從,消釋拘累,受益不淺,然尚有不疑之疑,須於虛空中,大踏一步,方始淨盡。』是年考滿,既推恩父母,封嫂商孺人,曰:『「吾持此可以歸矣」,復詣告返越道吳,從吳令袁中郎語。三日,上剡溪謁海門周子,嗣是,咨請扣擊,往來靡聞,然每自指膺曰:『吾此中終未穩在!』一日讀方山《新論》,手足忭舞,趨語奭齡曰:『吾從前眞自生退屈矣!』」〔註69〕

按:《居士傳》:「三日,上剡溪謁周海門參叩甚力,每自指膺曰:『此中終未穩在!』一日讀方山《新論》,手足忭舞,趨語奭齡曰:『吾往者空自生退屈也!』海門嘗致書詰其所得,周望復書曰:『竊聞華嚴十信,初心即齊佛智,佛智者,無待之智也,何階級之可言哉!然必五十位升進,鄰於二覺,後契佛乘,孔子三十而立已歷信位矣!然必知命耳順以至從心,蓋知見久汰而日銷,習氣旋除而日淨,如精金離礦,經鍛鍊而益露光芒,嬰兒出胎,加歲時而自然充長,人形金體,不異舊時;瑩淨魁梧,新新莫掩,然則放刀屠兒、獻珠龍女,無待之智燈也。懶安拽鼻二祖,調心神化之實功也,以緣起無生爲覺照,故不屬斷除,以佛知見爲對治,故不落二乘耳!是故道人有道人之遷改,俗學有俗學之遷改,凡夫於心外見

〔註67〕 陶望齡,〈南關榷使潘公德政碑記〉,《歇庵集》,頁882。
〔註68〕 同註67,〈游洞庭山記〉,頁1953。
〔註69〕 陶奭齡,〈先兄周望先生行略〉,陸夢龍選《歇菴先生集選》,頁5~6。

法，種種善惡執爲實有，如魘人認手爲鬼，稚子怖影爲物，遷改雖嚴，終成壓伏。學道人善是己善、過是己過、遷是己遷、改是己改、以無善爲善，故見過愈微；以罪性本空，故改過甚速。顏子有不善，未嘗不知，知之未嘗復行者是也。僧問古宿如何保任？曰：一翳在目，空花亂墜。大慧亦言：道學人須要熟處生，生處熟，如何生處，無分別處是。如何熟處，分別處是。到此則過是過，善亦是過，分別是習氣，饒你不分別亦是習氣，直得念念知非，時時改過，始有相應分是眞遷改、是眞改過，是名隨心自在，亦名稱性修行。先代聖賢所有言說，總不出此，尚何置同異於其間哉！然僕今日之病，則在悟頭未徹，疑情未消，解處與行處、說處與受用處，未能相應。以此惻惻，居心不寧，老丈何以救之？周望居常參一歸何處公案，自言緊作課、寬作程，一生再生，會有出頭分，不敢求速效也。』」〔註70〕

神宗萬曆二十四年（丙申）1596 三十五歲

余以丙申歲遊包山，主僧望西房其徒號青蓮者從予遊，後歸夢寐未嘗不在消夏石公間也。望西兩至予舍，問其徒則已遷化，人生若此，未審有復至之期否？然爲作雜詩八章書於冊後。〔註71〕

四月己未，前太子太保兵部尚書吳兌卒，浙江山陰人，嘉靖己未進士。

陶望齡曰：「方俺答革面，款事新起，若虎豹縈牢圈，猿狙被衣冠，杌杌不可以終日。然疆牧宴然，兵刃不試，若此之久，豈非公之力哉！倡端易，終之實難，維八踵王方之宏績，創羈策之始途，逢虎之怒，準肉全毀之間，致狙之喜，賦芋三四之數，雖長孫著節於雷霆，郭公遺愛於勞面，仁愿樹績于受降，靡以過耳！」〔註72〕

六月，耿天臺卒。〔註73〕

夏秋中，中郎書再至申前約，而小園中橙橘亦漸黃綠矣。遂以九月之望發山陰，弟君奭、侄爾質、曹生伯通、武林僧眞鑑皆從。

〔註70〕 彭紹升，《居士傳》，頁 586～594。
〔註71〕 陶望齡，〈贈洞庭僧望西八首〉，《歇庵集》，頁 193～194。
〔註72〕 談遷，《國榷》，頁 4771。
〔註73〕 管志道，〈祭先師天臺耿先生文〉，《管子惕若齋集》卷四，日本內閣文庫，頁 1。

九月二十八（丁巳）日，抵蘇，止開元寺與袁中郎會合。

孟冬一日，撰〈游洞庭山記〉，聊志歲月爾。〔註74〕

冬，陶望齡書〈中原文獻序〉於金陵。〔註75〕

神宗萬曆二十五年（丁酉）1597 三十六歲

二月十九日起，望齡與袁宏道、方文僎、王贊化、奭齡同遊西湖。〔註76〕

按：袁宏道〈御教場〉云：「余始慕五雲之勝，刻期欲登，將以次登南高峰，及一觀御教場，游心頓盡。石簣嘗以余不登保叔塔爲笑，余謂：『西湖之景愈下愈勝，高則樹薄山瘦，草髠石秀，千頃湖光，縮爲杯子，北高御教場是其樣也。雖眼界稍闊，然我身長不過六尺，睜眼不見十里，安用此大地方爲哉？石簣無以難。』飲御教場之日，風力稍勁，石簣強吞三爵，遂大醉不能行，亦是奇事。夫石簣之醉，乃滄田一變海，黃河一度清也，惡得無紀哉！」〔註77〕

按：袁宏道〈鑑湖〉云：「鑑湖昔聞八百里，今無所謂湖者。土人云：『舊時湖在田上，今作海閘，湖盡爲田矣。』賀監池去陶家堰二三里，闊可百十頃，荒草錦茫如煙，蛙吹如哭，月夜泛舟於此，甚覺凄涼。醉中謂石簣：『爾狂不如季眞，飲酒不如季眞，獨兩眼差同耳！』石簣問故？余曰：『季眞識謫仙人，爾識袁中郎，眼詎不高與？』四座嘿然，心誹其顚。」〔註78〕

按：袁宏道〈西施山〉云：「西施山在紹興城外，一名土城，西施教歌舞之處，今爲商氏別墅。嘗同諸公宿此一夜，石簣和余詩曰有云：『宿幾夜嬌歌豔舞之山。』蓋謂此也。余戲謂石簣此詩當註明，不然累爾他時諡文恪公不得□□□大笑。因曰：『爾昔爲館娃主人，鞭箠叱喝，唐突西子，何顏復行浣溪道上！』余曰：『不妨，浣溪道上，近日皆□施娘子矣。』」〔註79〕

〔註74〕同註71，〈游洞庭山記〉，頁1953。

〔註75〕焦竑編，《中原文獻》，《四庫全書存目叢書》（台南：莊嚴出版社，1997年），集三三〇，頁7。

〔註76〕「袁中郎遊記」，袁宏道，《袁中郎全集》（台北：世界書局，1990年），頁12。

〔註77〕同註76，頁17。

〔註78〕同註76，頁20～21。

〔註79〕同註76，頁21。

　　萬曆丁酉三月二十日，公安袁宏道、歙方文撰、山陰王贊化、會稽陶望齡奭齡同遊五泄〔註80〕。陶望齡有作〈游五泄〉詩六首。

　　九月二十七日癸巳，陶望齡等遊台宕（浙江省台州府），陶望齡有作〈游台宕路程〉。

　　陶望齡與袁中郎等遊天目山。

　　　　〈聯峰上人荊庵疏〉云：「萬曆丁酉，余與吳令袁中郎游天目，禮三
　　　　祖師塔，徘徊幻住開山之間，信宿而去，因相與歎，宗風墜地，佛
　　　　祖正令不行於世，深心正定之士蓋鮮，一二淺薄者，初獲相似，解
　　　　繞若電光，而狂蕩四走，誤己賺人，名曰：『提持』，實為五宗蟲
　　　　賊。」〔註81〕

　　陶望齡有作〈贈天目僧少年嘗選為兵與倭鬥傷臂〉詩一首。

　　　　按：袁宏道〈初至天目雙清莊記〉云：「數日陰雨，苦甚，至雙清莊，
　　　　天稍霽。莊在山腳，諸僧留宿莊中，僧房甚精，溪流激石作聲，徹
　　　　夜到枕上。石簣夢中誤以為雨，愁極遂不能寐。次早山僧供茗糜，
　　　　邀石簣起，石簣歎曰：『暴雨如此，將安歸乎？有臥遊耳！』僧曰：
　　　　『天已晴，風日甚美，響者乃溪聲，非雨聲也。』石簣大笑，急披
　　　　衣起，餂茗數碗，即同行。」〔註82〕

　　　　按：袁宏道〈紀怪〉云：「夜坐雙清莊，與石簣各譚新鬼。石簣言：
　　　　『余嫂以去歲卒，卒之日，一婢忽顛，自言為某村某家婦，以縊死，
　　　　隨眾鬼乞食至此，臨去為眾所擁，不得前，因失道，此時饑餒甚，
　　　　可以一飯飼我，其求食之狀，甚遽迫，極可哀憐。頃之，飯至，婢
　　　　遂扑地上，如睡方醒，問之，一無所知。』又言：『其鄉有一士夫家，
　　　　婦病中，忽言某姑某娘子來，某叔某姪來，皆死十年或一二年者，
　　　　與之酬答，一如生人禮數。數日，忽言閻羅來杖我矣，即以身跌地
　　　　受杖，痛楚之聲，徹於中外，遍身皆有杖痕，或跪地以手受杖，十
　　　　指俱青，血淥淥滴下，或旋轉床上，迅疾如風，問之？則曰閻羅磨
　　　　我，其毒苦之狀，百倍人間。數日後稍甦，自言某本上仙謫向此土，
　　　　因忘卻舊因，處世妒嫉，故令我活受此報，今報已盡，當復歸天上

〔註80〕陶望齡，〈第五泄〉，《歇庵集》，頁 176。
〔註81〕同註80，〈聯峰上人荊庵疏〉，頁 1837。
〔註82〕「袁中郎遊記」，袁宏道，《袁中郎全集》，頁 24。

矣。言已，遂卒。』又言：『近一族孫婿婚未半載，夜夜見一美婦人來，與同寢處，遂與妻□室，未幾，舉止顛甚，每向人言世間無可戀，除卻死更無樂事，時以襪繫自縊，或投水中，家人環而守之。一夕，守者倦，竟死於廁，與李赤事絕相類。』三事皆可紀，故識之於書，以廣異聞。」〔註83〕

按：袁宏道〈天目二〉云：「天目之山，敞于幻住，奇於立玉，險于獅子巖，幽于活埋菴，菴小而飾，竹石皆秀，面峰奇削，廣不累丈，遊人行刀脊上，髮皆豎，峰巔老松，偃石側出，周望緣而上，做其幹，余謂：『陶王孫』今即真矣。周望身贏瘦，故有此戲。」〔註84〕

按：袁宏道〈宿落石臺記〉云：「下齊雲，乘筏沿溪，至落石臺，石墮溪水邊，倚絕壁，可布一席。岸上僧彌，絕無好事者，聞客來，皆閉門。近顯一牆，字甚精，余顧石簣曰：『此地可闖入，不須更問主人也。』拉石簣入，諸客亦逡巡入，溪光山翠，錯雜几案，二少年出揖，貌甚清，客曰：『此會稽陶先輩也』二少年踴躍復揖，治酒閣上，與之商舉子業，至丙始休。溪聲徹夜鳴，如萬松聲。次早二少年索詩及題額，余名其閣曰：『溪聲。』石簣曰：『此余天目所夢之雨也。』因明其齋曰：『夢雨』，各作詩二章遺之。」〔註85〕

陶望齡有作〈過釣臺用嚴子陵韻同袁中郎賦〉四首得二。

按：袁宏道〈釣臺記〉云：「登釣臺之日，天已昏黑，燒竹讀壁間詩。館人云：『山間有虎』。余等興發不可止，至半嶺，導者云：『天黑草深不辨徑，踟躕乃下。坐石上，與石簣論子陵人物，余謂子陵知不可用而不用者也，當新莽之世天下崩潰，騁捷足而攀鱗翼，此亦志士一時，翁何戀戀一卷石也？或曰：『子陵者，其高義不屑為故人臣，而其英傑之氣，凌凌屬屬，亦決然非人臣度也。夫義不臣故人，當時首事者，不盡故人也。氣不為人臣，方賊臣貫盈，逐失鹿而獵漢家已溺之鼎，此其辭亦直亦正，且光武何人也，英雄不世出之主也。當群雄相角，文叔急士之心，如渴求水，故人誠可用，其所以物色尋求者，豈待即位後哉？知不可用，故待故人者止於諫

〔註83〕「袁中郎隨筆」，袁宏道，《袁中郎全集》，頁4。
〔註84〕同註83，頁25。
〔註85〕同註83，頁26。

議，知故人之必不為我用，因而以虛名與之也，故寵之以足加帝腹。嚴翁之為人不能出光武之目明矣！』石簣曰：『如子言，子陵一庸人耳！何足道？』余曰：『不然，子陵以無用為用者也。知其無用而不用，此識勝也；不求用人，雖欲用我而不可得，此才勝也。故才與識，一者不至，未有能隱者也。不然，既不知己之無用，又不能堅己不用之心，以自全其不可用，此殷浩种放之流，所以聲名不終，而隱顯俱失者，其視子陵品格，何止天淵哉！』」〔註86〕

陶望齡作〈奚孺人傳〉。

〈奚孺人傳〉：「丁酉，予與袁儀部中郎過其（孟禮卿際可）館，饋食豐潔，飲畢，為孟母節壽詩各一章。禮卿因言母嫠居甚苦，賴婦奚婉順，晚歲頗歡適耳！中郎笑指盤中食品曰：『君婦不獨賢孝，又多能也。』」〔註87〕

〈題水亭圖〉：「南京春官尚書宅在柳樹灣池館，迴余與繼源讀書其中，時嘗見此圖，別後二十年始會於北都，繼源復出此，求詠追記舊游，宛宛在目，人事變徒悵然，而悲會。予復告歸，又二年，丁酉，始書此寄呈繼源於南京。崔顥題詩在上頭，莫訝羞澀難出手也。」〔註88〕

神宗萬曆二十六年（戊戌）1598 三十七歲

六月三日，陶望齡父陶承學卒于家。〔註89〕

〈行略〉：「先大人棄養，先生率奭齡、祖齡治喪如禮，共寢堊室中，讀禮之餘，靜默相對而已。」〔註90〕

按：談遷《國榷》：「六月，丙辰，前南京禮部尚書陶承學卒，承學字□□，會稽人，嘉靖丁未進士，授中書舍人，遷南京御史，出知徽州，課最。□□□□□□□□□至今，生平清謹，終始一節，予祭葬，贈太子少保，天啟初，諡恭惠。林之盛曰：『前代重門第，而

〔註86〕 「袁中郎遊記」，袁宏道，《袁中郎全集》，頁26～27。
〔註87〕 陶望齡，〈奚孺人傳〉，《歇庵集》，頁1802。
〔註88〕 同註87，〈題水亭圖〉，頁161～162。
〔註89〕 朱賡，〈南京禮部尚書進階資善大夫贈太子少保陶公神道碑銘〉，《朱文懿公文集》（台北：文海出版社，1970年），頁841。
〔註90〕 陶奭齡，〈先兄周望先生行略〉，陸夢龍選《歇菴先生集選》，頁6。

我朝貴家學，陶氏世麟經，獨泗橋公父子以易名。廉而不劌，厚而有容，庶幾可以無大過乎！江陵最能籠絡人，而不能加公，後以拾遺去，殊不足爲公病。蘭亭禹穴之間，獨不自得乎！若公者可爲清厚之重臣矣！』」〔註91〕

按：《康熙會稽縣志》：「陶承學號泗橋，嘉靖丁未進士，初仕中書，擢南臺御史，時仇鸞擅寵驕橫，言者多被斥，承學抗疏力詆之。出知徽州，甫下車較士，識許國爲廟廊器，拔置第一。徽故多訟，承學敏於決斷，邑民裹糧就獻者，朝至夕去，徽人號爲『半升太守』，言食米半升而造即質成也。報最轉九江副使，會景藩就封，派舟夫萬餘於徽，承學以山民不便水役，捐俸僱值，徽民建祠尸祝，名曰『思仁』。歷官南禮部尚書，立朝持大體，制度多所裁定。致仕，特恩存問歲月給月俸，後疾卒，予祭葬，贈太子少保，諡恭惠。子五：與齡舉人、望齡會元、奭齡舉人、祖齡國學生、祖齡之子履卓會魁，孫輩列諸生者數十人，咸謂恭惠之德懋焉。」〔註92〕

戊戌，（詹）光仲復偕其弟休倩來學陶望齡於會稽。〔註93〕

神宗萬曆二十七年（己亥）1599 三十八歲

二月，陶望齡訪周汝登。

〈題周雙溪先生遺訓卷〉：「春，二月，望齡訪海門（周汝登）先生於剡，相與泛舟曹娥江，出示此卷（《周雙溪先生遺訓》）。余時初遘哀疢，讀之增愴，自念先人手澤尚新，而實墜不少，重復愧恨。海門子有從兄曰剡山，嘗聞道龍谿先生之門，精心密行，有三絕之號。海門子最初發心，資其鞭策。予因海門子知剡山，又因是紙聞雙溪先生之訓。」〔註94〕

按：《嵊縣志》云：「周夢秀，字繼實，震之子。爲邑諸生，自少以道學名，潛心篤行，瞻視不苟，已而讀竺典，有悟。屏絕世味，惡衣糲食，宴如也。性好施槖，錢不蓄，有所入，輒分給親友之貧乏者。時例廩生限年起貢，次當及夢秀，義不敢承以讓友。事父孝，

〔註91〕談遷，《國榷》，頁 4814〜4815。

〔註92〕董清德輯，〈人物志・列傳〉，《康熙會稽縣志》，頁 484。

〔註93〕陶望齡，〈壽詹母江恭人序〉，《歇庵集》，頁 577。

〔註94〕同註93，〈題周雙溪先生遺訓卷〉，頁 1999〜2000。

父亦賢智其子，復宅爲寺，夢秀實成焉！生平志行超卓，時以天下蒼生爲念，日練習世故，采諏人物，習博士家言，與海內作者稱雁行。嘉興陸光祖謂爲三絕：學絕、行絕、貧絕也。年四十六，卒，鄉人賢之請祀於學宮，太守宛陵蕭良幹題其墓曰：高士。」〔註95〕

按：又周繼實別稱「剡山高士」。〔註96〕

《快雪堂日記》：「三月十七日晴，午後風微陰，薄暮雨。早訪周繼元（周汝登）約見過已，改約訪陶太史望齡於湧金門外，余（馮夢禎）與太史談敍良久，遣使趣繼元，始至。是日，太史渡江，太史留意宗門而不廢禪誦，每日課彌陀千聲，今歲開絳帳于此，既別，陶太史輕舟與繼元過湖南南庫房，饌伊蒲，登居然亭，審南屏正結，乃石蓋穴甚巧，對東山弄闕外，陽安溪諸峰靈秀，又登法華亭小酌，仍泛舟而歸。沈孝升自海上至，嚴無知自黃梅至，俱舍池，齋燈下爲周繼元跋其尊人雙谿先生手蹟。」〔註97〕

秋，九月十一日，周汝登與望齡及郡友數十人，共祭告陽明之祠，定爲月會之期，務相與發明其遺教。〔註98〕

神宗萬曆二十八年（庚子）1600 三十九歲

五月（仲夏），望齡編輯《羅近溪先生語要》，並透過其友山陰何顯臣（光道）之力，刻而傳之。〔註99〕

《快雪堂日記》：「六月二十一日晴，陶公望（應是陶周望）太史來已數日，同湯太史（湯嘉賓）三宿靈隱，湯自會稽至四明、天台拉勝友而返，淹洄寂寞，辨擊清真，顧瞻老子共成三秀，後時那有此會也。句容張楊來得柯立臺侍御書，儀留敍談武夷之勝，使人神往。又聞江右堪輿黃君之奇，爲魏君時應葬父，有驗，心甚慕之。」〔註100〕

〔註95〕 牛蔭麐等修、丁謙等纂，《嵊縣志》（台北：成文出版社，1989年），頁985。
〔註96〕 見周汝登，〈剡源遺草序〉，《東越證學錄》（台北：文海書局，1970年），頁582。
〔註97〕 馮夢禎，《快雪堂日記》，《快雪堂集》，《四庫全書存目叢書》（台南：莊嚴出版社，1997年），集一六五，頁6。
〔註98〕 同註95，〈越中會語〉，頁258～259。
〔註99〕 陶望齡，〈近溪先生語要序〉，羅近溪，《近溪子全集》，明南城羅懷祖等重刊本，無頁碼。
〔註100〕 馮夢禎《快雪堂日記》，《快雪堂集》，集一六五，頁33。

望齡服闋。〔註101〕

庚子，（望齡）聞先生（鄧文潔）之學於友人劉元丙。〔註102〕

冬，陶望齡作〈三賢詩〉。

> 序云：「滇右吾劉公知紹興，誠懇慈愛，郡人士安而懷之；而山陰尹蜀郡楊公、會稽尹吳郡翁公，一德同心，實厥美，論者謂吏治之盛，先後罕及也。庚子冬，將上計京師，望齡於其行采民間歌謠，爲三賢詩五百字以獻。」〔註103〕

湛然圓澄住顯聖寺，陶望齡奭齡兄弟同友人過訪。

> 《賜曲園今是堂集》：「萬曆庚子，湛師始住顯聖寺，周望兄、宛委先生、濬源丈偕予過訪，適師出山，遂飲濬源丈庄子。月上，師至罰以十觥，各沾醉沿月歸寺，儗作詩紀其事，皆未就，獨湛師有詩。」〔註104〕

神宗萬曆二十九年（辛丑）1601 四十歲

> 〈子劉子行狀〉：「丁章夫人憂，先生（劉宗周）於中門之外，創爲堊室，高廣容膝，日哭泣其中。陶文簡望齡弔之，歎曰：『教衰禮壞久矣，吾未見善喪若劉君者也。』」〔註105〕

> 〈題金孟章制義〉：「孝鳥金君孟章，以萬曆辛丑走會稽，贄文於予（陶望齡），其文洗澤去華，務出簡淡，意津津自喜。予謂之曰：『有情事於此一人，顧若溜，舌若電，縱橫椑闔，吐詞千百，而其事亦白，其情殫。一人卷舌樹顆，片言居要，而其事亦白，情亦殫，二人者孰辨？』孟章曰：『莫辨於簡言者。』予曰：『爲文猶是矣，辨甚則簡，吾子姑患弗辨，勿遽爲簡也，簡而弗辨，去喑幾何。』是時孟章之技，骨不腴、神不揚，故予砭之云。」〔註106〕

〔註101〕陶奭齡，〈先兄周望先生行略〉，陸夢龍選《歇菴先生集選》，頁6。
〔註102〕陶望齡，〈鄧文潔佚稿序〉，《歇庵集》，頁354。
〔註103〕同註102，〈三賢詩〉，頁275。
〔註104〕陶奭齡，《賜曲園今是堂集》，《四庫禁毀書叢刊》集部八十冊（北京：北京出版社，2000年），頁599。
〔註105〕黃宗羲，〈子劉子行狀〉，《劉宗周全集》（五）（台北：中研院文哲所籌備處，1997年），頁2。
〔註106〕同註101，〈題金孟章制義〉，頁2016～2017。

隨丁臣父憂至二十九年，服滿。赴部親蒙聖恩，陞臣左春坊左中允。〔註107〕

奉太夫人北上復補原官，無何轉太子中允，撰述制誥。〔註108〕

〈紫柏和尚像贊〉：「予久向紫柏師，辛丑入北都，而師住西山，忻然欲以辦香見之，會同學數友，皆短師，心疑而止。後讀其言，審其生平，真證密行，深慈高節，一時叢林踞師席者，誠罕其比，然人猶惜師不蚤去，終以及禍，非明哲之道。」〔註109〕

仲夏朔（五月一日），望齡友張芝亭、王雲來等人，創放生會於城南，望齡爲其撰〈放生辨惑〉。〔註110〕

冬，十月己卯，立皇長子常洛爲皇太子。（《明史》）

〈行略〉：「時東朝始建，覃恩被於庶僚，綸命委積日數十軸未修，先生體素羸劣，至是益憊，曰：『吾乃用身命搏寸祿邪！』即思解去，未果。」〔註111〕

《小柴桑喃喃錄》：「先文簡登第後，十九里居，先府君服闋。辛丑，奉太夫人補官京師。值熹朝以東宮出閣講學，文簡（望齡）應推講官第一人，力以疾辭。無何復請告奉太夫人歸，而當時言官私有所擁戴，忌文簡名，恐其復進，乃橫口詬詈，疏中有攔門鷹之語。」〔註112〕

詹光仲復偕其弟休倩、沆來學於就望齡。〔註113〕

辛丑冬，（望齡）見鄉貢進士陶不退於黃平倩坐上。〔註114〕

〈黃母范太夫人墓志銘〉：「萬曆辛丑，望齡復從其友黃平倩輝於京師甚歡，無何，平倩執予手太息而言：『子今來，吾行去矣。』」〔註115〕

神宗萬曆三十年（壬寅）1602 四十一歲

陶望齡爲左諭德。

〔註107〕同註101，〈請告疏〉，頁1677。
〔註108〕同註100，頁6。
〔註109〕陶望齡，〈紫柏和尚像贊〉《歇庵集》，頁2065～2066。
〔註110〕同註109，〈放生辨惑〉，頁1944。
〔註111〕陶奭齡，〈先兄周望先生行略〉，陸夢龍選《歇菴先生集選》，頁6。
〔註112〕陶奭齡，《小柴桑喃喃錄》卷上，頁59。
〔註113〕同註107，〈壽詹母江恭人序〉，頁577。
〔註114〕同註107，〈壽永寧公序〉，頁515。
〔註115〕同註107，〈黃母范太夫人墓志銘〉，頁1336～1340。

《國榷》:「三月,戊子,左右諭德黃汝良蕭雲舉爲左庶子,黃輝爲右庶子,並兼侍讀。左右中允陶望齡、莊天合爲左右諭德兼侍讀。」〔註116〕

望齡撰〈慈慧寺碑記〉,黃輝書。〔註117〕

〈會稽雲門湛然澄禪師行狀〉:「值達觀大師應劫,禪林有嚴色,師(湛然澄)以平易推重一時,黃、袁、陶諸公卿皆及門請教,冠蓋傾都市,而師決不以爲意。一日,達觀大師同月川法師、陶石簣、黃愼軒兩太史、左心源、曾仲水、米友石諸公,嘉興寺翫月次。」〔註118〕

八月,黃平倩告歸。〔註119〕

〈行略〉:「時黃平倩及左侍御景賢、王大行道安等五六公皆先生友,適俱在,相與朝夕過從,月餘平倩以疾去,先生曰:『子行,吾亦從此逝矣。』歸請命於太夫人,太夫人曰:『吾崎嶇此來,席未煖而遽去,何挐挐邪?』於是先生謀改南徐,爲引身計。」〔註120〕

按:初,黃平倩歸時,握手語曰:「子爲嚆矢,吾亦從此逝矣。」〔註121〕

冬,十月二十七日,望齡外父商燕陽(諱爲正,字尚德)歿。十二月朔(初一)日,望齡祭拜外父於邵武令家中。〔註122〕

神宗萬曆三十一年(癸卯)1603 四十二歲

萬曆癸卯,予會梅谷上人於馮開之先生座中,先生稱之爲理窟。〔註123〕

八月,應天諭德陶望齡等人主試京省。〔註124〕

〈行略〉:「而當事者頗見重,苦相縶維,不數月以左春坊左諭德兼翰林院侍講,點試留京,事適竣,而奭齡亦濫舉浙闈,遂間歸攜以

〔註116〕談遷,《國榷》,頁4895。
〔註117〕劉侗、于奕正,《帝京景物略》(上海:上海遠東出版社,1996年),頁307。
〔註118〕丁元公,〈會稽雲門湛然澄禪師行狀〉,《禪宗集成‧會稽雲門湛然澄禪師語錄》(台北:藝文印書館,1968年),頁15475。
〔註119〕陶望齡,〈黃母范太夫人墓志銘〉,《歇庵集》,頁1340。
〔註120〕陶奭齡,〈先兄周望先生行略〉,陸夢龍選《歇菴先生集選》,頁6~7。
〔註121〕董清德輯,〈人物志‧理學〉,《康熙會稽縣志》,頁508。
〔註122〕同註117,〈祭外父〉,頁1643。
〔註123〕同註117,〈贈梅谷上人住山〉,頁278~279。
〔註124〕談遷,《國榷》,頁4914。

報命，拜太夫人於邸中，太夫人爲之粲然一笑。俄而，妖書事起，當事者初無所適，莫屬有細人搆其事詞連一二大寮，時上方震怒，勢將不可測，先生（望齡）曰：『如此則大獄興，後反覆相噬禍，必有所中，人臣不足惜，奈朝廷何？』」〔註125〕

十二月，望齡偕其僚楊道賓、周如砥、唐文獻往見沈一貫。望齡見朱賡不爲救，亦正色責以大義，願棄官與正域同死，獄得稍解。（《明史》《明史紀事本末》）

按：《明儒學案》：「妖書之役，四明欲以之陷歸德、江夏，先生自南中主試至境，造四明之第，責以大義，聲色俱厲。又謂朱山陰曰：『魚肉正人，負萬世惡名，我寧、紹將不得比于人數矣。苟委之不救，陶生願棄手板拜疏，與之同死。』皆俛首無以應。故沈、郭之得免，巽語者李九我、唐抑所，法語者則先生也。」〔註126〕

望齡於先生（鄧文潔），蓋嘗聞其風而悅之，而不及見焉！癸卯，見其伯氏敬齋君，京師詢咨風概，每爲語一事，輒內愧汗出。〔註127〕

萬曆癸卯，陶奭齡舉於鄉，授吳寧學博，俗甚澆，作〈正俗訓〉，上臺使行之，風爲之易。〔註128〕

冬，陶奭齡從其兄望齡北上，登金山，看月妙高臺，舜仲續至，一見神觀聳然，余兩人托契始此。〔註129〕

神宗萬曆三十二年（甲辰）1604 四十三歲

〈行略〉：「三月，充廷試受卷官，踰月，乃杜門上疏言疾狀，乞骸骨以歸。報聞不允，先生曰：『吾小臣請而見留，此異常恩數，吾不可不仰體當事者之盛心，然業已許，吾友以去，今老親復呻吟思越，吾其可遂止乎！』再上疏，乃得請。既抵家，太夫人疾甚，先生扶伏床第，增損湯劑數月。」〔註130〕

〔註125〕陶奭齡，〈先兄周望先生行略〉，陸夢龍選《歇菴先生集選》，頁7～8。

〔註126〕黃宗羲，〈「文簡陶石簣先生望齡」·泰州學案五〉，《明儒學案》下冊（台北：河洛圖書出版社，1974年），頁74。

〔註127〕陶望齡，〈鄧文潔集序〉，《歇庵集》，頁351。

〔註128〕董清德輯，〈人物志·理學〉，《康熙會稽縣志》，頁508～509。

〔註129〕陶奭齡，〈賀山陰余侯考成，侯始至構亭山間曰雲來，公餘輒游息其上〉其四，《賜曲園今是堂集》，頁565。

〔註130〕同註123。

〈題金孟章制義〉：「然甲辰，復見其（金孟章）文於都下，其骨愈立然腴矣，其神愈閟然揚矣。予謂曰：『是役也，子戰必勝。』既而罷還來辭，予曰：『子技自工，不勝者，命也！』」〔註131〕

八月，請告回籍。〔註132〕

《容臺集》：「陶周望以甲辰冬，請告歸。余（董其昌）遇之金閶舟中，詢其近時所得，曰：『亦尋家耳！』余曰：『兄學道有年，家豈待尋，第如今日次吳，豈不知家在越，所謂到家罷問程則未耳！』」〔註133〕

返家途中，爲黃平倩撰〈黃母范太夫人墓志銘〉。〔註134〕

甲辰，（陶奭齡）都試罷還，謁房師張玄翁於孝烏，繾綣無已，屢辭行輒加縶維，曰：「非得從心之數，勿言別也！」余奉書云：「老師恩重欲黽勉於從心，賤子緣慳，殆庶幾於知命。」師讀之一笑，乃治席郊外聽其歸。〔註135〕

神宗萬曆三十三年（乙巳）1605 四十四歲

正月，望齡再與周汝登遊，遂涉海謁補陀大士，遊益奇矣。〔註136〕

萬曆乙巳，門人陶望齡敬題〈馮尚齋先生像贊〉。〔註137〕

六月十三日，進士來斯行之父來冠岩（諱經邦，字君燮）沒，望齡爲其撰〈代贈冠岩來公行狀〉。〔註138〕

萬曆乙巳秋，君（管孝廉）沿剡至越，以（《管氏譜》）譜序來屬（望齡）。〔註139〕

冬，十月，周汝登《聖學宗傳》殺青壽梓，望齡爲之序。〔註140〕

十一月己亥，前左諭德陶望齡爲國子祭酒。〔註141〕

〔註131〕陶望齡，〈題金孟章制義〉，《歇庵集》，頁 2017～2018。
〔註132〕同註131，〈起國子監祭酒辭免疏〉，頁 1682。
〔註133〕董其昌，《容臺別集》卷三，收錄在《容臺集》（台北：中央圖書館，1968年），頁 1800。
〔註134〕同註128，〈黃母范太夫人墓志銘〉，頁 1340。
〔註135〕陶奭齡，《小柴桑喃喃錄》卷上，頁 47。
〔註136〕同註128，〈題周雙溪先生遺訓卷〉，頁 2000。
〔註137〕同註128，〈馮尚齋先生像贊〉，頁 2057。
〔註138〕同註128，〈代贈冠岩來公行狀〉，頁 1494。
〔註139〕同註128，〈《管氏續修家譜》序〉，頁 411。
〔註140〕同註128，〈聖學宗傳序〉，頁 328。
〔註141〕談遷，《國榷》，頁 4949。

十二月十九日，接得邸報，恭荷天恩，起陞臣國子監祭酒。〔註142〕

〈行略〉：「乃閒居朞年，詔起國子監祭酒。先生上疏言：『臣母年已望七，素患痰火，延至去歲，陡爾沈綿，臣抑搔肢體，每切寒心，近出戶庭，輒驚噎指，且臣聞陽城爲國子司業生，徒歸養凡二十人，使臣棄病母床第之間，趨簡書千里之外，悖倫斁德，不孝之尤。陛下方俾以忠孝作人，亦安用此。』疏聞，詔以新銜在籍。」〔註143〕

詹光仲偕其弟休倩，與陶奭齡同學山中。〔註144〕

神宗萬曆三十四年（丙午）1606 四十五歲

正月三日，陶望齡祝壽其外母。

〈壽外母金老夫人序〉云：「萬曆丙午春，正月三日，爲予外母金夫人八十壽辰，望齡偕陳君某、王君某、朱君某，相與載爵爲祝。」〔註145〕

二月，陶望齡省養。

《國榷》云：「二月庚申，國子祭酒陶望齡省養。」〔註146〕

秋，七月，孟際可之母暴疾卒，望齡爲其撰〈奚孺人傳〉。〔註147〕

秋，七月癸未，沈一貫、沈鯉致仕。

〈行略〉云：「時四明、歸德並解政柄，所親私語先生曰：『山陰（朱賡）且當國矣！』先生愀然良久，嘆曰：『浙人之禍自此始矣！』已而，果然。」〔註148〕

秋，九月，陶望齡作《明德詩集》序。

序云：「盱江明德羅先生，聞道於泰州之徒，盡超物儗，獨游乎！天與人偕，顧盼呿欠，微談劇論，所觸若春行雷動，因而興起者，甚眾。予未嘗見先生之詩，而平日持論，竊謂先生全體即三百篇，其顧盼呿欠，微談劇論，即其章句耳。萬曆丙午，友人左景賢氏來按兩浙，示以一帙，蓋先生孫懷智所編次。予於是又眞見先生之詩

〔註142〕陶望齡，〈起國子監祭酒辭免疏〉《歇庵集》，頁1682。
〔註143〕陶奭齡，〈先兄周望先生行略〉，陸夢龍選《歇菴先生集選》，頁7～8。
〔註144〕同註139，〈壽詹母江恭人序〉，頁577。
〔註145〕同註139，〈壽外母金老夫人序〉，頁548。
〔註146〕談遷，《國榷》，頁4954。
〔註147〕同註139，〈妙法蓮華經觀世音菩薩普門品備解序〉，頁386。
〔註148〕同註140，頁8。

也。」〔註149〕

冬孟（十月），望齡往天台山並曾宿其山頂。〔註150〕

陶奭齡偕計北上，初冬，過任城舟膠不得發，與王德符上南池亭，子讀杜陵詩，嘯詠至晡，浹日然後去。〔註151〕

神宗萬曆三十五年（丁未）1607 四十六歲

春陶望齡兩度寓書給董其昌。

> 董其昌《容臺別集》云：「春，（周望）兩度作書要余爲西湖之會，
> 有云：『兄勿以此會爲易，暮年兄弟一失此，便不可知。』蓋至明年，
> 而周望竟千古矣！其書中語遂成懺，良可慨也！」〔註152〕

春仲，陶望齡爲鄧元錫（潛谷）先生之《潛學編》作序。〔註153〕

首夏望日（四月十五日），德園居士與予謀將《妙法蓮華經觀世音菩薩普門品備解》付梓，因而爲文記其緣起於法華山天衣精舍。〔註154〕

五月，李廷機（字爾張，晉江人）入閣。

陶望齡被暗糾。

> 沈德符〈科場・巳丑詞林〉云：「陶居家最久，丁未年以房師李晉江
> 故，忽被暗糾，云：『座主復推座主，門生復及門生。』人皆疑駭，
> 既而知其由來，蓋一御史受指詞林，爲掃除前輩地也。」〔註155〕

陶望齡入法華山，（梅谷）上人荷杖來訪。〔註156〕

陶望齡作〈壽詹母江恭人序〉。

> 〈序〉：「丁未，予居天衣山中，（詹）休倩從武林來，言其老母春秋
> 六十夏六月爲生朝，惟先生一言佐觴政。予時新有綺語戒，將屏絕
> 筆，而與休倩兄弟遊久，不可辭，則令臚其事而受詞焉。」〔註157〕

〔註149〕陶望齡，〈《明德詩集》序〉，《歇庵集》，頁361～362。

〔註150〕同註149，〈募修天台山天封寺緣起〉，頁1842。

〔註151〕陶奭齡，《賜曲園今是堂集》，頁574574574。

〔註152〕董其昌，《容臺別集》卷三，收錄在《容臺集》，頁1800～1801。

〔註153〕陶望齡，〈鄧先生潛學編序〉，《潛學編》，《四庫全書存目叢書》（台南：莊嚴文化公司，1997年），頁326～329。

〔註154〕同註146，〈奚孺人傳〉，頁1803。

〔註155〕沈德符，《萬曆野獲編》（北京：中華書局，1997年），頁421。

〔註156〕同註146，〈贈梅谷上人住山〉，頁278～279。

〔註157〕陶望齡，〈壽詹母江恭人序〉，《歇庵集》，頁577～578。

閏月（六月），陶望齡撰〈高給事傳〉。〔註158〕

密雲圓悟至紹興，陶望齡等咸館留師。

　　《天童密雲禪師年譜》云：「（密雲圓悟）至紹興，邂逅王靜虛，虛
　　素奉師獎藉，一時留神空宗之士，有若陶會稽望齡與王司空舜鼎，
　　咸假館願留師，憧憧咨叩無虛日，故師與之酬酢最多。」〔註159〕

丁未嘉平（十二）月二十日，陶望齡書〈題金孟章制義〉。

　　書云：「丁未（金孟章）舉於南宮，以書及所袞義來山中，若謂予言
　　有少助！予笑曰：『子不聞張長史之草，聖於爭擔劍舞乎！傭夫之
　　鬥，伎兒之弄，何與於毫素？然而物有相觸者，志專而功苦也。昔
　　吾子之問業於予也，心靜一而無他，色伊鬱而如，不能自解，此專
　　苦之至也。予言鬥夫舞伎而已，何功之有？子以是物為政，治必辨；
　　以是物求道德，業必精，神將告子直舉子業已耶！』」〔註160〕

陶奭齡上京赴禮試。

　　《小柴桑喃喃錄》云：「丁未年，余上春官，（湯）嘉賓分考，已得
　　旨迴避。次日且入簾矣，嘉賓忽過余寓劇談久之，余飲之酒至晡時
　　始去，闈中命題多嘉賓所擬，其意欲以一二相授而余絕口不及此，
　　故難於發言而罷，此豈亦有所私，不過以生平交誼且謂余亦可無
　　參一第，故至此如嘉賓世爭詆訕之，不知其品行亦有末流所不及
　　者。」〔註161〕

神宗萬曆三十六年（戊申）1608 四十七歲

陶母病重，陶望齡憂之。

　　〈行略〉云：「太夫人病乃亟，先生憂勞醫禱，顏色劬瘁。」〔註162〕

　　〈募修天台山天封寺緣起〉：「夏，有衲士叩門以天封之役來告望
　　齡；望齡謝曰：『僕越人也，力薄意淺，無以及遠也。』冬，大悲上
　　人又造望齡，再以緣疏請。」〔註163〕

〔註158〕同註157，〈高給事傳〉，頁1743。

〔註159〕唐元竑重定，《天童密雲禪師年譜》，《禪宗全書・密雲禪師語錄》（台北：文
　　　　殊出版社，1987年），頁517。

〔註160〕同註153，〈題金孟章制義〉，頁2018。

〔註161〕陶奭齡，《小柴桑喃喃錄》卷上，頁20。

〔註162〕陶奭齡，〈先兄周望先生行略〉，陸夢龍選《歇菴先生集選》，頁9。

〔註163〕陶望齡，〈募修天台山天封寺緣起〉，《歇庵集》，頁1843。

冬仲，望齡爲其友錢伯升之《錢慕蘭卷》題詩。〔註164〕

陶望齡代朱國禎贈參藥給劉宗周。

　　劉宗周〈與朱平涵司成〉云：「憶昔戊申己酉之間，不佞宗周方坐羸
　也，陶石簣嘗以參藥見恤，而申其故曰：『此實朱平涵先生惠也，先
　生偶有聞於子，借通臭味，而又不欲其有名，故令相知中轉致之云
　云。』斯誼也，門下或已忘之，而不佞於心耿耿十年所矣。」〔註165〕

陶望齡奉密雲圓悟禪師於其石簣山房。

　　《天童密雲禪師年譜》云：「師四十三歲，居石簣山房，亦名護生庵。
　或曰非也，護生庵去石簣山房半牛吼地，乃陶會稽家世植福地，蓋
　吼山云。按昌侍者記聞，師居吼山，日有貴人至庵，見師閱論孟，
　貴人問看什麼？師呈示之，貴人云：『不是你家茶飯！』師便掌，貴
　人大怒，適會稽至，諭之曰：『和尚與你佛法相見，乃惡發耶？』貴
　人唯唯遜謝而去。」〔註166〕

神宗萬曆三十七年（己酉）1609 四十八歲

正月間，陶望齡寓書給袁宏道，此信存於陶奭齡處，宏道未聞。

　　《小柴桑喃喃錄》云：「萬曆己酉正月間，周望與袁中郎書：『弟平
　生窠臼，全在退讓明哲四字；而歸根全在身名，謂可遠害避謗而已。
　由有道者視之，當鄙笑不暇而已，且居之不疑，一丘一壑中，冷眼
　觀市人之紛爭，傲然以爲得計矣。而謫害忽亦隨之，如琉璃瓶一但
　爲人擊碎，此眞實相爲也。藉朋友教誨處，此亦頗輕快，信知般若，
　如王膳曾染指，皆足克腸敵饑，況進于今日，千萬倍於生死去來，
　何足道哉！』」〔註167〕

二月，太夫人竟不起，先生躄踊悶絕，如不欲生。〔註168〕

　　〈行略〉：「未歿前數日，讀王奉常楊宗伯書，猶手自節略，曰：『是
　可爲學鵠，慈湖師陸文成之所自出，餘子文成裔。』」〔註169〕

　　按：王時槐〈答楊復所大司成〉：「第精義微言，則友朋中時有攜尊

〔註164〕同註163，〈題錢慕蘭卷〉，頁288～289。
〔註165〕劉宗周，〈與朱平涵司成〉，《劉宗周全集》（三上），頁469。
〔註166〕唐元竑重定，《天童密雲禪師年譜》，頁517。
〔註167〕陶奭齡，《小柴桑喃喃錄》卷下，頁51～52。
〔註168〕陶奭齡，〈先兄周望先生行略〉，陸夢龍選《歇菴先生集選》，頁9。
〔註169〕同註168，頁11。

刻而垂示者，亦幸莊誦而私淑其萬一矣！惟老先生卓見道體，洞徹先天，信手拈來，盡情透露，使後學一聞指誨，果信得及，則宿障頓開，一種扭捏纏縛舊習，當下解脫，真可謂太陽銷冰金鎞刮翳之神力矣。顧鄙劣尤有慮者，以人性雖善，而宿生垢染，誰則無之，且畏難樂徑，亦常情使然，倘其間聞教不善領會，或未免掠虛為悟，動以準繩為桎梏，修證為下乘，此在高明之士乃有此失，甚至毀戒潰防，妄稱妙用，即於世道不無可憂，不識老先生亦可以上乘兼修中下之說，預塞其流弊否？」〔註170〕

六月十七日，陶望齡卒，享年四十八，通籍者二十一年，三以告歸；里居共十五年，立朝者纔六年耳。〔註171〕

〈行略〉：「先是朝論喧沸，□逐漸產，波及先生，先生不為動，至是有為申理者引喻稍過當，先生乃蹴然曰：『吾何敢當此！』或又言先生以親故，蟄伏里閭，就令即以簡書召，未必肯絕裾來者，先生泫然曰：『是獲我心矣，使吾母能百年，望齡即沒齒屏棄何恨，因□邑不能。』已時奭齡輩與先生伏塊倚廬，如戊戌痛稍定，間亦閱書，祖齡從問老莊滯義，先生輒為疏釋，率爾之言，遂參玄詣，無何乃遘疾，疾未幾遂奄然而逝，距太夫人終堂之期僅百日，嗚呼痛哉！」〔註172〕

按：沈德符《萬曆野獲編》：「望齡卒於里第。」〔註173〕

按：董清德輯《康熙會稽縣志》：「陶文簡望齡墓在下灶。」〔註174〕

按：陶奭齡《小柴桑喃喃錄》云：「先文簡，仁心為質，恬雅好修，而年壽不延，胤嗣遂絕者，名太著也。」〔註175〕

按：董清德輯《康熙會稽縣志》云：「陶履平，字水若，號曙齋，奭齡子，繼望齡為後。少時即從父講學陽明書院，闡明性道，長而好

〔註170〕 王塘南，〈答楊復所大司成〉，《塘南王先生友慶堂合稿七卷補遺一卷》，《四庫全書存目叢書》（台南：莊嚴文化公司，1997 年），集一一四，頁 190～191。
〔註171〕 同註 170，頁 15。
〔註172〕 同註 170，頁 9～10。
〔註173〕 沈德符，《萬曆野獲編》，頁 421。
〔註174〕 董清德輯，《康熙會稽縣志》，頁 344。
〔註175〕 陶奭齡，《小柴桑喃喃錄》卷上，頁 37。

學，博通群籍，游南雍，望齡門下士爭先饋遺，皆堅辭不受。有欲為其鄉舉地者，慨然曰：『文章自有真遇合，悉可強也。』遂不與試而歸，絕意進取，專精著書，增補字彙，註解五經，考訂詩餘。慕白居易之為人，故其詩近之，而古風尤勝。年七十餘，手編先人遺稿，未嘗釋卷，病革之日，手書一絕，遺其子曰：『橾觚當此際，微喘不留餘，遙想趙無恤，三年讀父書。』遂卒，聞者泣相謂曰：『失我典型。』」〔註176〕

按：談遷《國榷》云：「二月，前國子祭酒陶望齡卒。望齡字周望，會稽人，萬曆己丑禮闈第一，進士及第，授翰林編修，歷今官。學守沖穆，鄉戚沈一貫朱賡在相，未始暗附，妖事起，力脫郭正學，予祭葬，贈□□□□□，諡文簡。」〔註177〕

神宗萬曆三十八年（庚戌）1610 四十九歲

冬仲（十一）月，望齡門人王應遴撰〈歇菴集跋〉。〔註178〕

按：俞卿修、周徐彩纂《紹興府志》：「王應遴，字雲來，山陰人。萬曆戊午，以副榜貢，閣臣葉向高薦為中書，同修玉牒并兩朝實錄。晉大理寺評事，熹宗嗣位，魏璫亂政，乃輯真西山《大學衍義》，首列祖宗防近習一欵以獻，觸璫怒，廷杖一百，葉向高、韓爌力救之，免死，歸。崇禎改元，閣臣徐光啓剡薦起原職，同修志曆會典諸書，遷禮部員外郎，卒于京邸。」〔註179〕

嘉平（十二）月，陶奭齡撰〈先兄周望先生行略〉。〔註180〕

神宗萬曆三十九年（辛亥）1611 五十歲

上巳日（三月初三），望齡門人余懋孳撰〈歇菴集小引〉。〔註181〕

神宗萬曆四十年（壬子）1612 五十一歲

八月，陶奭齡三度至吳興，重登峴山亭，讀窊樽聯句，向有次韻之作。

〔註176〕同註172，頁521～522。

〔註177〕談遷，《國榷》，頁5002。

〔註178〕王應遴，〈歇菴集跋〉，《歇庵集》，頁21。

〔註179〕俞卿修、周徐彩纂，《紹興府志》（台北：成文出版社，1989年），頁4118～4119。

〔註180〕陶奭齡，〈先兄周望先生行略〉，陸夢龍選《歇菴先生集選》，頁16。

〔註181〕余懋孳，〈歇菴集小引〉，《歇庵集》，頁15。

及門字而止，乃未得半，蓋碑薶艸間，目力所及僅此耳。遂與門人俞允諧、陸鳴勳更次全篇，上玄中夫子。〔註182〕

神宗萬曆四十一年（癸丑）1613 五十二歲

陶奭齡赴試。

> 《賜曲園今是堂集》：「萬曆癸丑，余（陶奭齡）館于司直氏。」〔註183〕

> 《小柴桑喃喃錄》云：「余（陶奭齡）宗有從事京師，非道而多獲者。萬曆癸丑，余都試罷，病臥邸中，其人來視疾，余語之曰：『愚有八字相奉，謹識之。』其人曰：『何也？』余曰：『知足不辱，知止不殆。』其人唯唯而去，卒不見用，以至於困。」〔註184〕

神宗萬曆四十三年（乙卯）1615 五十四歲

陶奭齡上春官。

> 《賜曲園今是堂集》：「乙卯余將上春官，遇丹仲、錢塘，信宿於吳山之仁皇寺，臨背面與期，吾此行不第者，將乞一氈子里矣，時仲秋之十一日也。」〔註185〕

神宗萬曆四十六年（戊午）1618 五十七歲

陶奭齡作〈桃源行〉一詩。〔註186〕

神宗萬曆四十七年（己未）1619 五十八歲

五月望（十五）日，陸夢龍（啓甫）書〈歇菴先生文集選序〉於粵署。〔註187〕

神宗萬曆四十八年（庚申）1620 五十九歲

陶奭齡再至吳寧。

> 《賜曲園今是堂集》：「歲庚申，予重來吳寧，杜門省事，院靜如□，□間如僧與某師相對不，復作比丘宰官之想。春日漸長，晨起盥漱

〔註182〕陶奭齡，《賜曲園今是堂集》，頁 592。
〔註183〕陶奭齡，《賜曲園今是堂集》，頁 575。
〔註184〕陶奭齡，《小柴桑喃喃錄》卷下，頁 27。
〔註185〕陶奭齡，〈至吳寧〉，《賜曲園今是堂集》，頁 603。
〔註186〕陶奭齡，〈桃源行〉，《賜曲園今是堂集》，頁 611。
〔註187〕陸夢龍，〈歇菴先生文集選序〉，陸夢龍選《歇菴先生集選》，頁 4。

畢，即焚香、煮茗、禮佛、誦經、趺坐，移時目景尚未亭午，都無
一事關懷，乃共作閒課，移桃、插柳、種草、乞花、科槐、尋筍芽
於舊林，植藕栽於方沼，藝蔬鄰□，移松近坰，手爬腳沙以消永日，
各作一絕，令觀者知予懷焉！」〔註188〕

熹宗天啟元年（辛酉）1621 六十歲

周宗建爲陶望齡等人請諡，後陶望齡以學行得諡「文簡」。(《明史》《明
會要》)

按：周宗建〈請四先生易名疏〉云：「先臣國子監祭酒陶望齡，素心
遠韻，勁節孤標，歷仕同邃瑗之明，乞身有陽城之孝。……疑望齡
者，或訾其宗風太冷，而臣謂當此附熱投炎之世，何可無此餐霞飲
露之人。……天啟元年，正月十二日具題，十四日奉聖旨禮部知
道。」〔註189〕

按：周宗建〈又爲四先生請諡疏〉云：「若陶會稽賦性恬約而中饒勁
節，方妖書事起，屬有細人搆其事語連郭明龍先生，上方震怒且莫
測，先生（望齡）曰：『奈何以莫須有事成大獄，人臣不足惜，如朝
廷何反覆？』訟言之當事者，事乃得解。甲辰，再乞骸歸。踰年，
詔起國子監祭酒。復上疏以母老乞身求如陽城生徒歸養之例，詔允
其請。會哭母過傷嘔血死，距母沒僅百日，雖居官無殊猷而清冷壁
立，孜孜好學，士林多重之，多擬之鄧文潔，則石簣先生之梗概如
此。」〔註190〕

熹宗天啟三年（癸亥）1623 六十二歲

二月望前一日，陶奭齡因湛然圓澄講法華寺，感嘆過往，而有詩作。

《賜曲園今是堂集》：「今年師講法華寺中，余獨來訊燈下，據桉
話舊，恍惚如夢中境，詘指遂二十四年，同遊人強半入鬼錄，神
慮爲之悄然，因作詩補，以綴師爲。歲天啟三年二月望前一日
也。」〔註191〕

〔註188〕陶奭齡，〈閒課十四首〉，《賜曲園今是堂集》，頁614。
〔註189〕周宗建，〈請四先生易名疏〉，《周終介爐餘集》，收錄在《乾坤正氣集》（台
　　　　北：環球書局，1966年），頁12181～12182。
〔註190〕同註189，周宗建，〈又爲四先生請諡疏〉，頁12231。
〔註191〕陶奭齡，《賜曲園今是堂集》，頁599。

熹宗天啟四年（甲子）1624 六十三歲

九月十四日，陶奭齡寄載徐伯鷹舟，重過任城，追數昔游，宛如昨日。
〔註192〕

熹宗天啟五年（乙丑）1625 六十四歲

陶奭齡補原職。〔註193〕

孟冬望後一日，陶奭齡夢張孔時示其汎海詩，用韻答之，覺來曆曆，記前六句，因足成之。〔註194〕

熹宗天啟六年（丙寅）1626 六十五歲

十二月四日，湛然圓澄（1561.8.5～1626.12.4）歿。〔註195〕

孟冬，陶望齡姪陶履中（陶與齡之子）刻《水天閣集》于筠陽道院。（陶履中〈刻水天閣集凡例〉）

思宗崇禎二年（己巳）1629 六十八歲

周汝登卒。

思宗崇禎四年（辛未）1631 七十歲

三月三日，陶奭齡與劉宗周等人，會同志於石簣先生書院，證人社自此始。〔註196〕

四月初三日，陶奭齡主講「素位」章。〔註197〕

五月三日，陶奭齡撰〈又時習章講意〉。〔註198〕

十一月初三日，司講王予安講「季路問事鬼神」章，以生死一事爲問。

〈第九會〉：「陶先生取繫辭『精氣爲物，遊魂爲變』，并『原始反終』之道，娓娓言之。劉先生微示一語，曰：『臘月三十日，謂一年之事以此日終，而一年之事不自此日始，直須從正月初一日做起也。』」〔註199〕

〔註192〕陶奭齡，《賜曲園今是堂集》，頁574。

〔註193〕陶奭齡，〈再贈門人于司直〉，《賜曲園今是堂集》，頁576。

〔註194〕陶奭齡，《賜曲園今是堂集》，頁576。

〔註195〕陶奭齡，〈會稽雲門湛然澄禪師塔銘〉，頁15472。

〔註196〕劉宗周，〈證人社語錄〉，《劉宗周全集》（二），頁651。

〔註197〕同註196，頁656。

〔註198〕同註196，頁661。

〔註199〕同註196，頁681。

思宗崇禎五年（壬申）1632 七十一歲

八月望（十五）日，陶奭齡爲《證人社語錄》題辭。

〈題辭〉云：「證人無他道，復吾心而已矣。心復即人全，心虧即人
□。耳目四體一不□，命曰不成人，虧吾心而號人於曰人也，果人
也與哉？雖然，無患耳。耳目四體一不具，吾無法以具之也。心雖
虧故在，一日而憬然悟焉，卓然有以自樹焉。昔之日與禽獸不遠，
今之日與堯舜合轍矣。夫一日亦忽然耳，俄而心復，俄而人全，俄
而堯舜合轍，而曰『我不能』，非不能也，不爲也。孟子曰：『自謂
不能者，自賊者也。』有目而自薰之，有耳而自窒之，有四體而自
戕之，曰『自賊』。有心而自虧之，而曰『非自賊也』，得乎？自賊
吾耳目四體，形雖殘，心故無恙。自賊吾心，耳目四體徒具，亦委
形耳。昔人謂：『哀莫大乎心死。』孟子亦曰：『放其心而不知求，
哀哉。』夫形死則哀之，心死而不自哀，吾見舉世之大迷也。念臺
子署其社曰『證人』，誠哀夫世之自賊者眾，而欲舉而生全之，令其
求所以自證，意甚盛也。欲自證焉，亦求諸心而已矣。」〔註200〕

思宗崇禎六年（癸酉）1633 七十二歲

四月八日（佛成道日），陶奭齡撰〈會稽雲門湛然澄禪師塔銘〉。〔註201〕

思宗崇禎七年（甲戌）1634 七十三歲

十一月（長至日），陶奭齡爲秦宏祐撰〈遷改格敘〉。

思宗崇禎八年（乙亥）1635 七十四歲

長至（冬至）日，陶奭齡撰〈小柴桑喃喃錄序〉。〔註202〕

十二月初四日，陶奭齡與諸友門人講學於白馬山房。

祁彪佳《歸南快錄》：「（十二月）初四日，季太常長公持乃翁書來
晤，別即以小舟入城，至九曲間，講會仍在白馬山，移舟去，諸友
畢集，遲午，陶石梁方至。時沈求如以『人須各知痛癢』爲言，王
金如因申習知眞知之辨，石梁稱說因果。有陳生者闢其說，求如爲
言『過去現在未來，刻刻皆有，何疑于因果？』諸友共飯，石梁別

〔註200〕劉宗周，〈證人社語錄・題辭〉，《劉宗周全集》（二），頁 650～651。
〔註201〕陶奭齡，〈會稽雲門湛然澄禪師塔銘〉，頁 15473。
〔註202〕陶奭齡，〈小柴桑喃喃錄序〉，《小柴桑喃喃錄》，無頁碼。

予去。沈求如、管霞標、史子虛同至九曲，諸友定七日靜坐之期，予登舟歸。」〔註203〕

思宗崇禎九年（丙子）1636 七十五歲

四月初四日，陶奭齡至九曲與諸友論學。

祁彪佳《林居適筆》：「（四月）初四日，早至九曲寓，與章凝如晤語。駕小船謁謝錢麟武，因得遊文漪園晤劉迅侯兄，歸寓。陶石梁先生與諸友次第集，座中拈『士君子立身功名，當以致君澤民為事，勿徒徒利祿起見。』時得睹劉念臺，先生召對記注，因共嘆致君之難。王金如拈『遇主於巷，納約自牖。』陶先生去。」〔註204〕

四月初五日，陶奭齡與祁彪佳論學。

祁彪佳《林居適筆》：「（四月）初五日，……晚飯罷，予與陶先生究心學之旨，陶以靜參相勉。」〔註205〕

四月初六日，陶奭齡出訪王雲岫。

祁彪佳《林居適筆》：「（四月）初六日，陶先生出訪王雲岫。」〔註206〕

六月，劉宗周與王業浩、金蘭合辭薦陶奭齡。

〈薦陶奭齡公揭〉：「陶奭齡者，殆當世第一流人物也，本官清真簡介，生而有近道之資。少與其兄文簡公，屬志講王文成之學，至不憚旁參密證，以求向上一路，人稱二難限於一。第自廣文歷司李，所至以其學顯，而清標惠政，疏冤理枉，尤著。粵東上下交口頌之，量移濟寧，飄然投牒。林居六七載，鄉閭奉為彥方，堯夫日與士子商求性命，得之者無不人人如醍醐之灌頂，因而北面日眾，遠近響應，文成學脈遂得丕振於東越。」〔註207〕

八月十四日，陶奭齡出訪祁彪佳。

祁彪佳《林居適筆》：「（八月）十四日，……跨驢訪友，晤劉石林，即至藥局。偕諸友登舟，迎陶石梁先生至，放舟於青田湖，為放生

〔註203〕祁彪佳，《歸南快錄》，《祁忠敏公日記》，《祁彪佳文稿》（北京：書目文獻出版社，1991 年），頁 1035～1036。
〔註204〕同註203，《林居適筆》，頁 1049。
〔註205〕同註203。
〔註206〕同註203。
〔註207〕劉宗周，〈薦陶奭齡公揭〉，《劉宗周全集》（三上），頁 347～349。

社，及會者，皆局預事之友，亦即證人社中友也。」〔註208〕

祁彪佳《祁彪佳集》：「歲丙子，……中秋前一日，告兩局（藥局）之竣於石梁陶先生，遂舉放生社，亦仁民而愛物意也。」〔註209〕

十月初四日，陶奭齡與諸友至祁彪佳處論學。

祁彪佳《林居適筆》：「（十月）初四日，……至寓，陶先生與諸友至，舉『聖賢各有受用處，今學人自爲尋經。』」〔註210〕

十一月十九日，陶奭齡至嵊縣訪周汝登之孫周先之昆仲。

祁彪佳《林居適筆》：「（十一月）十九日，……午後，至嵊城，寓於周祠，過訪周先之昆仲，陶石梁、陶曲已先至矣。」〔註211〕

十一月二十日，陶奭齡參加周汝登的葬禮。

祁彪佳《林居適筆》：「（十一月）二十日，周海門先生舉葬，出自北門。……即與兩陶君赴劉父母召。」〔註212〕

十一月二十二日，祁彪佳訪陶奭齡。

祁彪佳《林居適筆》：「（十一月）二十二日，爲予初度晨侵曉，抵陶堰，飯于漚谷之閣上，偕遊秋水園，陶姊丈去病至，即過訪其家，再訪石梁先生。」〔註213〕

思宗崇禎十年（丁丑）1637 七十六歲

正月十三日，祁彪佳訪陶奭齡。

祁彪佳《山居拙錄》：「（正月）十三日，微雨旋霽，至陶堰觀土神，祭品甚盛，晤張介子昆仲，陶石梁出晤。」〔註214〕

二月初九日，陶奭齡至白馬山房。

祁彪佳《山居拙錄》：「（二月）初九日，……至白馬山房，陶石梁已至，諸友咸集，奉小酌。予與王金如、秦履素走晤劉念臺先生，告以所商間架事。」〔註215〕

〔註208〕同註191，頁1059。
〔註209〕祁彪佳，〈施藥紀事〉，《祁彪佳集》，頁29～30。
〔註210〕同註197，頁1063。
〔註211〕同註197，頁1067。
〔註212〕同註197。
〔註213〕同註197。
〔註214〕同註197，《山居拙錄》，頁1072。
〔註215〕同註197，頁1075。

三月初四日,陶奭齡與劉宗周等,集白馬山房論學。

祁彪佳《山居拙錄》:「(三月)初四日,……隨至白馬山房,劉念臺、
陶石梁兩先生皆至,張芝亭舉『廓然太空,物來順應之養。』王金
如問心齋入門用功之要?兩先生辨難良久,劉以漸,陶以頓,各有
得力處。會罷,出弔史娣丈,復邀陶先生爲寓山之約。」〔註216〕

三月初五日,陶奭齡等赴祁彪佳寓山之約。

祁彪佳《山居拙錄》:「(三月)初五日,沈爾肅攜兒侄讀書于寓
山。頃之,陶石梁同管霞、標史子復至,陶書倉亦至,舉酌于靜者
軒。石梁戲以王右丞之輞川爲予解,王金如苛責過,予曰:『此正不
能解惟,右丞乃可有輞川耳。』」〔註217〕

四月二十三日,祁彪佳訪曹山陶宗臣,陶奭齡出陪。

祁彪佳《山居拙錄》:「(四月)二十三日,……抵曹山,赴陶宗臣,
邀陶石梁先生出陪。」〔註218〕

閏四月初三日,陶奭齡等人於王文成祠集會講學。

祁彪佳《山居拙錄》:「(閏四月)初三日,與鄒汝功、鄭九華入
城,至王文成祠,諸紳至者,陶石梁之外,有董黃庭、徐檀薰、倪
鴻寶,主會者爲王士美,舉有用道學爲說,石梁先生闡明致知之
旨。」〔註219〕

閏四月初四日,陶奭齡等人於白馬山房集會講學。

祁彪佳《山居拙錄》:「(閏四月)初四日,……出赴白馬山房會,予
詢以學問須鞭闢向裏,學人每苦於浮動,如何?石梁先生言入手如
此,若論本體,則動靜如一也。」〔註220〕

七月初四日,陶奭齡等人於白馬山房集會講學。

祁彪佳《山居拙錄》:「(七月)初四日,與沈管兩先生及季超兄同舟
入城,舟中極倚兩先生規勉,管霞老又暢言格君信友之道。將抵城,
夏孔林來晤。至白馬山房,陶石梁先生已至,講『三月不違仁』一
章,予問難數語,大約言心無不在,所謂至者何處又添一仁?三先

〔註216〕同註197,頁1077。
〔註217〕同註197。
〔註218〕同註197,頁1081。
〔註219〕同註197,頁1082。
〔註220〕同註197。

生爲之首肯。」〔註221〕

思宗崇禎十二年（己卯）1639 七十八歲

陶奭齡卒。

十二月二十五日，祁彪佳至陶堰吊陶奭齡。

祁彪佳《棄錄》云：「（十二月）二十五日，早，入陶宅吊石梁先生，何書臺、張自菴出陪。」〔註222〕

思宗崇禎十三年（庚辰）1640 七十九歲

正月初十日，劉宗周撰〈祭陶石梁先生文〉。

〈祭陶石梁先生文〉云：「吾越自陽明先生倡「良知」之說，直指人心，凡聖同轍。一時學者聞之，如大夢獲呼，信吾道之易簡直截，由是傳龍溪，龍溪傳海門，宇內望爲適派宗哲。海門之設教郡中也，實爲二陶先生首奉壇坫，招徠同志，共噓薪燄。未幾，文簡沒而海門東歸，風氣於焉中疷。先生獨抱文簡未竟之業，精推而潛伏之，以稱二難，何忝？既而小試粵東，廉平報績，甫進專城，遂初明志。宗周乃始慨然興懷，爲二三子歌「伐木」之章，一時雲合景從，奉先生如海門往，而先生尤以貞素之風一洗自來空談之弊，故服習既久，人人歸其陶鑄，社學嚴居，遞傳勝事。天之生斯民也，使先知覺後知，使先覺覺後覺。離覺無心，即覺即學，惟人心之陷溺日深，而覺覺之機權愈拓。昔人遞啓宗門，先生益排玄鑰，直令學者求諸一塵不駐之地，何物可容其糾縛？橫說豎說，不出「良知」遺鐸。凡以還人覺性而止，亦何謬於前洙、泗，後濂、洛？」〔註223〕

思宗崇禎十五年（壬午）1642 八十一歲

二月，劉宗周爲陶奭齡之《今是堂文集》作序。

〈序〉云：「……先生自少從文簡公，沈湛於性命之學，久之而有所得也。其於形骸事理之縛灑如也，與身世浮沈得失之遭，泛泛如也。嘗一命司理，報遷即自免以去，宛然彭澤在官之風。晚而吾黨始奉先生登致知之堂，揭良知之說以示學者，曰：「大學言致知，必先言

〔註221〕同註 197，頁 1090～1091。
〔註222〕同註 197，《棄錄》，頁 1176。
〔註223〕劉宗周，〈祭陶石梁先生文〉，《劉宗周全集》（三下），頁 1067～1069。

知止。止在何處？」一時聞者汗下。而或疑先生學近禪，先生固不諱禪也。先生之於禪，政如淵明之於酒，托興在此而取喻在彼。凡以自得其所爲止者耳，止乎！止乎！出入三際而無方，渾合萬靈而無體，上下古今而不疑往來，位置聖凡而不隔脩悖，其惟良知之知致矣乎。則先生所爲禪者是乎。故先生終日言禪，而不言禪其得處，往往見之詩文。……先生靈心映發，無意相遭於千載之下，至微窺岸略，獨於知止一著工夫，終自謂過之知止。斯眞止矣。眞正斯眞聖矣。儒可不立況於禪乎，先生他日謂學者曰：「儒釋理同而教門則異，吾輩衣儒衣、冠儒冠，自合遵儒者教以稱於天下。」曰：「儒孔孟自有家法，奚必燦可。」是師又曰：「知儒釋之所以分，始知儒釋之所以合。」信斯言也，可以觀先生矣。……」〔註224〕

附錄二：後人對二陶的記載

一、陶望齡

黃汝亨，《寓林集・祭酒陶先生傳》：〔註225〕

先生諱望齡，字周望，別號石簣，人稱之石簣先生。系出潯陽，先生徙越之會稽郡，自宗陽始，詳具家乘中。自宗陽公累傳而爲先生父曰泗橋公，諱承學，由丁未進士，歷官南大宗伯，致政歸，母王太夫人。

宗伯公備兵九江時，母王太夫人夢雙鶴唳於庭，覺而娠，遂舉孿子。長者爲先生云。先生生而岐嶷，即在孿年，作止儼成人。五歲，人試以句曰：「中舉？中進士？」應聲對曰：「希賢希聖。」人其不凡如此。既就外傳，問所親，曰：「吾欲爲聖人，如何則可所親？」漫應之曰：「學聖人必危坐，危坐者跪坐也。」乃跪坐竟日，不敢起。

宗伯以右方伯之官河南，族寡母陳貧而貞，攜與俱陳誓，道病欲歸，太夫人憐陳與俱歸，試問先生：「若從父邪？從我？」先生拱而答曰：「男子從父。」時甫七歲耳！遂與仲子益齡行，益齡亦止九歲。共昇坐終日，相酬答

〔註224〕劉宗周，〈陶石梁今是堂文集序壬午二月〉，《劉宗周全集》（三下），頁763～765。

〔註225〕黃汝亨，〈祭酒陶先生傳〉，《寓林集》，卷十一，《四庫禁毀書叢刊》集部四十二冊（北京：北京出版社，2000年），頁264～268。

皆世外語，聞者不解。自後從宗伯公官舍，□□不厭，與其兄，讀書譚道，怡如也。十七補邑弟子員，于時七才子名橫一時，先生與姨子謝開美友，遂相與窮討百氏，思擅場古文詞。

十九贅于商，入長安遍交諸名公諸名公，無不非常目之。會宗伯解官歸，益齡且下世，先生退悲慟其兄進而侍宗伯公，百方慰解。壬午罷試，復之長安。甲申，復自長安歸，時閩徽庸林公視學兩浙，見先生牘大奇之，乃檄冠其先所試士予廩。明年，以第二人舉於鄉，時伯子與齡亦舉于留都，世人爭豔慕之，先生泊如也。公車報罷還，隱几土城山絕足，公府臨流蔭竹，嘯詠竟日，內足于懷，時歲澇甚，大風偃禾，又多虎患，先生作悲哉行、猛虎行以見志，愀然有痌瘝乃身之痛焉。

已丑，以第一人舉於南宮，廷對舉第三人，授翰林院編修，與焦弱侯修撰讀書中秘，朝暮相激勵，於是薄文人習顓，力聖賢之學。與其弟奭齡書曰：「向時迷陋，視一科名為究竟地，政如海蛆妄認魚背謂是洲岸，弟聰明應早悟此，勿似而兄。」辛卯，伯子與齡復下世，宗伯公悲且病，先生亟請告歸，慰解老親。退與其弟奭齡論學，研幾析義，惟恐或墮常，曰：「吾輩依文解義，固亦了然，然遂可謂聞道乎？孔子曰：『朝聞道，夕死可矣！』夕死未得終，非聞也。」每相對欷歔，恐遂浪過此生，臨期熱亂。于是朝夕相徵論不倦，間微中則宗伯公亦為解頤，不知病之去體。

甲午，奉宗伯公命詣闕補原官，同修國史。乙未，分校禮闈，得湯宮允嘉賓輩十九人，皆一時知名士。與公安袁宮諭伯修、南充黃宮庶平倩，日事研討，大有詣入。乃與弟奭齡書言：「此事本非難搆，讀書人聰明聞見，自塞自礙耳！小說中所謂『只許輸，不許贏；只許退後，不許上前，是參究妙訣。』」又云：「吾近與伯修輩遊，銷釋拘累，受益不淺，然尚有不疑之疑，須於虛空中，大踏一步，方始淨盡耳！」是年考滿，上推恩所親。復請告歸，定省宗伯公。宗伯公疾痛，間出游問道至吳，與吳令袁中郎語，三日游洞庭以歸。上剡溪謁海門周子，質疑送難，所往復書，累數百言不具載，然每自撫膺嘆曰：「吾此中終未穩在！」一日，讀方山《新論》，手足忭舞，曰：「吾從前真自生退屈矣！」

戊戌，宗伯公辭世，先生率弟奭齡祖齡，共寢堊室中，讀禮之餘，靜默相對而已。服闋，奉太夫人攜幼弟祖齡入京師，復補原官，無何轉太子中允，撰述制誥。時東宮覃恩廣被庶寮，綸綍填委如山，先生體羸苦不勝，急

思解去，未果。會黃平倩及王大行道安五六公皆先生至友，昕夕過從，道韻標舉，學者以目因他有所攻以撼之，先生曰：「見幾而作茲時乎。」月餘平倩以疾去，先生請命于太夫人，不可。于是謀改徐，爲引身計，而當事者苦不相舍，不數月以左春坊左諭德兼翰林院侍講，典試留京，事竣，奭齡亦舉于浙，歸報命，拜太夫人于堂，喜可知也。

時王道安復以使去，先生居長安，塊然無徒，日夜念會稽山水；太夫人又宿病火，苦煤食飲，歸計遂決。甲辰之月，充廷試受卷官，頃之，上疏言病狀，乞骸骨，不允，再上乃得請。既抵家，太夫人病甚，居期年，詔起國子監祭酒。先生慨然上疏言「臣母年已望七，痰火沈綿，臣爬搔肢體，每切寒心，近出戶庭，輒驚囓指，臣聞陽城爲國子司業生，徒歸養凡二十人，使臣棄病母床第，趨簡書千里之外，不孝之尤，陛下方以孝作人，安用臣爲。」疏聞，詔以新銜在籍，先生欣然奉母，嗜學有加焉！故所慕豫章李檣山子，授龍溪子風旨，先生子弟輩志學者爲社而事之。先生嘗貽書開解云：「所謂『死後活，絕後甦，乃是眞活。』」又欲寫中峰錄中數篇相印，云：「與今人硬差排者同否？即此見聞非見聞，此關不易破也。」檣山聞而善之。至是遇武林湖上，先生迫以歸。小築曹山，餐臥一室，共研此道。而中丞紫亭甘公來撫浙，迫主天眞講席，既治；虎林書院復來聘，爲謝不往。

戊申，太夫人病亟，先生焦心醫禱，顏色爲枯，已酉二月竟不起，號痛幾絕。先是朝論鼎沸，概逐浙產，波及先生，先生不爲動，惟仰天泫然曰：「使吾母能百年，望齡即沒齒捐棄，亦復何恨。」自是與弟奭齡輩與，伏塊寢苦，痛稍定間亦閱書，祖齡從問老莊滯義，先生隨筆疏釋，竟參玄詣，因曰：「讀書在神會，無徒爬搔華膚之間，即如莊生言，儒者所不道，要其旨歸，不大謬于孔氏執芻狗遽廬之說，而攻之，渠亦未肯心折也。」無何遘疾，疾未幾遂奄然而逝，距太夫人終堂之期僅百日。于時，士廢書、賈廢市，里族遠近人，舉皇皇如弱喪，先生可知已！

先生寂心沖氣，精采內發，弇斂自證，不求人知，豈惟科名功利不入其胸，即古今詞學者所尊尚，先生弗鶩也。生平所服膺文成之教最篤，大指在勳賢祠及文成碑記中，于宋悅慈湖子，輯《慈湖金錍》，近世說龍溪子、近溪子，輯《盱江語要》，龍溪書輯未就也。未歿前數日，讀王奉常塘南楊宗伯復所書，猶手自節略，曰：「是可爲學鵠。」又雅稱晦翁醇至，曰：「此誠足模范來學，防末流猖狂之習。」「高皇帝識高百王，獨取以訓多士，厥旨淵哉！」

以故先生參證本心，通悟徹底，可與近溪入室；而孝友醇篤，未嘗高懸解而遺實踐也。所得師表人有餘，而常退居學地，即凡流單士，披襟下之。自奉寒儉居仍三楹，俸入奉二親，餘以及族里交知。歿之日，囊無鐶金，篋無尺帛，門人山陰令余君、孝廉王生太學生輩爲之賻襚，乃及斂焉！月餘，郡人列其行上督學使者豫章陳公，陳公重風教，廣屬學官，遂檄下郡邑祀諸鄉賢，併陪文成祀，且疏請易名，比于魯文恪鄒文莊五六公，此非先生要之，蓋棺論乃定矣！先生居嘗與弟奭齡輩，聯床共被，未嘗數入內以損至愛，亦竟以是無子，而子奭齡子履平。所著有制草若干卷，功臣傳若干卷未竟，晚若淬心問學，榜所居曰「歇庵」，以休之學者，亦稱爲歇庵先生。得年僅四十有八，有《歇菴集》數卷藏于家。

外史氏曰：「文成『致良知』三字符，上接周程，以溯孔門明德之宗，及門之士龍溪子妙入其解，而近溪子獨見赤子本體，慈湖活潑言下，先生聞而知之矣！先生氣寂用含，而機力甚迅，使當世任重豈不恢恢哉！志業未竟，而嗣以傳，模楷來茲，亦非不幸也。」

黃宗羲，《明儒學案・泰州學案五・文簡陶石簣先生望齡》：〔註226〕

陶望齡，字周望，號石簣，會稽人也。萬曆己丑進士第三人。授翰林編修，轉太子中允右諭德，兼侍講。妖書之役，四明欲以之陷歸德、江夏，先生自南中主試至境，造四明之第責以大義，聲色俱厲。又謂朱山陰曰：『魚肉正人，負萬世惡名，我寧、紹將不得比于人數矣。苟委之不救，陶生願棄手板拜疏，與之同死。皆俛首無以應。故沈、郭之得免，異語者李九我、唐抑所，法語者則先生也。己告歸。踰年，起國子祭酒。以母病不出。未幾卒。諡文簡。

先生之學，多得之海門，而泛濫於方外。以爲明道、陽明之於佛氏，陽抑而陰扶，蓋得其彌近理者，而不究夫毫釐之辨也。其時湛然澄、密雲悟皆先生引而進之，張皇其教，遂使宗風盛於東浙。其流之弊，則重富貴而輕名節，未必非先生之過也。然先生於妖書之事，犯手持正，全不似佛氏舉動，可見禪學亦是清談，無關邪正。固視其爲學始基，原從儒術，後來雖談玄說妙，及至行事，仍舊用著本等心思。如蘇子瞻、張無垢皆然，其於禪學，皆淺也。若是張天覺純以機鋒運用，便無所不至矣。

〔註226〕黃宗羲，〈「文簡陶石簣先生望齡」・泰州學案五〉，《明儒學案》下冊（台北：河洛圖書出版社，1974年），頁74～76。

林之盛編述,《皇明應諡名臣備考錄·陶望齡》:〔註227〕

祭酒陶望齡,字周望,浙江會稽人。萬曆己丑進士第一,廷試第三,授編修。辛卯,請告,尋補原職,同修國史。乙未,分校禮闈,已復請告。隨丁外艱,服闋,轉太子中允,篆述制誥。不數月以左春坊左諭德兼翰林院侍講,典試應天。已而妖書事起,屬有細人搆其事波及一二大寮,上方震怒,勢將不可測,望齡曰:『如此則大獄興,後反覆相噬禍必有所中,人臣不足惜,奈朝廷何?』誦言之當事者,當事者力為營救,事乃得解。甲辰,再乞骸歸,逾年詔起國子監祭酒。望齡上疏言臣母年已望七,素患痰火延至去歲,陡爾沈綿,臣抑搔肢體,每切寒心,近出戶庭,輒驚噬指,且臣聞陽城為國子司業生,徒歸養凡二十人,使臣棄病母床第之間,趨簡書千里之外,悖倫斁德不孝之尤。陛下方俾以忠孝作人,亦安用此。疏聞,詔以新銜在籍。已痛母物故,傷心血時作囈語死距母沒僅百日,壽四十八。望齡賦性屏弱寡嗜欲,間逃於禪茹素禮佛。其學以王文成為宗多自得,嘗曰:『道之不明於天下也,事事而道道也,事事則道妨事;道道則事妨道。於是賓實虛交瘉,而迭勝不知,事者,道之事;道者,事之道。道之外必無事,事之外必無道。譬諸鏡然,即其物,物即其照,萬機並應照者,故虛希微澹泊所照,故實不可二也。』又嘗論古今道統,唐虞而君,殷周而相,春秋而韋,布澳解陵,遲更數千歲而天乃濂洛還孔顏,姚江還伊周。其持論多如此。望齡通籍者二十一年,立朝纔六年,居官未久,無殊猷可紀;然恬退清操,士林重之。所著有《歇菴集》行世。

石簣先生,蘊籍沖深,雅負時望。會罹浙脈攻訐之,故亟乞骸以歸,遂杜門不出。嗟乎!以先生賢且才,假令修祖宗故事,得備顧問,其匡救必有可觀,即不然得專城而治之,豈減古循良,而今何沒沒也?竊考祖宗盛時,面奏決事開內閣東角門,當時解縉等七人以編修更,直後彭韶亦以修撰,皆不必盡崇階入預閣事,密邇乘輿而詞臣得以自見,朝廷亦得盡詞臣之用。今顧問之典,未可驟復而內閣為政府重地,亦往往以拾資而轉,于是詞臣上者,縱不失載筆之職掌脫不幸先朝露,遂無絲效尺寸之能,而下者習為恬美養俸積資,調眾口以求無忤于當路,非刺不到二十年且枚卜矣。然則如諺所謂養相度也者,果詞林之真品耶,如先正不願官翰林,願得郡縣自效者,非詞林

〔註227〕林之盛編述,《皇明應諡名臣備考錄》(一)(台北:明文書局,1911年),頁527～531。

之典型耶！有感于陶公之品之才，并及之客過予而問曰：「如子言則今之詞臣已不得數顧問矣。將修舉其職奈何曰：『是不難有內外詮選法在，故諡不必專處以文而官，不必老于史局，在賢大夫自取之耳！不然盛遁坏猶愈于望河思洛，頡頑而營世資者也。

張岱，《三不朽圖贊・陶文簡公像》：〔註228〕

陶石簣望齡，會稽人。律身藻潔，恬靜無營，清如止水，淡若秋露。與弟石梁終日講學，寒暑不輟。參禪戒殺，大類禪門。母夢鶴唳而生，其聲之皦孤子，酷肖其人。陳本作陶石簣公望齡，會稽人。承學之子。少有文名，舉萬曆已丑進士第三人，官侍講，以祭酒在籍。服膺陽明之教，所宗者周海門。與其弟石梁皆以講學名，念臺先生亟稱之，卒諡文簡，祀鄉賢。

贊曰：帝釋宰官，佛門鐵漢，寡慾養心，古德作伴，冷淡孤清，冰山雪巘，富貴功名，石火巖電。嘗言：「勿以小小得意而遽動其念也，是猶海師錯認魚背以為洲岸。」

陳本贊曰：峻潔身名，冰山雪巘，恬澹聲華，石火巖電。謇諤朝班，妖書罷讞。泛涉禪機，還歸道岸。會當揚蕺山之前旌，而殿姚江之學案。

談遷，《罪惟錄・陶望齡》：〔註229〕

陶望齡，字周望，浙江會稽人。父承學，以進士歷官禮部尚書。望齡成萬曆已丑進士第一，授編修，與焦弱侯、袁伯修、黃平倩同究性命之學。久以翰林侍講予告歸，再起國子祭酒，艱歸，卒。其正紀綱之疏，有曰：「聞之首反顧而足卻，心有虞而目睒。今心不處形，首不顧足矣。朝講罷廢，動以經歲，章疏批答，匝月乃下。託身禁廷，而迥若萬里，況於疏遠。則廟廷之與臣工不交者一。大臣所是，小臣所非相援相訐，以成曹耦。下以非法爭法，上以煩言止言。一議反覆，而數月未定；一語糾結，而累牘不止。則大臣之與小臣不交者二。撫按監司，養交持祿，以致剡牘所載，半其自署，黑白倒置，懞然不知，則大吏之與有司不交者三。守令號為親民，今饑疫頓起，僵仆滿目，號呼盈耳，而漫不為意。則守令之與百姓不交者四矣。精神不運，而問綱紀，紀綱不調，而問風俗。馬不進而策軍，御不設而咎馬，豈

〔註228〕張岱，《三不朽圖贊》，收錄在沈雲龍主編，《明清史料彙刊》（八）（台北：文海出版社，無出版年月），頁243～244。

〔註229〕查繼佐，《罪惟錄》（江蘇：浙江古籍出版社，1986年），頁230～231。

不大謬哉！」不報。又議遼防，有曰：「遼疏於燕，而暱邇齊。遼之不能遠齊
爲強，必然之勢也。遼齊爲輔車，飭屯戍，治艅艎，合綜會哨，聲生勢長，
儆察精嚴，奸人裹足。資糧流灌，密若內地，收海之利而去其害矣。」卒，
謚文簡。

論曰：「各自爲官，已從神廟時長之矣。天下事豈一人爲之哉？讀四不交，
爲之憮然。余友其裔孫履卓，字岸生，申酉後，矯激不入城市，幾至大累。
此何時，而猶存議遼遺意，得乎？」

過庭訓纂集，《明分省人物考・陶望齡》：〔註230〕

陶望齡，字周望，會稽人。父承學歷官禮部尚書。望齡稟極清臞，靜穆
之性自孩稚而已然。九歲時，匡坐終日，與其兄虞仲問答，皆世外語。讀書
往往有超解，十七補邑弟子員，遂致力於古文詞。時大理卿燕陽商公，督學
北平。就婚於燕都，受業於檇李葵陽黃學士之門。甲申，自燕返，補試睦州，
闐儆庸林公視兩浙學，見其牘絕嘆賞，以爲浙士無兩，檄冠其先所試士予廩。
明年遂以第二人舉於鄉。己丑南宮第一，廷對擢第三，授翰林院編修，與焦
修撰弱侯、袁宮諭伯修、黃庶子平倩極相友善朝夕究譚性命之學，寓書奭齡：
「向時迷陋，視一科第爲究竟地，正如海師妄認魚背謂是洲岸，聰明人宜蚤
悟，勿墮大海而甫覓舟楫也。」辛卯，德望棄世，尚書公以慟哀致病，亟請
告歸養以慰親。朝夕視膳與其二弟，日相與徵論於前百□，承順病亦漸損。
甲午，詣闕補原職，同修國史，乙未，分校禮闈，得人獨盛，已復請告返越。
戊戌，丁外艱，服除，奉其母北上復補原官，尋轉太子中允，知制誥。時東
朝始建，覃恩被於庶寮，綸命委積日數十軸未修，未得暇體素羸，至是益憊，
曰：「吾乃用身命搏寸祿耶！」思解衣作歸計去，而母聞之艴然曰：「吾崎嶇
此來，席未煖而遽去，何契契也？」於是先生謀改南徐，爲引身之策，數月
以左春坊右諭德兼翰林院侍講，點試留京。會妖書事起，一二細人搆其詞連
大寮，時上方震怒，勢將不可測，曰：「如此則大獄興，後反覆相噬禍且株連，
臣子不足惜，奈朝廷大體何？」誦言之當事，力爲營救，事乃得解。甲辰三
月，充廷試受卷官，事竣，杜門上疏力請至再得予告，既抵家，母疾甚，扶
伏床第，增損藥餌數月，乃閒居暮年，詔起國子監祭酒。上疏言臣母年已望
七，素患痰火延至去歲，陡爾沈綿，臣抑搔肢體，每切寒心，近出戶庭，輒

〔註230〕過庭訓纂集，《明分省人物考》（台北：明文書局，1911 年），頁 287～292。

驚噬指，且臣聞陽城爲國子司業生，徒歸養凡二十人，使臣棄病母床第之間，趨簡書千里之外，悖倫斁德，不孝之尤。陛下方俾以忠孝作人，亦安用此疏聞，詔以新銜在籍。戊申，母病不起，甫百日亦遘危疾而卒。

　　生平服膺文成之教，於宋悅慈湖子輯《慈湖金錍》，於近世悅龍溪、近溪，各輯其語錄，嘗曰：「慈湖師陸文成之所自出，餘子文成裔也。」學道之堅，精進勇猛，乃終身退然，自居於學地，即庸流單士片語近道折節下之。與其弟輩友愛無間，聯床共臥，動即浹旬月未嘗入內，體羸弱不任勞苦，而性喜臨汎，往往旬月不休。崎嶇跋履，初不言倦，每見林薄蓊翳，清溪瀠洄，則解衣盤礴，嗒焉忘返。或至山水奇絕之處，則攝衣而登，踐苔捫蘿，犯危磴，從游者方戰悼危慄，而翩然獨詣，直躋其巔。宿萬山之巒，必晨起以觀煙雲之變，熊島嶼之出沒，情境所會，嘯歌不已。嘗一登洞庭，兩遊白嶽。窮台宕之幽峭，覽天都之奇勝。陟天目，臨寶陀，幽絕處皆有題，詠短吟長，什無不可誦。所著有制草若干卷、《歇菴集》若干卷行于世，訃聞予祭葬，謚文簡。

徐開任編輯，《明名臣言行錄・祭酒陶文簡公望齡》：〔註231〕

　　字周望，號石簣，會稽人。萬曆已丑會元，廷對第三，官至國子監祭酒，卒年五十五，天啓中，謚文簡。父承學歷官禮部尚書。公稟極清臒，靜穆之性自孩稚而已然。然五歲，未塾。師客戲命以句：「中舉？中進士？」應聲曰：「希賢希聖。」人又問所親，曰：「吾欲爲聖人，奚道而可所親？」曰：「學聖人必主敬。」曰：「主敬奚若？」曰：「主敬必危坐，危坐者跪坐也。」公乃跪坐終日，不怠。十歲自作文，字成文理，父師不知也；欲應童子試，父師以其年幼不從。至十七補邑弟子員，越三年，舉鄉試第二，與伯兄德望同年舉於南都。已丑中禮闈第一，廷對擢第三，授編修，在館日與鼎元焦弱侯讀中秘書，專致力於聖賢之學，寓書與弟奭齡：「向時迷陌，視一科第爲究竟地，正如海師妄認魚背謂是洲岸，聰明人宜蚤悟，勿墮大海而甫覓舟楫也。」辛卯，德望棄世，尚書公以慟哀致病，遂告歸慰親。甲午，詣闕補原職，同修國史，乙未，分校禮闈。考滿得推恩父母。戊戌，丁外艱。辛丑，復補原官，尋轉太子中允，撰述制誥。時東朝始建，覃恩綸命，委積日數十軸未休，公體素羸，至是益憊，思解去不允，而當事者見重，以左春坊左諭德兼翰林

〔註231〕徐開任編輯，《明名臣言行錄》（台北：明文書局，無出版年代），頁859～863。

院侍講，點試南都，事竣復命。會妖書事起，一二細人搆其詞連大寮，時上方震怒，勢將不測，曰：「如此則大獄興，反覆相噬禍且株連，臣子不足惜，奈朝廷大體何？」誦言之當事，力爲營救，事乃得解。甲辰三月，充廷試受卷官，事竣，杜門上疏力請至再得予告，既抵家，母疾甚，扶伏床第，增損藥餌數月，乃閒居朞年，詔起國子監祭酒。上疏言臣母年已望七，素患痰火延至去歲，陡爾沈綿，臣抑搔肢體，每切寒心，近出戶庭，輒驚噬指，且臣聞陽城爲國子司業生，徒歸養凡二十人，使臣棄病母床第之間，趨簡書千里之外，悖倫斁德，不孝之尤。陛下方俾以忠孝作人，亦安用此疏聞，詔以新銜在籍。戊申，母病不起，甫百日亦遘危疾而卒。

　　生平服膺文成之教，於宋悅慈湖子輯《慈湖金錍》，於近世悅龍溪、近溪，各輯其語錄，嘗曰：「慈湖師陸，文成之所自出，餘子文成裔也。」學道之堅，精進勇猛，乃終身退然，自居於學地，即庸流單士片語近道折節下之。與其弟輩友愛無間，聯床共臥，動即浹旬月未嘗入內，體羸弱不任勞苦，而性喜臨汎，往往旬月不休。崎嶇跋履，初不言倦，每見林薄蓊翳，清溪瀯洄，則解衣盤礴，嗒焉忘返。或至山水奇絕之處，則攝衣而登，踐苔捫蘿，犯危礆，從游者方戰悼危慄，而翩然獨詣，直躋其巔。宿萬山之巒，必晨起以觀煙雲之變，熊島嶼之出沒，情境所會，嘯歌不已。嘗一登洞庭，兩遊白嶽。窮台宕之幽峭，覽天都之奇勝。陟天目，臨寶陀，幽絕處皆有題，詠短吟長，什無不可誦。所著有制草若干卷、《歇菴集》若干卷行于世。

王鴻緒等撰，《明史稿列傳》：〔註232〕

　　望齡，字周望，會稽人。父承學，南京禮部尚書。望齡少有文名。舉萬曆十七年會試第一，殿試一甲第三，授編修，歷官國子祭酒。篤嗜良知之說，所宗者周汝登。與弟奭齡皆講學，有盛名，然其言曰：「明道陽明之於佛氏，陽抑而陰扶。」蓋不免雜禪教云，卒諡文簡。

張廷玉等，《明史》：

　　陶望齡《老子解》二卷，陶望齡《莊子解》五卷。〔註233〕

　　陶望齡《宗鏡廣刪》十卷。〔註234〕

　　陶望齡《歇菴集》十六卷。〔註235〕

〔註232〕王鴻緒等，《明史稿列傳》（台北：明文書局，無出版年代），頁399。
〔註233〕張廷玉等，《明史》（北京：中華書局，1995年），頁2452。
〔註234〕同註233，頁2454。

　　陶望齡，字周望，會稽人。父承學，南京禮部尚書。望齡少有文名。舉萬曆十七年會試第一，殿試一甲第三，授編修，歷官國子祭酒。篤嗜王守仁說，所宗者周汝登。與弟奭齡皆以講學名，卒諡文簡。〔註236〕

錢謙益著、錢陸燦編，《列朝詩集小傳・陶望齡》：〔註237〕

　　望齡，字周望，會稽人。禮部尚書承學之子。萬曆己丑會試第一人，廷試第三人，授翰林院編修，歷中允諭德，起國子祭酒。以母老乞終養，母喪遘疾而卒，諡文簡。周望年九歲，即匡坐，終日與其兄問答，皆世外語。在詞垣，與同官焦竑、袁宗道、黃輝講性命之學，精研內典。悅慈湖、陽明、龍溪、近溪之書，曰：「慈湖師陸，文成之所自出，餘子文成裔也。」閱歷清華，多引身家食，游覽吳越名勝，一登動庭，兩遊白嶽。楚人袁宏道謝吳令，偕遊東中，涉天目，窮五泄，詩記爲時所傳。周望於詩，好其鄉人徐渭。作洞庭山遊記，規摹柳州，近效蔡羽。萬曆中年，汰除王、李結習，以清新自持者，館閣中平倩、周望爲眉目云。有《歇菴集》行世。

彭紹升，《居士傳・陶望齡》：〔註238〕

　　陶周望，名望齡，號石簣居士，會稽人也。萬曆十七年舉會試第一，成進士，授編修，與同官焦弱侯，相策發，始研性命之學。已而請假歸過吳，與袁中郎論學。三日，上剡溪謁周海門參叩甚力，每自指膺曰：「此中終未穩在！」一日讀方山《新論》，手足忭舞，趨語奭齡曰：「吾往者空自生退屈也！」海門嘗致書詰其所得，周望復書曰：「竊聞華嚴十信，初心即齊佛智，佛智者，無待之智也，何階級之可言哉！然必五十位升進，鄰於二覺，後契佛乘，孔子三十而立已歷信位矣！然必知命耳順以至從心，蓋知見久汰而日銷，習氣旋除而日淨，如精金離礦，經鍛鍊而益露光芒，嬰兒出胎，加歲時而自然充長，人形金體，不異舊時；瑩淨魁梧，新新莫掩，然則放刀屠兒、獻珠龍女，無待之智燈也。懶安搜鼻二祖，調心神化之實功也，以緣起無生爲覺照，故不屬斷除，以佛知見爲對治，故不落二乘耳！是故道人有道人之遷改，俗學有俗學之遷改，凡夫於心外見法，種種善惡執爲實有，如魘人認

〔註235〕同註233，頁2488。
〔註236〕同註233，頁5712～5713。
〔註237〕錢謙益著、錢陸燦編，《列朝詩集小傳》（台北：明文書局，1986年），頁662～663。
〔註238〕彭紹升，《居士傳》（江蘇：廣陵古籍刻印社，1991年），頁586～594。

手爲鬼，稚子怖影爲物，遷改雖嚴，終成壓伏。學道人善是己善、過是己過、遷是己遷、改是己改、以無善爲善，故見過愈微；以罪性本空，故改過甚速。顏子有不善，未嘗不知，知之未嘗復行者是也。僧問古宿如何保任？曰：「一翳在目，空花亂墜。」大慧亦言：「道學人須要熟處生，生處熟，如何生處，無分別處是。如何熟處，分別處是。到此則過是過，善亦是過，分別是習氣，饒你不分別亦是習氣，直得念念知非，時時改過，始有相應分是眞遷改、是眞改過，是名隨心自在，亦名稱性修行。」先代聖賢所有言說，總不出此，尙何置同異於其間哉！然僕今日之病，則在悟頭未徹，疑情未消，解處與行處、說處與受用處，未能相應。以此惻惻，居心不寧，老丈何以救之？周望居常參一歸何處公案，自言緊作課、寬作程，一生再生，會有出頭分，不敢求速效也。」已而起前官，累遷左諭德。萬曆三十一年，妖書事起，沈一貫當國欲藉以陷沈鯉、郭正域，周望詣一貫切責之。又見朱賡不爲救，慷慨數賡，願棄官與沈、郭同死，二人皆心動，沈、郭卒得免，亦周望之力也。傾之，復乞歸以祭酒徵不起。

周望生平廉隅甚峻，進退以義自奉，薄布衣蔬食終其身。其爲學久而益誠，未嘗自是，每日古人見性空以修道，今人見性空以長慾。晚而參雲棲宏公，受菩薩戒，因與諸善友創放生會於城南，以廣雲棲之化。作放生詩十首，以凡百畏刀杖，無不愛壽命爲韻。

其一云：人生事腸腹，及與口舌三，二但取飽軟，一乃司吾饞，萬錢飾盤筵，殉此徑寸甘，下咽了無知，理與本扎兼，晚食美葵蓼，甚飢望虀鹽，徑寸況易欺，何當信其慾，半彎償一身，債主眞不廉，人羊須臾理，請君睹其凡；其二曰：毒莖烹肉肥，利刃藏魚穽，魚肉豈不美，智者走弗食，吾有萬世患，鷔以取一適，匕箸成戈矛，操之還自賊，君看几筵上，怨敵常繞百，食肉作莖觀，斯言心可刺；其三曰：介盧曉牛鳴，冶長諳雀噭，吾願天耳通，達此音聲類，群魚泣妻妾，雞鷔呼弟妹，不獨死可哀，生離亦多慨，楚語既侏離，齊音了難會，寧聞楚人肉，忍作齊人膾，可憐登陸魚，愈喝向人誶，人曰魚口喑，魚言人耳背，何當破羅網，施之以無畏；其四曰：挾弩隱衣袂，入林群鳥號，狗屠一鳴鞭，眾吠從之囂，殺機翳胸中，燦然若懸杓，吾聞螳螂蟬，能變琴者操，至人秉慈尙，虎象焉足調，因果苟無徵，視斯亦已昭，與其噉群生，寧我吞千刀；其五曰：從事愁見拘，波臣苦遭蕩，蝲氏群處囊，悲鳴更相杖，寄書已成悔，見夢徒增妄，數錢贖爾至，縛解羈

囚放，困極勢未遁，蘇餘氣乃壯，御恩未忍去，故作三回望，何方絕網羅，向去保無恙，感激見深衷，遲疑抱遐悵，贈爾金口言，努力此回向，耨水具功德，蓮華好安養，微施豈懷報，往矣愼波浪，群蛙尤有情，鼓吹西窗傍；其六曰：昔有二勇者，操刀相與酤，曰子我肉也，奚更求肉乎，互割還互噉，彼盡我亦枯，食彼同自食，舉世歎其愚，還語血食人，有以異此無；其七曰：吾聞豐坊生，赤章咒蚤蝨，蚤蝨食幾許，討捕已酷烈，借問坊食者，還當咒坊不，宏恕聖所稱，斯言非佞佛；其八曰：生食不可食，熟以過時敗，生既嫌腥羶，敗時仍臭穢，腥穢君所知，胡爲強吞嚘，水火幻味香，口鼻成災怪，如蠅穢中育，還以臭爲愛，及其生子孫，居然臭穢內，阢圍難久居，蟲乎可爲戒；其九曰：豎首橫目人，豎目橫身獸，從獸者智攫，甘人者勇鬥，悲哉肉世界，奚物獲長壽，一虎當邑居，萬人怖而走，萬人俱虎心，物命誰當救，莫言他肉肥，可療吾身瘦，彼此電露命，但當相憫宥，共修三堅法，人獸兩無負；其十曰：食肉反有墨，食糠反肥盛，薇蕨雖苦飢，甘脂亦生病，我痛思彼痛，彼命如我命，勿憎質直語，質語應易聽。又設問答者，〈放生解惑〉篇甚詳辨，文多不載。

三十七年秋，有疾，飭治後事，三日而逝，諡文簡。奭齡亦好禪學，崇禎中，與蕺山劉子講學陽明祠，從之者甚眾。

朱彝尊，《靜志居詩話‧陶望齡》：〔註 239〕

陶望齡，字周望，會稽人。萬歷己丑賜進士第三，授翰林編修，歷中允，諭德，遷國子祭酒。卒，諡文簡。有《水天閣集》，《歇菴》二集。

周望早年詩格清越，超超似神仙中人。中歲講學逃禪，兼惑公安之論，遂變爲芸夫蕘豎面目。白沙在泥，與之俱黑，良可惜也。〈途中雜詩〉云：「一騎風塵裏，千山縣郭東。畏途逢落日，別思對孤鴻。仗策心逾遠，談詩氣更雄，驅馳丈夫事，不必恨飄蓬。」

陶元藻輯撰，《全浙詩話‧陶望齡》：〔註 240〕

望齡，字周望，會稽人。萬歷己丑會元，賜進士第三，授翰林編修，歷中允，諭德，遷國子祭酒。卒，諡文簡。有《水天閣集》。

《明詩綜》黃貞父云：「陶子詩爲韋爲柳，間爲長吉。」

〔註 239〕朱彝尊，《靜志居詩話》（北京：人民文學出版社，1998 年），頁 469。
〔註 240〕陶元藻輯撰，《全浙詩話》（台北：廣文書局，1976 年），頁 1809～1810。

《靜志居詩話》周望早年詩格清越，超超似神仙中人。

按：文簡公爲宗伯泗橋公子，將誕之夕，母夫人夢雙鶴唳庭，覺而娩，遂舉攣子。公居長字之曰達、次曰適。時有相士金生來謁，宗伯出兩兒視之，曰：「長者貴，次未可知也。」後適果不育，公官至司成。當萬歷丙戌，應禮部試被黜，主司題其卷曰：「七藝平平。」公遂發憤，於門牖牆垣俱自書七藝平平四字，刻意求警拔以變其初。己丑闈中作遂極卓鍊凌瑠，以會元自命，未發榜前數夕，赴正陽門關帝廟卜之，旁有人聞其禱語，大驚，乃華亭董其昌也，其文亦以會元自許者，索觀公文，乃嘆服自謂不如，及榜發，公果第一董第二。

陳田輯撰，《明詩紀事·陶望齡》：〔註241〕

公安楚咻，始於伯修。黃平倩，陶周望與伯修同館，聲氣翕合。中郎稍晚出，推波助瀾，二人益降心從之。是時臺閣中惟于文定，馮文敏雅能自持，然才稍不及黃、陶，世論惜之。

董清德輯，《康熙會稽縣志·人物志·理學·陶望齡》：〔註242〕

陶望齡，字周望，號石簣，宗伯承學第三子，母董氏夢鶴唳于庭而生望齡。萬歷癸酉以第二人舉於鄉。己丑，會試第一人，廷對第三人，授編修，讀書秘館，專致力於聖賢之學。辛卯，予告南還與弟奭齡終日論學，寒暑勿輟。甲午，補原職，預修國史，撰〈開國功臣傳〉。乙未，分校禮闈，得湯賓尹十有九人，皆知名士。亡何復請告返里，與剡溪周汝登往來麀間，每自指膺曰：「吾此中終未穩。」讀方出《新論》，手足忭舞，趨語奭齡曰：「吾從前眞自生退屈矣。」戊申，丁父艱，服闋，奉母北上，補中允，撰制誥，陞侍講，典試留京。得王納諫後，爲名臣。俄而，妖書事起，詞連一二大寮，內廷震怒勢不可測。望齡力言之當事者，乃得解。初黃平倩歸時，握手語曰：「子爲嚆矢，吾亦從此逝矣。」至是歸志益切，乃杜門乞骸骨，報聞不允。望齡曰：「吾小臣而見留，此殊恩吾不可不仰體君心，然業已許吾友矣。」奈何疏再上，乃得請。期年，復起國子監祭酒，望齡力謝，乃以新銜在籍。戊申，母痛憂勞成疾，相繼而卒。居者室歎，行者道悲，僉曰：『某公且死，吾輩無與爲善矣！』望齡服膺文成之教，常稱曰：「文成躬挺上智，頓獲本心，其施

〔註241〕陳田輯撰，《明詩紀事》（上海：上海古籍出版社，1993年），頁2524。
〔註242〕董清德輯，《康熙會稽縣志》（台北：成文出版社，1989年），頁507～508。

於用也皆日用飲食之常，著明深切之教也。古今道統更數千歲，而天乃以濂洛還孔顏；姚江還伊周，非妄說也。」其大指具〈勸賢記〉及〈聖學宗傳序〉中，所著有制草、《歇菴集》。

望齡一生淡漠寡慾，乏胤，繼弟奭齡子履平爲嗣。望齡訃聞督學陳大綬即檄崇祀鱉宮，併陪祀文成之廟；又祀諸虎林書院。給事周宗建疏請建祠於山陰之筆飛坊，稱其清眞恬淡，不受滋垢，學派接王文成，歸嚮契錢德洪，宜與兵部許孚遠一體予諡。諡曰文簡。而承學之諡恭惠也，適在一詔中，亦稱盛事。

二、陶奭齡

董清德輯，《康熙會稽縣志・人物志・理學・陶奭齡》： 〔註243〕

陶奭齡，字君奭，號石梁，承學第四子。生而近道，持身制行，不規而圓，不矩而方。爲文學日即主張正學，周汝登遺之書曰：「願丈出而振作此會，爲後來作前導，爲吾道計無窮。」又與望齡、奭齡書曰：「陽明書院之會，望二丈儼然臨之，越中一脈，難令斷絕。」居平惟讀書靜坐，非正論格言不發也。兄弟自相師友，唱和一堂，學者稱爲「二陶」。萬歷癸卯，舉於鄉，授吳寧學博，俗甚澆，作〈正俗訓〉，上臺使行之，風爲之易。遷肇慶推官，辨誣盜，釋冤獄，人頌爲神明。左轄陸問禮以大計索無狀吏，奭齡曰：「南陽實無必欲，則無如職者，且說人短長以媚人，奭齡不爲也。」又預識陳拱之敗，措置戰舢，謹守要害，海寇得平。晉濟甯守，奭齡曰：「陶子面孔，尙堪執手板，引郵官津奔走車馬軸鱸之前乎！」馳歸不起，作聖訓六條解，召宗人訓之。與劉宗周講學陽明祠及古小學石簀祠，曰：「證人」，會宗周赴召，奭齡致書曰：「願先生安其身而後動，易其心而後語，俾天下實受其福，若夫矜名節如鵰鶚橫秋，使人望而畏之，此小臣之所爲，務非大臣事也。」宗周憮然曰：「此眞格人之言也。」奭齡又曰：「文成一良字，專對考亭而發，吾輩但可言致知。」門人王朝栻、秦宏祐、徐廷玠等輯爲語錄。歲丙子，詔京朝官各舉所知，或薦奭齡，劉宗周謂陶某非守令才，重則正席成均，輕則加銜六館，庶可展其所學，與王業浩金蘭合辭，移吏部。已而，寢不行將歿之夕，猶講衛風一章，端然而逝。劉宗周率門人哭之，私諡曰文覺，所著有《遷改格喃喃錄》、《今是堂集》，子履肇、孫景且世傳家學。

〔註243〕同註242，頁 508～509。

張岱，《三不朽圖贊・陶石梁公像》： 〔註244〕

陶石梁奭齡，大司成石簣公弟也。家庭自相師友，講學不倦，以賢書為肇慶司李，晉濟寧守。嘆曰：「陶子面孔尚堪執手，版引郵官津，奔走車馬軸轆之前乎！」馳歸與劉忠端講學白馬山，徵辟不就。陳本作陶石梁奭齡，會稽人。承學之第四子，生而近道，平居惟讀書靜坐，非正論，格言不發一門。自相師友，先舉於鄉，授博學晉濟寧守，辭歸不起。與劉蕺山講學陽明祠，立證人會約。

贊曰：從來兄弟品格不齊，蘇氏軾轍、宋氏郊祁，風流端恪，天性不移。今惟陶氏伯仲勛虎，卜晝卜夜，衾影不欺，一心一德，孰與等彝？伊川明道，其或庶幾。

陳本贊曰：不矩而方，不規而圓，生而近道，與古為緣，劉前王後，絕學綿延，一門師友，明道伊川，劉忠端謂其非守令才，宜正席成均而為多士先。

陶元藻輯撰，《全浙詩話・陶奭齡》： 〔註245〕

奭齡，字君奭，號石梁，會稽人。萬曆癸卯舉人，廣東肇慶府推官陞山東濟寧州知州。

《金華詩錄》初至東陽，聲望傾動一時，學者從之甚眾，稱石梁先生。

石梁先生題此詩龍柏吟，竟自註云：「柏因短垣繚繞不盡，見其奇，詩以告主人，庶幾脫其桎梏，云：爾香砂見之曰：我思古人實獲我心，政謂此也，因為廣之以竟其意，略云：世間養馬誰支遁，徒愛羽毛失神駿，種樹不解師郭駝，多方護惜違天和。昨來拜謁神廟前，仰視翠柏俯几筵，為索陶公借佳句，悠然會心得深趣，遍語父老須信賢，千年神物若為筌，短垣羈束今已矣，撤去樊籠任自然。」錄此以存一則嘉話。

按：石梁公原詩有紹興年龍渡江藝祖兒孫始通籍一枝橫出雙峴間葉葉銀潢漱涓滴。又云：「不知龍去柏化龍，不知柏亡龍化柏。」知龍柏為東陽趙氏家祠中古物，香砂即趙氏裔也。又按：石梁公為石簣公胞兄，石簣文譽雖獨盛一時，論其腹笥宏深，二人殊難軒輊，弟兄俱以先品行後文章相勖，切磋砥礪，學者稱為二陶。公與劉宗周善闡發陽明良知之學，及宗周赴台，公致書曰：「願足下安其身而後動，易其心而後言，俾天下實受其福，若徒矜名節

〔註244〕張岱，《三不朽圖贊》，收錄在沈雲龍主編，《明清史料彙刊》（八）（台北：文海出版社，無出版年月），頁191～192。

〔註245〕陶元藻輯撰，《全浙詩話》（台北：廣文書局，1976年），頁1810～1812。

如鵰鶚橫秋，使人望而畏之，此小臣之所為，非大臣事也。」宗周嘆服良久。公既歿，宗周率門人哭之，私諡曰文覺。曹山有放生池在巉巖峭壁之下，舟從石洞而進，公有摩崖數十字，其詞曰：「刳石如腹，虹引其口，群鱗都馬，龍以為首，曹嬗於陶。」卯浹斯盛壇者曰：「嘉奭也。」勒銘詞固古雅，書法亦蒼老。

黃容，《明遺民錄・陶奭齡》：〔註246〕

陶奭齡，字君奭，會稽人。萬曆癸卯鄉薦，官至濟寧知州。與劉宗周分席講學，以識認本體為主，蓋得之周汝登者為多。子履泰，以孝友名。

屠英等修，胡森、江藩等撰，《肇慶府志・宦績》：〔註247〕

陶奭齡，浙江會稽人，大司成望齡之弟。奭齡少俊穎與兄齊名，晉江李文清負人倫鑒，每以兄名位推之數蹶南宮，乃用鄉舉謁選得肇慶司李，慮獄囚哀矜惻怛，嚴御伍伯輩，不使索庭下一錢，所平反案牘如山，一覽無遺，洞中竅奧，老胥惴惴不敢窺也。兄弟悉精內典，奭齡尤多方外交，嘗謂作官須得禪意，轉濟寧州守，遂解組還里。

〔註246〕黃容，《明遺民錄》，轉引自謝正光、范金民編，《明遺民錄彙輯》（南京：南京大學出版社，1995 年），頁 784。

〔註247〕屠英等修，胡森、江藩等撰，《肇慶府志》（台北：成文出版社，1989 年），頁 2308～2309。

參考書目

一、史　料

1. 于慎行，《穀山筆麈》（北京：中華書局，1997 年）。

2. 大慧宗杲，《大慧普覺禪師語錄》，《禪宗語錄輯要》（上海：上海古籍出版社，1992 年）。

3. 王士性，《廣志繹》（北京：中華書局，1997 年）。

4. 王元瀚，《凝翠集》，《叢書集成續編》（台北：新文豐出版公司，1989 年）。

5. 王艮，《王心齋全集》（台北：中文出版社出版、廣文書局印行，1975 年）。

6. 王畿，《王龍溪全集》（台北：華文書局，1970 年）。

7. 朱國禎，《湧幢小品》，《筆記小說大觀》（台北：新興書局，1987 年）。

8. 朱劍心選注，《晚明小品選注》（台北：商務印書館，1982 年）。

9. 朱熹，《四書章句集注》（高雄：復文出版社，1985 年）。

10. 何心隱著、容肇祖整理，《何心隱集》（北京：中華書局，1981 年）。

11. 何良俊，《四友齋叢說》（北京：中華書局，1997 年）。

12. 吳光等編校，《王陽明全集》（上海：上海古籍出版社，1997 年）。

13. 李廷機，《李文節集》（台北：文海書局，1970 年）。

14. 李通玄，《新華嚴經論》，《大藏經》七十二冊（台北：大藏經委員會，1957 年）。

15. 李慈銘，《乾隆紹興府志校記》（台北：成文出版社，1989 年）。

16. 李慈銘，《越縵堂讀書記》（台北：世界書局，1961 年）。

17. 李贄，《初潭集》（台北：人文世界雜誌社，1975 年）。

18. 李贄，《焚書、續焚書》（台北：漢京文化，1984 年）。

19. 李贄，《續藏書》（北京：中華書局，1974 年）。

20. 李顒著、陳俊民點校，《二曲集》（北京：中華書局，1996 年）。

21. 沈元泰等撰，《道光會稽縣志稿》（台北：成文出版社，1989 年）。

22. 沈善洪主編，《黃宗羲全集》（杭州：浙江古籍出版社，1986 年）。

23. 沈榜編著，《宛署雜記》（北京：北京古籍出版社，1980 年）。

24. 沈德符，《萬曆野獲編》（北京：中華書局，1997 年）。

25. 沈翼機等著，《浙江通志》（台北：華文書局，1967 年）。

26. 谷應泰，《明史紀事本末》（台北：華世出版社，1976 年）。

27. 周汝登，《東越證學錄》（台北：文海書局，1970 年）。

28. 周汝登，《聖學宗傳》（山東：友誼書社，1989 年）。

29. 周夢秀，《知儒編》，明崇禎九年原刊本。（國家圖書館藏）

30. 延壽，《宗鏡錄》，《大藏經》九十五～九十六冊（台北：大藏經委員會，1957 年）。

31. 延壽，《萬善同歸集》，《大藏經》九十六冊（台北：大藏經委員會，1957 年）。

32. 祁彪佳，《祁彪佳文稿》（北京：書目文獻出版社，1991 年）。

33. 祁彪佳，《祁彪佳集》（北京：中華書局，1960 年）。

34. 邵廷采，《思復堂文集》（台北：華世出版社，1977 年）。

35. 邵廷采等編，《姚江書院志》，《中國歷代書院志》（南京：江蘇教育出版社，1995 年）。

36. 俞卿修、周徐彩纂，《紹興府志》（台北：成文出版社，1989 年）。

37. 查繼佐，《罪惟錄》（江蘇：浙江古籍出版社，1986 年）。

38. 孫承澤，《天府廣記》（台北：大立出版社，1980 年）。

39. 孫靜庵，《明遺民錄》（台北：明文書局，1986 年）。

40. 徐宏祖，《徐霞客游記》（台北：文光出版社，1975 年）。

41. 袁中道，《珂雪齋前集》（台北：偉文圖書公司，1976 年）。

42. 袁中道，《遊居柿錄》（上海：上海遠東出版社，1996 年）。

43. 袁宏道，《袁中郎全集》（台北：世界書局，1990 年）。

44. 袁宗道，《白蘇齋類集》（台北：偉文圖書公司，1976 年）。

45. 高攀龍，《高子遺書》，《乾坤正氣集》（台北：環球書局，1966 年）。

46. 密雲圓悟，《密雲禪師語錄》，《禪宗全書》（台北：文殊出版社，1987 年）。

47. 屠英等修，胡森、江藩等撰，《肇慶府志》（台北：成文出版社，1989年）。

48. 張元忭，《會稽縣志》（台北：成文出版社，1989年）。

49. 張廷玉等，《明史》（北京：中華書局，1995年）。

50. 紹興縣修志委員會輯，《紹興縣志資料第一輯》（台北：成文出版社，1989年）。

51. 許孚遠，《敬和堂集》，《四庫全書存目叢書》（台南：莊嚴文化公司，1997年）。

52. 通炯編輯，《憨山大師夢遊集》（台北：新文豐出版公司，1973年）。

53. 陶望齡，《陶文簡公集》，明天啓六年陶履中筠陽道院刊本。（國家圖書館藏）

54. 陶望齡，《歇庵集》（台北：偉文圖書公司，1976年）。

55. 陶望齡，《歇菴集》，明仁和知縣喬時敏校刊本（國家圖書館藏）。

56. 陶望齡，《解老》，收錄在嚴靈峰編，《無求備齋老子集成》（台北：藝文印書館，無出版年代）。

57. 陶望齡，《解莊》，明天啓元年茅兆河刊朱墨套印本。（國家圖書館藏）

58. 陶望齡，〈放生辯惑〉，《續說郛》三十之一，清順治刊本。（國家圖書館藏）

59. 陶望齡，〈游台宕路程〉，《續說郛》二十六之一，清順治刊本。（國家圖書館藏）

60. 陶望齡批選，《宋陸務觀表啓》，明刊本。（國家圖書館藏）

61. 陶望齡著、陸夢龍選，《歇菴先生集選》，明萬曆末年刊本。（國家圖書館藏）

62. 陶望齡編，《文源宗海》，明書林余良木刊本。（國家圖書館藏）

63. 陶望齡編，《羅近溪先生語要》，明萬曆庚子山陰何光道刊本。（國家圖書館藏）

64. 陶奭齡，《小柴桑諵諵錄》，明崇禎間吳寧李爲芝校刊本。（國家圖書館藏）

65. 陶奭齡，《賜曲園今是堂集》，《四庫禁毀書叢刊》集部八十冊（北京：北京出版社，2000年）。

66. 陶奭齡，〈功過格論〉，袁黃，《功過格分類彙編》，《叢書集成續編》六十二冊（台北：新文豐出版公司，1989年），頁242。

67. 陶奭齡，〈遷改格敘〉，劉麟長，《浙學宗傳》，《四庫全書存目叢書》（台南：莊嚴文化公司，1997年），史一一一冊，頁140～141。

68. 袾宏，《雲棲大師遺稿》（台北：華宇出版社，1984年）。

69. 彭紹升，《居士傳》（江蘇：廣陵古籍刻印社，1991 年）。

70. 彭紹升，《淨土聖賢錄》（台中：青蓮出版社，1990 年）。

71. 湛然圓澄，《會稽雲門湛然禪師語錄》，《禪宗集成》（台北：藝文印書館，1968 年）。

72. 焦竑，《焦氏筆乘》（台北：商務印書館，1971 年）。

73. 焦竑，《澹園集》（台北：偉文圖書公司，1976 年）。

74. 焦竑，《澹園續集》，《金陵叢書乙集》（台北：大西洋圖書公司，1970 年）。

75. 焦竑，《澹園集》，（北京：中華書局，1999 年）。

76. 黃汝亨，《寓林集》，《四庫禁毀書叢刊》集部四十二冊（北京：北京出版社，2000 年）。

77. 黃宗羲，《明儒學案》（台北：河洛圖書出版社，1974 年）。

78. 黃宗羲，《南雷學案》（台北：明文書局，1986 年）。

79. 黃宗羲，《思舊錄》（台北：明文書局，1986 年）。

80. 楊起元，《太史楊復所先生證學編四卷首一卷證學論一卷第一卷》，《四庫全書存目叢書》（台南：莊嚴文化公司，1997 年）。

81. 楊起元，《重刻楊復所家藏文集》，明萬曆刊本。（國家圖書館藏）

82. 董其昌，《容臺集》（台北：中央圖書館，1968 年）。

83. 董清德輯，《康熙會稽縣志》（台北：成文出版社，1989 年）。

84. 道世，《法苑珠林》，《大藏經》一〇五～一〇六冊（台北：大藏經委員會，1957 年）。

85. 鄒元標，《南皋鄒先生會語合編二卷講義合編二卷》，《四庫全書存目叢書》（台南：莊嚴文化公司，1995 年）。

86. 管志道，《從先維俗議》，《叢書集成續編》六十一冊（台北：新文豐出版公司，1989 年）。

87. 管志道，《管子惕若齋集》，日本內閣文庫本。

88. 趙爾巽等撰，《清史稿》（北京：中華書局，1998 年）。

89. 趙翼，《二十二史箚記》（台北：世界書局，1962 年）。

90. 劉宗周，《劉宗周全集》（台北：中研院文哲所籌備處，1997 年）。

91. 劉侗、于奕正，《帝京景物略》（上海：上海遠東出版社，1996 年）。

92. 鄭曉，《今言》（北京：中華書局，1997 年）。

93. 蕭良幹等修、張元忭等纂，《紹興府志》（台北：成文出版社，1989 年）。

94. 錢伯城箋校，《袁宏道集箋校》（上海：上海古籍出版社，1981 年）。

95. 錢謙益，《牧齋有學集》（上海：上海古籍出版社，1996 年）。

96. 錢謙益著、錢陸燦編，《列朝詩集小傳》（台北：明文書局，1986 年）。

97. 鮑宗肇，《天樂鳴空集》，《大藏經補編》（台北：新文豐出版公司，1987 年）。

98. 龍文彬，《明會要》（北京：中華書局，1998 年）。

99. 蕅益大師選，《淨土十要》（高雄：佛光出版社，1980 年）。

100. 謝正光、范金民編，《明遺民錄彙輯》（南京：南京大學出版社，1995 年）。

101. 謝肇淛，《五雜俎》（上海：中央書店，1935 年）。

102. 羅近溪，《近溪子全集》，明南城羅懷祖等重刊本。（國家圖書館藏）

103. 羅近溪，《近溪子集》，明萬曆丁亥建昌知府李膂刊本。（國家圖書館藏）

104. 羅近溪，《盱壇直詮》（台北：廣文書局，1991 年）。

105. 顧憲成，《小心齋箚記》（台北：廣文書局，1975 年）。

106. 顧憲成，《涇皋藏稿》（台北：商務印書館，1983 年）。

107. 顧憲成，《顧端文公遺書三十七卷附年譜四卷》，《四庫全書存目叢書》（台南：莊嚴文化公司，1995 年）。

二、專　書

1. 日‧中村元等著、余萬居譯，《中國佛教發展史》（台北：天華出版公司，1993 年）。

2. 日‧木村清孝著、李惠英譯，《中國華嚴思想史》（台北：東大圖書公司，1996 年）。

3. 日‧宇野哲人著、唐玉貞譯，《中國哲學史》（台北：中國文化出版事業委員會，1955 年）。

4. 日‧荒木見悟，《明代思想研究》（東京：創文社，1972 年）。

5. 日‧高崎直道等著，《華嚴學論集》（台北：華宇出版社，1988 年）。

6. 日‧溝口雄三、林佑崇譯，《中國前近代思想的演變》（台北：國立編譯館，1994 年）。

7. 美‧包筠雅著、杜正貞、張林譯，《功過格：明清社會的道德秩序》（杭州：浙江人民出版社，1999 年）。

8. 美‧牟復禮、崔瑞德主編，《劍橋中國明代史》（北京：中國社會科學出版社，1995 年）。

9. 美‧艾爾曼著、趙剛譯，《從理學到樸學》（江蘇：人民出版社，1995 年）。

10. 于化民，《明中晚期理學的對峙與合流》（台北：文津出版社，1993 年）。

11. 王茂等著,《清代哲學》(安徽:人民出版社,1992 年)。

12. 王頌梅,《明清性靈詩說研究》(台北:東吳中文所博士論文,1991 年),未出版。

13. 冉雲華,《永明延壽》(台北:東大圖書公司,1999 年)。

14. 印順,《中國禪宗史》(台北:正聞出版社,1971 年)。

15. 江燦騰,《明清民國佛教思想史論》(北京:中國社會科學出版社,1996 年)。

16. 牟宗三,《從陸象山到劉蕺山》(台北:學生書局,1979 年)。

17. 吳哲夫,《清代禁毀書目研究》(台北:嘉新水泥,1969 年)。

18. 呂澂,《中國佛學源流略講》(台北:里仁書局,1985 年)。

19. 李紀祥,《兩宋以來大學改本之研究》(台北:學生書局,1988 年)。

20. 李紀祥,《明末清初儒學之發展》(台北:文津出版社,1992 年)。

21. 杜繼文、魏道儒,《中國禪宗通史》(江蘇:江蘇古籍出版社,1993 年)。

22. 周志文,《泰州學派對晚明文學風氣的影響》(台北:台大中文所碩士論文,1977 年),未出版。

23. 周質平,《公安派的文學批評及其發展》(台北:商務印書館,1986 年)。

24. 孟森,《明清史講義》(台北:里仁書局,1982 年)。

25. 林海權,《李贄年譜考略》(福建:人民出版社,1992 年)。

26. 林慶彰,《清初的群經辨偽學》(台北:文津出版社,1990 年)。

27. 林聰舜,《明清之際儒家思想的變遷與發展》(台北:學生書局,1990 年)。

28. 邱敏捷,《參禪與念佛——晚明袁宏道的佛教思想》(台北:商鼎文化,1993 年)。

29. 侯外盧、邱漢生、張豈之主編,《宋明理學史》(北京:人民出版社,1987 年)。

30. 姚名達,《邵念魯年譜》(台北:商務印書館,1971 年)。

31. 施仲謀,《延壽與禪宗》(香港:文化教育出版社,1992 年)。

32. 容肇祖,《明代思想史》(台北:開明書店,1962 年)。

33. 徐復觀,《中國思想史論集》(台北:學生書局,1979 年)。

34. 祝平次,《朱子學與明初理學的發展》(台北:學生書局,1994 年)。

35. 秦家懿,《王陽明》(台北:東大圖書公司,1992 年)。

36. 袁爾鉅,《蕺山學派哲學思想》(山東:教育出版社,1993 年)。

37. 袁震宇、劉明今，《明代文學批評通史》（上海：上海古籍出版社，1996年）。

38. 曹淑娟，《晚明性靈小品研究》（台北：文津出版社，1988年）。

39. 梁啓超，《中國近三百年學術史》（台北：里仁書局，1995年）。

40. 梁啓超，《清代學術概論》（台北：里仁書局，1995年）。

41. 淡江大學中文系主編，《晚明思潮與社會變動》（台北：弘化文化，1987年）。

42. 郭朋，《中國佛教思想史》（下卷）（福建：福建人民出版社，1995年）。

43. 郭紹虞，《中國文學批評史》（台北：明倫出版社，1972年）。

44. 陳垣，《中國佛教史籍概論》（台北：文史哲出版社，1981年）。

45. 陳垣，《明季滇黔佛教考》（台北：彙文堂出版社，1987年）。

46. 陳郁夫，《江門學記》（台北：學生書局，1984年）。

47. 陳萬益，《晚明小品與明季文人生活》（台北：大安出版社，1988年）。

48. 陳榮捷，《王陽明與禪》（台北：無隱精舍，1973年）。

49. 陳寶良，《中國社與會》（杭州：浙江人民出版社，1996年）。

50. 麥仲貴，《明清儒學家著述生卒年表》（台北：學生書局，1977年）。

51. 勞思光，《中國哲學史》（香港：友聯出版社，1980年）。

52. 嵇文甫，《左派王學》（台北：國文天地雜誌社，1990年）。

53. 嵇文甫，《晚明思想史論》（北京：東方出版社，1996年）。

54. 黃仁宇，《萬曆十五年》（台北：食貨出版社，1990年）。

55. 黃涵之語譯、陳慧劍校註，《了凡四訓今譯》（台北：天華出版公司，1981年）。

56. 黃進興，《優入聖域：權力、信仰與正當性》（台北：允晨文化，1994年）。

57. 黃漢昌，《羅近溪學述》（台北：政大中文所碩士論文，1983年），未出版。

58. 楊天石，《泰州學派》（北京：中華書局，1980年）。

59. 廖可斌，《復古派與明代文學思潮》（台北：文津出版社，1994年）。

60. 廖肇亨，《明末清初遺民逃禪之風研究》（台北：台大中文所碩士論文，1993年），未出版。

61. 劉大杰，《中國文學發展史》（台北：莊嚴出版社，無出版年代）。

62. 鄧立光，《陳乾初研究》（台北：文津出版社，1992年）。

63. 鄧克銘，《大慧宗杲之禪法》（台北：東初出版社，1986年）。

64. 鄧克銘，《華嚴思想之心與法界》（台北：文津出版社，1997年）。

65. 錢穆,《中國近三百年學術史》（台北：商務印書館,1995 年）。

66. 錢穆,《四書釋義》（台北：學生書局,1978 年）。

67. 錢穆,《宋明理學概述》（台北：學生書局,1977 年）。

68. 謝國楨,《明清黨社運動考》（台北：漢苑出版社,1975 年）。

69. 鍾彩鈞主編,《劉蕺山學術思想論集》（台北：中研院文哲所籌備處,1998 年）。

70. 簡錦松,《明代文學批評研究》（台北：學生書局,1989 年）。

71. 魏妙如,《李贄的思想與史學》（台中：東海歷史所碩士論文,1991 年）,未出版。

72. 魏道儒,《中國華嚴宗通史》（南京：江蘇古籍出版社,1998 年）。

73. 釋果祥,《紫柏大師研究》（台北：東初出版社,1990 年）。

74. 龔鵬程,《晚明思潮》（台北：里仁書局,1994 年）。

75. John Meskill, *Academies in Ming China*, (Tucson: University of Arizona Press, 1982).

76. Timothy Brook, *Praying for Power: Buddhism and the formation of gentry society in late-Ming China*, (Cambridge: Harvard-Yenching Institute, 1993),書評見釋見曄,《新史學》六卷四期（1995）,頁 201～207。

77. Timothy Brook, *The Confusions of Pleasure-Commerce and Culture in Ming China*, (Berkeley: University of California Press, 1998).

三、論　文

1. 日·岡田武彥,〈明末儒學的發展〉,《哲學譯叢》第三期（1989）,頁 73～77；後收入《中國哲學史》第六期（1989）,頁 80～84。

2. 日·岡田武彥著、吳光等譯,〈論明代學術思想的源流——朱陸異同源流考〉,《朱子學刊》第四期（1991）,頁 184～201。

3. 日·岡田武彥著、蘇振申譯,〈陽明學的三派〉,收錄在《陽明學論文集》（台北：華岡出版公司,1972 年）,頁 347～348。

4. 日·島田虔次著,葛榮晉、李甦平譯,〈王陽明與王龍溪——主觀唯心論的高潮〉,《日本學者論中國哲學史》（台北：駱駝出版社,1987 年）,頁 388～404。

5. 日·島田虔次著、許洋主譯,〈明代思想的一個基調〉,《日本學者研究中國史論選譯》第七卷（北京：中華書局,1993 年）,頁 125～136。

6. 日·荒木見悟著、徐遠和譯,〈陽明學評價的問題〉,《日本學者論中國哲學史》（台北：駱駝出版社,1987 年）,頁 365～387。

7. 日·荒木見悟著、廖肇亨譯,〈鄧豁渠的出現及其背景〉,《大陸雜誌》九十七卷四期（1998）,頁 15～16。

8. 日‧酒井忠夫著、許洋主譯，〈功過格研究〉，《日本學者研究中國史論選譯》第七卷（北京：中華書局，1993 年），頁 497～542。

9. 日‧酒井忠夫著、蔡懋棠譯，〈明朝善書之研究〉，《國立編譯館館刊》一卷二期（1971），頁 106～143。

10. 日‧溝口雄三，〈論明末清初時期在思想史上演變的意義〉，《日本學者論中國哲學史》（台北：駱駝出版社，1987 年），頁 427～474。

11. 日‧溝口雄三著、吳琦來譯，〈明清時期人性論〉，《日本學者研究中國史論選譯》第七卷（北京：中華書局，1993 年），頁 156～180。

12. Charles O. Hucker 著、張永堂譯，〈明末的東林運動〉，收錄在《中國思想與制度論集》（台北：聯經出版公司，1976 年），頁 163～211。

13. 夫馬進，〈善會善堂的開端〉，收錄在《日本中青年學者論中國史》（宋元明清卷）（上海：上海古籍出版社，1995 年），頁 413～455。

14. 王汎森，〈「心即理」說的動搖與明末清初學風之轉變〉，《中央研究院歷史語言所集刊》六十五卷二期（1994），頁 333～373。

15. 王汎森，〈日譜與明末清初思想家──以顏李學派爲主的討論〉，《中央研究院歷史語言所集刊》六十九卷二期（1998），頁 245～294。

16. 王汎森，〈明代後期的造偽與思想爭論：豐坊與《大學》石經〉，《新史學》六卷四期（1995），頁 1～19。

17. 王汎森，〈明末清初的一種道德嚴格主義〉，收錄在《近世中國之傳統與蛻變》（台北：中研院近史所，1998 年），頁 69～81。

18. 王汎森，〈明末清初的人譜與省過會〉，《中央研究院歷史語言所集刊》六十三卷三期（1993），頁 679～712。

19. 王汎森，〈明末清初思想家之「宗旨」〉，《大陸雜誌》九十四卷四期（1997），頁 1～4。

20. 王汎森，〈明末清初儒學的宗教化──以許三禮的告天之學爲例〉，《新史學》九卷二期（1998），頁 89～123。

21. 王汎森，〈清初的講經會〉，《中央研究院歷史語言所集刊》六十八卷三期（1997），頁 503～588。

22. 王汎森，〈清初思想中形上玄遠之學的沒落〉，《中央研究院歷史語言所集刊》六十九卷三期（1998），頁 557～587。

23. 王汎森，〈清初思想趨向與《劉子節要》──兼論清初蕺山學派的分裂〉，《中央研究院歷史語言所集刊》六十八卷二期（1997），頁 417～448。

24. 古清美，〈蕺山學的儒釋之辨〉，《佛學研究中心學報》第二期（1997），頁 179～209。

25. 古清美，〈羅近溪「打破光景」義之疏釋及其與佛教思想之交涉〉，收錄在《佛教的思想與文化》（台北：法光出版社，1991 年），頁 217～236。

26. 牟鍾鑒，〈道家傳統與泰州學派〉，《道家文化研究》第四期（1994），頁 32～45。

27. 何冠彪，〈明末清初思想家對經學與理學之辨析〉，《明末清初學術思想研究》（台北：學生書局，1991 年），頁 1～52。

28. 余英時，〈士商互動與儒學轉向——明清社會史與思想史之一面相〉，收錄在《近世中國之傳統與蛻變》（台北：中研院近史所，1998 年），頁 3～52。

29. 余英時，〈明清變遷時期社會與文化的轉變〉，收錄在《中國歷史轉型時期的知識份子》（台北：聯經出版公司，1987 年），頁 35～42。

30. 余英時，〈從宋明儒學的發展論清代思想史〉，《歷史與思想》（台北：聯經出版公司，1976 年），頁 87～120。

31. 余英時，〈清代思想史的一個新解釋〉，《歷史與思想》（台北：聯經出版公司，1976 年），頁 121～157。

32. 余英時，〈清代學術思想史重要觀念通釋〉，《中國思想傳統的現代詮釋》（台北：聯經出版公司，1987 年），頁 405～486。

33. 呂妙芬，〈陽明學講會〉，《新史學》九卷二期（1998），頁 45～87。

34. 李焯然，〈焦竑之三教觀〉，《明史散論》（台北：允晨文化，1987 年），頁 109～140。

35. 李焯然，〈焦竑對明代學風的批評〉，《中國哲學》第十五期（1992），頁 259～268。

36. 李焯然，〈論李贄在明代思想史上的地位〉，《明史散論》（台北：允晨文化，1987 年），頁 153～168。

37. 李焯然，〈論東林黨爭與晚明政治〉，《明史散論》（台北：允晨文化，1987 年），頁 169～191。

38. 李慶，〈明代的《老子》研究〉，《道家文化研究》第十五期（1999），頁 326～356。

39. 步近智，〈明萬曆年間理學內部的一場論辨〉，《孔子研究》第一期（1987），頁 74～82。

40. 步近智，〈晚明時期儒學的演變與影響〉，《中國史研究》第一期（1989），頁 144～152；後收入《中國哲學史》第三期（1989），頁 72～80。

41. 林慶彰，〈實證經神的尋求——明清考據學的發展〉，《浩瀚的學海》（台北：聯經出版公司，1981 年），頁 284～342。

42. 林麗月，〈明末東林派的幾個政治觀念〉，《師大歷史學報》第一期（1983），頁 21～42。

43. 柳存仁著、黎登鑫譯，〈明代思想中道教之修持方法〉，《書目季刊》二十一卷四期（1988），頁 30～45。

44. 孫中曾，〈明末浙東儒佛互動對文學的影響──以陶望齡的文學主張爲例〉，收錄在《文學與佛學關係》（台北：學生書局，1994 年），頁 175～216。

45. 孫中曾，〈明末禪宗在浙東興盛之緣由探討〉，《國際佛學研究》第二期（1992），頁 141～176。

46. 容肇祖，〈何心隱及其思想〉，《容肇祖集》（山東：齊魯書社，1989 年），頁 335～388。

47. 容肇祖，〈焦竑及其思想〉，《容肇祖集》（山東：齊魯書社，1989 年），頁 389～442。

48. 徐泓，〈明代社會風氣的變遷──以江、浙地區爲例〉，收錄在《第二屆國際漢學會議論文集》（上冊）（台北：中央研究院，1989 年），頁 137～159。

49. 張克偉，〈周汝登生平及其著述論略〉，《書目季刊》二十二卷四期（1989），頁 53～62。

50. 張克偉，〈姚江書院與清初王學〉，《中國國學》第二十一期（1993），頁 123～136。

51. 張學智，〈焦竑的儒釋道三學〉，《中國哲學》第十七期（1996），頁 315～336。

52. 梁其姿，〈明末清初民間慈善活動的興起〉，《食貨月刊》十五卷七、八期（1986），頁 52～79。

53. 陳玉女，〈明華嚴宗派遍融和尚入獄考──兼論隆、萬年間佛教與京師權貴的往來〉，《成大歷史學報》第二十四期（1998），頁 215～258。

54. 陳玉女，〈明萬曆時期慈聖皇太后的崇佛──兼論佛、道兩勢力的對峙〉，《成大歷史學報》第二十三期（1997），頁 195～245。

55. 陳昱珍，〈道世與《法苑珠林》〉，《中華佛學學報》第五期（1992），頁 233～261。

56. 陳榮波，〈大慧宗杲看話禪之禪法──兼論與默照禪比較〉，《東海學報》第三十七期（1996），頁 79～92。

57. 陳榮捷、萬先法譯，〈性理精義與十七世紀之程朱學派〉，《朱學論集》（台北：學生書局，1988 年），頁 385～420。

58. 嵇文甫，〈公安三袁與左派王學〉，《嵇文甫文集》（上）（河南：人民出版社，1985 年），頁 584～589。

59. 程玉瑛，〈王艮（1483～1541）與泰州學派：良知的普及化〉，《師大歷史學報》第十七期（1989），頁 59～136。

60. 黃文樹，〈簡述史家對泰州學派之研究〉，《孔孟月刊》三十六卷二期（1997），頁 39～41。

61. 黃克武，〈清代考證學的淵源〉，《近代中國史研究通訊》第十一期（1991），頁 140～154。

62. 楊祖漢，〈王龍溪哲學與道德教育〉，《鵝湖月刊》二十卷三期（1994），頁 28～33。

63. 楊祖漢，〈王龍溪對王陽明良知說的繼承與發展〉，《鵝湖學誌》第十一期（1993），頁 37～52。

64. 楊啓樵，〈明代諸帝之崇尚方術及其影響〉，《明清史抉奧》（台北：明文書局，1985 年），頁 1～150。

65. 葉偉平，〈王陽明的四有教與王龍溪的四無論〉，《鵝湖月刊》二卷十一期（1977），頁 22～28。

66. 廖明活，〈華嚴宗性起思想的形成〉，《中國文哲研究集刊》第六期（1995），頁 31～56。

67. 潘桂明，〈李通玄的東方智慧論〉，《中華佛學學報》第十二期（1999），頁 377～391。

68. 蔣義斌，〈大慧宗杲看話禪的疑與信〉，《國際佛學研究》第一期（1991），頁 49～68。

69. 諸煥燦，〈「姚江書院志略」與姚江書院〉，《大陸雜誌》九十三卷二期（1996），頁 44～48。

70. 鄭燦山，〈許敬庵、周海門九諦九解之辯〉，《國立編譯館館刊》二十五卷二期（1996），頁 143～159。

71. 賴永海，〈從祖師禪到看話禪〉，《中國文化》第六期（1992），頁 45～51。

72. 錢穆，〈前期清儒思想之新天地〉，《中國學術思想史論叢》（八）（台北：東大圖書公司，1980 年），頁 1～12。

73. 謝國楨，〈明末清初的學風〉，《明末清初的學風》（北京：人民出版社，1982 年），頁 1～52。

74. 魏道儒，〈禪宗看話禪的興起與發展〉，《中國文化》第六期（1992），頁 52～61。

75. 鄺健行，〈明代唐宋派古文四大家「以古文為時文」說〉，《香港中文大學中國文化研究所學報》第二十二期（1991），頁 219～232。

76. De Bary, William Theodore, *"Individualism and Humanitarianism in Late Ming Thought"*, in De Bary, William Theodore ed., *"Self and Society in Ming Thought"*, (New York: Columbia Univ., Press, 1970), pp.145~248；吳瓊譯，〈晚明思想中的個人主義和人道主義〉，《中國哲學》第七期（1982），頁 176～190。